Magic of the North Gate

Powers of the Land, the Stones, and the Ancients

北之魔法

土地、岩石與古老存在之力

約瑟芬·麥卡錫

本書獻給

我的伴侶Stuart Littlejohn，
以及於2012年12月25日歸西的
魔法同伴Robert Henry。

致謝

Cecilia Lindley、Toni、Tony and Cat、John P、Christin、Frater Acher 及 Karen McKeown，感謝你們對敝人的鼓勵、鞭策與照顧。同時我也要感謝我的兩個女兒 Leander 與 Cassandra，妳們是我的靈感泉源。我還要特別感謝我的伴侶 Stuart Littlejohn，這個具有無盡耐心與黑暗幽默的男子真是非常有才華。

目次

第三章 大地的魔法

第四章 與土地諸力共事

第五章 土地上的神壇

第六章 與魔法元素共事

第七章 神聖力量及其容器

第八章 死者、生者與活死人

第九章 將力量編織成形

附錄一 自然靈視

審定序

魔法工作者的深度探討之書

踏進魔法的領域之中，我們會開始接觸到很多的技藝（craft），如靈視的技巧、儀式的演練、感知能力的精微拓展、身心能量的內煉修持、追跡讀象的觸類旁通、甚至脫離肉身與現實的束縛，而前往內在的領域，並在其中成就諸事，例如開始試著親手製作法器、咒物與護符，或者讓儀式開始具有觸及內界的深度，在操作的過程中，逐漸學會如何編織力量與形狀、精神與物質。

魔法，帶著我們踏入了隱匿於表面現實之內的各種不同層次，讓我們得以用不同於現實的視角，來看待自身所處的世界；身處現實的我們只能看見現實的這一側，而在魔法的視角之中，我們得以窺見那些尚未醞釀成現實的未來潛勢、以及自現實消殞撤回的過往記憶。

在內界的觀點來看，這是一株連通三界的通天徹地之樹，我們藉著樹的中軸，穿行於上界那如星辰般顯明的未來、與下界朝向深根底層沉眠的過去，在世界的流變與起落之中，存在著循環與規律，那些流逝的部分將會成為新生事物的養分，週而復始，從而形成一個因果進程；而在這巨流之中，蘊藏著與眾生萬物相互呼應的各種力量極性，當我們走的更深一點，我們會逐漸察覺這些力量的背後，蘊藏著與其對應的特定意志。

在改變的浪潮襲來之前，某種徵兆與力量的湧動、甚至是某種強烈的意志與情感便會浮現，這是我們能與之共鳴聯繫的部分，我們如何與這股「意志／力量」互動與對峙、在其中如何應對進退，從而達成趨吉避凶的局面、甚至種下新的因果，就形成了魔法的基調，從而我們得以與「特定的靈與力」達成某種程度上的合作。

要在內界之中運使我們的工作，我們必須了解在現實裡顯露的事物，其內層都有著力量與意志的完整脈絡存在，我們不以現世分化割裂的眼光來看，在內界彼端處，形象與意志、頻率與意識、往昔記憶與來日願景，即是互為一個整體的圖樣，也是真正的「活物」，這個位面是想像與象徵的世界，它橋接了虛實二界，內界圖樣的匯聚與交織，促成了現世的流變，而我們的工作則是立於這基礎，再透過特定的「編織（魔法行為）」將流經我們的力量之流，過濾、聚焦、塑形成接近我們意願的局面。

但歸根究柢，我們運使魔法還是不脫「祈禳」二字，不外乎就是祈求自己所認為的好與幸福，使其在未來逐漸編織成形、而禳除那些我們所認為的壞與不幸，使其埋入過往崩壞拆散，但有發現問題之所在嗎？有些時候我們認為的「好」，長遠來看並不一定是真正的「好」，而我們所認為的「壞」也是一樣。

我們透過魔法的視角隱約瞥見了世界的內側，我們開始得以觸及某些力量的運作、與某些靈性存有互動合作，但這些合作、這些祈求與禳除的意願，會讓我們與「世界」達致協和平衡的有序狀態——又或者是越發撕裂我們人性之中的脆弱之處，從而被蟄伏於底層的存有蠶食？

我想在這之中還是有個尺度的，魔法會帶著我們走到什麼樣的境地，端看我們如何權衡斟酌這個尺度，這取決於我們是否能夠在與這些強烈純粹的「意志／力量」的共事過程之中，始終保持清醒與自制，不致迷失其中，始終記得自身的界線與平衡，不致膨脹虛妄；也取決於我們是否足夠的保持彈性、順勢而為的感觸流經自身周遭的力量與意志，在此時此地的時空情境，有什麼力量正如潮汐律動般湧來、有什麼存有正響應著呼喚前來，就像是起因結成了後果，祂的到來將促成嶄新且動態的平衡，我們以特定的魔法行為與之協作，從而使自身參與其中，為生命帶來必要的轉變，祈與禳就像是呼吸那般，我們在其中維持著動態的平衡，而更新自身的生命，而非固執己見、無法隨順自然的去強求距離自身太過遙遠的力量與意志，甚或藉由過度僵固、過度切割分化、且極端聚焦於私人慾望的魔法行為，來擾動甚至破壞你原先的命運構圖；在我們祈求或禳除之前，先看看自身所擁有的一切，是什麼一直支持並鍛鍊著你？是什麼一直保護並深愛著你？又是什麼一直維持著你身心的平衡？或許我們會發現自己目前所需要的不是祈禳，而是使自身積極參與進這更宏大的平衡之中。

真的，非常榮幸可以擔任約瑟芬．麥卡錫首部繁體版書籍譯作《北之魔法》的審定，這是一本寫給已經踏入魔法領域工作者的深度探討之書，當我們學會諸多魔法的技藝，當我們知曉什麼月相、什麼顏色的蠟燭、什麼樣的藥草配方，代表著什麼樣的力量品質；而什麼樣的符號圖騰、神靈職能又分別代表著什麼樣的精神意志；而我們又能透過什麼樣的儀式工作，來編織串連起這一切從而促成特定的意圖時，然後呢？

如若魔法仍然圍繞著個人私慾運轉，對於自然力量的態度是利用、佔據、寄生，對於自身所挪用、所擾動的失衡全然不管不顧，祈求變成是向靈性存有的利益交換、而禳除則是意圖逃避自身需要成長的面向，那麼「魔法」就不可能走到下一個境地，甚至只會加速人的膨脹與崩潰。而本書探討了魔法更深層的面向，此面向關乎平衡、關乎負起責任、關乎自身的成長、也關乎如何與身旁的一切存有攜手並進，引領著我們邁向魔法至深至美的奧祕之處。

《一個台灣巫師的影子書》作者／丹德萊恩

前言

在一頭鑽進本書提供的魔法教導、技術與智慧之前，敝人建議你先問自己一個簡單的問題。這個問題如此簡單，以至於也許會被認為是關於魔法操作方面最為基本的問題：

「為何用魔法？」

請真實、誠實回答自己的提問，因為你使用魔法的理由，不只重要到能夠決定你個人的魔法道途，更重要的是，任何靈性存在都會先去檢視你的魔法意圖。

如果有人問十年前的我為何走上魔法這條路，我應會回答：「為了有意識地了解自己的神聖守護天使（Holy Guardian Angel）並與其對話。」然後一陣遲疑之後，也許再加一句：「喔！當然還有為了要發現我的真意（True Will）。」現在，我會認為這兩個答案都無關緊要。

今日的我會把這個基本問題當成禪宗公案（Zen Koan）來思考。禪宗公案在一開始看似簡單到像是裡面有詐，但是你若把自己直覺想到的答案講給禪師聽，他非常有可能會微微一笑，要你回去再想，而你會回到自己的靜心處所，再次冥想這個非常簡單的問題。「我的答案怎麼可能會有錯？連結自己的神聖守護天使，難道不是值得追尋的人生目標嗎？將小我汲汲營營的想望一層又一層地剝下，最後找到自己的真意並完成之，至少也應是驅策魔法師去追尋的目標吧？……對啦，『真意』其實是十分模糊的術語，而克勞利（Crowley）成功地將它確立為享樂主義——人生就是以自我為中心的自戀旅程——最為成功的遮羞布……即便如此，我的答案到底錯在哪裡？」

其實，這就是我們應要捫心自問的問題：用這麼簡單的答案來回答這麼簡單的問題，怎麼可能會錯？坦白說，過去兩年以來，敝人花了許多時間在找尋一個更好的答案，一個能讓那位名為「生命」的禪師點頭的答案。

我猜「生命」不會喜歡那個簡單答案，因為它所運作的眼界比我或絕大多數的人類遠遠寬廣許多。生命就是不會局限在我們自認理所當然的限制裡面，而它也不會把自己的課題像我們那樣拆成幾個章節、幾年或幾十年來處理。對於我們遇到的明顯且痛苦的挑戰，它都自由地認為這些挑戰具有正向的本質以及深厚的養分。我們人類或多或少總會被憂慮或恐懼驅策，但它從來不會如此。

就本質而言，生命完全不會在乎我之所以給出這答案的個人境況或理由。事實上，生命在被問到「為何用魔法？」時，也許會有更為寬闊的視野。那麼就讓我們運用一點角色扮演，來描述生命可能會怎麼看待這個問題。

讓我們跟平常在魔法方面傾於一起共事的靈性存在暫時交換一下角色。假設生命也向這些靈性存在，甚至向我們的神聖守護天使，提出類似的問題：「為何用人類？」而當神聖守護天使瞠目結舌時，生命又繼續說：「你瞧，要訓練一個人類個體學會最基本的步驟，像是如何處理大量的能量、如何跟我們對話、如何完全接受自己在現實層面看不見我們等等，我們得認真奉獻好幾年的心力才行。我們需要用盡一切努力，才能使人類提升到可以真正有所幫助的程度。然後呢？到目前為止，你看到有多少人，在抵達這道知曉與力量的關口之後，會真正獻身事工，放下一己的私密意圖、人身的想望欲求、對於永恆的憧憬、後代子孫的紀念，以及那個最糟糕的東西，也就是那道深烙於內在、想去經驗跟神一樣的重要性之癮頭？」那位靈性存在也許會一邊別過頭思索，一邊說：「嗯，說實在的，像那樣的人類我還真沒看到很多……」那麼為何用人類呢？

我想自己要表達的意思其實是挺直接的——只要我們對於「為何用魔法？」的答案，還停留在認為自己是宇宙的中流砥柱，就無法期望生命對該答案有什麼特別的興趣，因為我們的成敗對於除了自己之外的任何人都無關緊要。若你認為某事看起來夠好，就一頭栽進去——過去許多世世代代的魔法師前輩都是這樣栽進去的，而我擔心未來還會出現更多追隨此種作法的人。

當我將這一生當中讀過、練習過的數十本魔法訓練手冊完全拋諸腦後時，剩下的是那些用來優化自己及所謂「個人人生」的狹隘技術，當中屬於威力強大者只有少數，一般水平者還算多，但是枝微末節者則是一大堆。這些書大多會提供一些技巧，協助你將自己塑成更好的自身版本：從初學者（Neophyte）成長為渴慕者（Zelator），再到大師（Adept）、指導者（Magister），亦即用自己的一生，一次一級地逐步攀登那座永恆的赫密士之梯（Hermetic Ladder）以求完善己身。而其目標是終有一天成為一切奧祕學術的大師、智者之石，化身為一副你可以自豪地說「這就是我」的血肉之軀。

請別誤會我的意思。我在這條道路上已堅持十多年，每天都練習幾個小時，就像我們當中許多人過去在做——或現仍繼續做——的那樣。而我也依然相信，攀爬這階梯的動機其實相當美好，可以讓我們在年輕的時候或是抱持從零開始的心態踏上魔法的道路。但是……在身為魔法師的人生當中，當我們的階梯爬得夠高時，總會出現需要捫心自問「自己的最初動機是否依然正確？」的時候。由於我們透過靈性存在與神聖存在的支持而得到的一切，其實遠遠超過我們的能力，那麼繼續專注在自己身上的作法是否仍算夠好？換句話說，既然「生命」及其一切力量幫助我們成為現在的自己，那麼我們對它們的虧欠要從什麼時候開始償還呢？

如果每個與你共事過的靈性存在都能向你提出一個願望，它們會要求什麼？那一長串的願望清單讀起來的感覺如何？到目前為止，這些願望你已實現多少？「為何用魔法？」

是我所能夠想到，身為魔法師的我們要去回答之最為根本的問題。無論我們得出什麼樣的答案，它也應能回答生命向靈性存在的提問：「為何用人類？」

我們要花多久時間才會意識到自己狂熱攀登的階梯不只是階梯，而且還是鏈條：赫密士之鏈或金色之鏈，那是一條連接一切眾生的鏈條，無論大小、無論強弱，都藉由鏈條裡面的生命與力量之線聯繫在一起。而我需要問自己的問題就是：「我要花多久的時間才能在這鏈條當中找到自己的位置——我何時應該開始成全那些比我自己更為要緊的事情，不再圖一己之私？」

我不曉得你在自己的魔法道路走了多遠。然而在開始閱讀本書之前，你可能需要花點時間停下來自我省思，問問自己：「現在的我還是一株幼苗，或者已是一棵大樹？如果是後者的話，誰會來我的樹蔭底下乘涼？誰會來吃我的果實？我已經想好要在自己的樹冠上面安置哪些鳥巢呢？」

這並不代表我會停止成長、停止順隨一年四季的循環，或是停止每天用水、空氣與光來讓自己恢復活力。這僅是意謂，即使我對自己努力下工夫已有多年，這工作還是會繼續下去，不過，它將會從達成目的的手段轉變成我可以開始回饋的基礎。

在逐漸深入這本精彩作品的教導與技術的同時，你也許需要思索以下幾個更為基本的問題：

我家花園的岩石、植物與土地，我是否知道它們想要什麼？
那些跟我一起住在這屋子的仙靈及靈性存在，我有覺察到它們的需要嗎？
對於那些在過去曾經幫助過我的靈性存在，我是否還有需要償還的地方？
我的個人領域——身體、家屋與社群——是否有未知的靈性存在需要協助？
對於那些與我一起住在家裡的靈性存在，現實生活當中的哪個事件可能會有負面的影響？我有什麼方法可以提供協助或支持？
關於那些將自己當成工具而經常做出效果的工作，我的夢境在這方面有什麼教導？
即使每件事情都完全照著計畫進行，我們仍不一定會從學習者變成教導者，反倒時常從學習者變成服務者。

——阿賀弟兄，2013年於慕尼黑

作者序言

許多年前，我身為初生之犢的年輕魔法師，鄙視人家授予我的智慧片段，然而那是真正的智慧，只是當時的我過於年輕而無法掌握。當時，導師正與我討論四方及從它們那裡流過來的力量，她說：「你這一生只會真正精通其中一個方位的技藝。」嗯哼，我一直以來都致力於與四方的合作，並且跟所有四個方位都有強烈的連結。我已經跨過四個方位的大門，探索那些業經它們過濾的內部國度，所以我認為她錯了。然而那時候的我既傲慢又無知。

我的導師在我二十多歲的時候教給我許多意料之外的事情，然而直到多年以後，我才開始明白。她的許多智慧，曾被我視為「古怪」或「那是他們那個年代的想法」，直到多年以後才向我展現真貌。現在的我仍對於她的深邃洞見與知識感到震驚。我好希望她還在世上，那我就可以回到她那裝飾許多閃亮華麗埃及珠寶的客廳，然後說：「對不起，那時的我真是個愚蠢、傲慢的年輕女孩。」

她是對的。連結任一方位的知識、聯繫與力量之水平，再加上學習如何揮灑這股力量的技藝，需要一生的時間來精進。我當時以為她所說的「外境」（outer court）學習，係指學習塔羅牌、外界演劇／儀式、設置祭壇、占星學等等，而當她提到「內境」（inner court）工作時，係指星光層面的操作（astral work）。大多數魔法師是如此理解，也是敝人多年來的理解。

但我逐漸發現自己所理解的「外境」根本就不是什麼境域，它僅是通向某境域的路徑。神殿、地下世界之類的靈視操作，儘管是在內隱諸界（the Inner Worlds）進行，也是屬於「外境」的工作。那片帷幕逐漸被揭開，為我展示了另一層次，即偉業（the Great Work）的另一「境域」（court）——服務大地與神性——那是完全不同的聯繫與力量層次。

我開始在這道向我揭露的新層次進行操作。那時的我尚未完全了解它，無論怎麼嘗試都無法形塑它，並且也無法表達它——主要原因是我真的不了解它。越是深入這個新發現的「庭院」，我的了解就越少，而我也越加意識到，自己長久以來所做的那些自以為是「深入」的操作，其實連這庭院的表面都沒碰到。

內界聯繫者（Inner Contacts）嘗試了許多方式，向我展現如何操作、如何形塑這股力量，還有如何連結它的諸多意識層面，但我真的不明白。我試圖依靠舊有的舒適事物，亦即自己已經知道與了解的系統，去翻譯自己聽見的新語言，而不是單純學習它。

接下來的五年，我與這個新層次的連結與聯繫時斷時續。我不曉得如何有意識地運用這股力量，甚至也不知道該怎麼稱呼它。到最後，我臣服了，讓它自然流動。而那力量流過了某個特定的過濾器，即某一個方位。這裡所說的方位，並不是指那力量只來自某一地方，而是指那力量會透過某一特定的魔力過濾器——即某一個魔法元素方位——而來。

多年來，我總是把這個魔力過濾器當成四方模式的一部分來用，並一直以為自己正在學習某一方位的諸多力量，但事實上我僅是在構建那些力量可以通過的過濾器而已。

我之所以說這些，是為了向你展現魔法是怎麼自行顯現。當你首次接觸內部世界的存在與力量，並擁有某種「經驗」時，會覺得自己真是了不起，有的人甚至認為自己是救世主。若在後續一、二十年當中經歷許多挫折，你就會意識到魔法到底有多龐大、有多麼難以操縱——但也會看到它有多麼美麗。你持續進行儀式、靈視、啟蒙，然後適應「身為魔法師」的身分。

然而在一、二十年之後的某一天，另一帷幕又緩慢無聲地被揭開，就像第一次看到眾星流轉無休的宇宙那樣。它的壯麗和浩瀚讓你不知所措，並意識到自己只學會這個字母表的第一個字母，代表自己在能用它寫詩之前，還有一段相當漫長的路要走。

本書係談論在那字母表當中的第一個，也是最為有力的字母：那些來自特定源頭的力量、那些貫穿我們的世界、使魔法與宗教的架構得以開始成形的力量。我們在本書會藉由獻給土地的事工、我們的身體、四大元素及方位，還有自己的必朽來審視這個字母。

這本書不是寫給初學者看的，而是寫給執業的魔法師、女祭司及祕術師看的技術與方法之書，探討那些能讓我們更加深入魔法，從而更加深入我們自己的技術，其內容係在探究那力量如何流動及其運作效果、它如何自行組織、如何往善或惡發展，以及它如何出現完全錯得離譜的走向。

第一章

身體與魔法

在處於魔法的嚴酷考驗時，身體與靈魂要持續維繫在一起

在深入探討魔法如何影響身心之前，有一件最需要記住的要緊之事，就是正視這資訊的必需性。沒錯，一旦魔法師開始工作，無論工作層次的深淺，魔法必定會影響其心智與身體，然而只要了解這些影響與警訊並採取相應行動，就能確保任何變化均會成為魔法師成長過程的一部分，不會流於僅是因其行動產生的被動結果。魔法師可以藉由許多事情，將魔法對身體的影響盡量減至最低程度，並利用流經自身的力量從自己的內在引出平衡。此外，對於任何魔法行動可能產生的後果若有充分了解，魔法師就能做出更好的知情選擇，並認清自己正在經歷的不同發展階段。

當魔法師、祕術師或女祭司的技（skill）與行（action）達到某一水平時，那股被其牽動的力量往往強烈到足以對實行者的身體產生影響。魔法就是造成變化的能量，而變化往往會帶來一些在許多層面讓我們感到不舒服的事情。當我們開始運用力量時，那些在我們身心裡面的虛弱、失衡或有害部位，就受到刺激而開始動起來。此外，魔法還是造成變化的觸媒，而它造成的變化會先經過我們，然後才傳播到世界上。我們內在的任何失衡都會對

儀式（rituals）與靈視（visions）當中的能量起反應，並引發某種變化過程。這種變化可好可壞，端視當時的魔法行動而定。

至於這變化是增益還是破壞，很大程度上取決於你此刻使用的能量／力量，還有你對於該項魔法事工所造成的影響之反應。如果你認出失衡的地方並解決之，那麼魔法能量與你身體之間的相互作用終究會是增益，無論在一開始有多麼不舒服。

如果你抵抗魔法的催化作用所帶來的變化，那麼它終究會變成破壞，就像忽視洪水在水壩後面一直上漲，而不將其引往安全渠道流走那樣。我認識的許多成功且強大的魔法師與祕術師，都因自己的魔法而經歷巨大改變。而這樣的變化可以具現成像是身體不再能夠容忍毒物或毒素——魔法師或許會發現自己再也躲不掉酗酒、有害的飲食習慣所造成的後果。他們的睡眠變了、夢境變了，而其意識也隨之成熟。這種身心運作的轉變所造成的影響，在一開始也許看似削弱了個體的力量，然而魔法師將從一開始的「療癒危機」（healing crisis）中破蛹而出，變得更加強大、更具平衡。

敝人身為前芭蕾舞者與教練，認為這改變與舞者從業餘轉成專業的過程頗為相似。工作量遽然增加對於大多數新進專業舞者的身心而言是驚嚇，會需要六個月的時間來適應專業舞者在精力、飲食、情緒與生活方式必須要有的新改變。而魔法師一旦踏上認真行使魔法的道路，也會有同樣的情況。

我們為了突破生理、智性或靈性的局限所做的任何事情，都會或好或壞地影響我們的身體，這就是探究及運用力量來工作的現實。而其關鍵就是像個運動員那樣以沉重的負荷工作，適當培養自己的耐力。

當我們更加深入其中時，魔法會創造出許多由高張的對立與緊張構成的界線①。然而這就是力量運作的一部分，亦即在強化魔法師的同時，也要顧到內隱諸界（the Inner Worlds）的完整。玩弄魔法的人若是無頭無腦的白目，在遇到這種障礙時，通常會就此放棄並轉向其他比較容易操作的事情——也許會回去繼續玩水晶與穿著好笑的服裝。

還有另一種白目——我也曾經如此——則會往那障礙衝去，想要把它撞碎，然而這樣的作法很有可能受傷。明智的魔法師會觀察那界線，弄清楚它的功能、運作方式、存在理由、在其後面的事物，以及與其一起運作或伴隨運作的存在個體等等。他們在運作魔法時會謹慎地盡量靠近那障礙，然後與它建立某種溝通形式。運用這樣的方法，你會學到很多、變得更強，而那障礙到最後會逐漸消失，讓你繼續在自己的道路上前進。

在相當靠近魔法障礙（或阻礙或鎖住的門）的地方運作魔法時，不僅可以讓你有時間了解這個障礙，還能讓你的身體有時間適應那環繞障礙的力量。如果你的身體健康且容易適應，它會很快地適應不同的力量，幾乎不會有任何不良的影響。不過，若是用撞破障礙的方式，你會發現自己鼻青臉腫並被踢出內隱諸界，不然就是暴露在身體還沒準備好承受的龐大力量當中。

這類障礙是魔法學習的一部分，無論你是進行儀式、靈視，還是兩者兼具，都會發生這種現象。它們可以表現為在你的魔法事工當中的完全阻礙：某個儀式圖樣突然失效，接著一切都跟著斷電，或是在靈視當中出現某個具有形體的障礙或守護者，把你從進行魔法的地方扔飛出去。當你撞上這些牆時，會對你的身心造成真實的影響，然而這是個信號，代表你在魔法事工當中正處於向前跳躍的門檻，但也代表你需要退後、放慢速度並先做些學習。

上述現象在魔法仍佔據宗教主要部分的古代已多有了解，而我們現今仍可從一些宗教找到相關的片段。奧祕宗教的祭司與女祭司不僅接受魔法及靈性技藝的訓練，而且還要接受必要的身體訓練，好使他們在中介力量及與其互動時，能維持自己的力氣與健康。體能訓練通常是最先安排給年輕人的訓練，目的是使身體達到力量與紀律的巔峰狀態。

飲食在許多奧祕法門也扮演重要的角色，關於飲食要求的資訊片段到現在仍以宗教的飲食禁忌之形式存在。由於西方在基督教橫掃歐洲時遺失了許多此類資訊，所以我們必須

①審定註：當我們回溯創造的過程，我們會來到這道界線之前，這道界線是由二元力量極性所張開的屏障與織網，所有注定在物質層面顯露的造物，都會先在內界深處形成創造的圖樣，最終這些圖樣會穿過這道界線，由此受其織造、變得緻密、降緩，也受到二元極性的制衡，使極端失衡的面向被界線所濾除屏蔽。在眾生萬物顯露到物質層面的同時，也註寫了它的局限與終焉，而這道界線也會在不同的八度之中呈現它自己。

把這些知識盡量拼湊起來。我們必須藉由直接體驗、內在了解、觀察及實驗來重新獲得這些知識，然後再運用自己直接經驗的結果，查看古代文獻及殘存的宗教／魔法禁忌，拼湊出一套可供現在與未來的魔法師使用的「操作模組」(modus operandi)。

那麼就讓我們來看看魔法，還有意識與力量的相互作用，如何影響身體。

一、魔法與身體的基本能量原理

魔法能量係以潮汐的形式發揮作用，而這些潮汐會影響周圍的每一活物，其效果則依魔法動作、魔法師及其運用的儀式或靈視而有好壞交替出現的可能。

舉例來說，若某一魔法師或魔法師(或祭司)團體計劃進行一項重大的魔法操作，那麼從設定意願的那一刻、那一天起，能量就會開始自行成形。其開始的時間點必然是做出最初動作，也就是聚焦意願的時候，而不是等到開始進行儀式／靈視工作的時候。從圈內人的觀點來看，正在成形的魔法圖樣(magical pattern)會開始從運作魔法的眾人之「團體靈識」(egregore)獲取力量——這就是魔法團體擁有正確構建的「團體靈識」之所以重要的原因，請別把它認為是某種「團體心智」[2]。(有關egregore的詳細資訊，請參閱敝人另一著作《祭司長的事工》(*The Work of the Hierophant*)。)

隨著行動的約定之日逐漸接近，魔法的內界圖樣會有更加實在的形態，並從周圍的內界環境汲取能量。魔法需要燃料才能發揮作用，至於魔法構成物的能量供應處，將完全決定它會對那些一起行事的魔法師造成何等影響。這就是「在行使實體儀式期間，要有能讓魔法師在其中工作的特定內界區域／神殿」之所以如此重要的原因：內在意圖及內界區域一旦確定，就會開始建立用於行使對應魔法的內界圖樣。

力量會在那已自行構成的內界魔法圖樣周圍及內部持續累積。這些圖樣是一種複雜的織造，係由外界的魔法意圖（即魔法師）觸發之天使界及內界往來聯繫活動的結果，最終將會被當成特定魔法動作的過濾器來用。這就是許多古代文獻之所以重複這教導——「思及則已成」（If it is thought, then it is already done.）——的由來。

此種圖樣的形成，很大程度上取決於魔法師的技術及其周圍內界聯繫者的力量，算是處在不過度干涉，也不完全放任之間的平衡作為——通常只要有意識地覺察其存在並專注維持此覺察就已足夠。這股專注可讓必要的能量流向那圖樣，並將自己的意願告知圖樣周圍的內界存在，讓它們能夠配合行動。

---

② 審定註：「egregore」是團體能量的容器，它承載著該團體的魔法行為、情緒、記憶、知識、智慧與精神，當你被允許進入一個團體的「egregore」，就意味著你接入該團體的「頻率」，而在能量上與之產生連結，為團體的魔法行為提供你的能量，也在精微的層面上觸及該團體的「傳承」。

隨著行動之日逐漸接近，對於能量的需求會逐漸增加，你也會有更加沉重的感覺。請記住，從你這邊流往該活動的能量不會只有你自己的能量（除非你沒有與內界存在、內界聯繫者之類一起合作），還有那些將你當成匯流點與中繼點的能量，它們係來自相關的內隱諸界、內界區域，以及你在此事當中運用的任何天使、卡巴拉或神祇架構。

這樣的增長會在你的生活中轉化為感覺，例如感覺笨重或覺得很怪，或是睏倦、飢餓，或是突然不得不改變自己的飲食方式、交談對象等等。在你接近行動之日的過程中，能量會有類似彈弓的表現：你的能量潮水遠遠退去，然後在行動日當天突然用力反彈回來。每當我要進行任何重大魔法事工、教學、聖化奉獻之類的行動時，都會發生這種情況。我在行動日的前一週會覺得很累，因為我的「潮水已經退去」，到了行動日的前一天，簡直就是全廢。然而在行動日當天早上、潮水回來時，我就會能量滿載、鬥志高昂，而這樣的能量水平會一直維持到行動結束的次日。在魔法操作結束後的次日，我會像老婆婆那樣從床上慢慢爬起來，只想再回去睡覺或看空洞無腦的電視節目。

這就是「彈弓與潮汐效應」（the slingshot and tide effect）。力量會從意願開始累積起來，而這過程會有像是潮水退去那樣的體驗。一旦力量達至臨界點、該是採取行動的時候，能量就會突然釋放，潮水湧向身為中介者的你，並在你操作時從你身上流過去。這就像重物突然掉在蹺蹺板的一端，而處在另一端的你就被往上彈送。

如果你的身體大致健康且有良好的照顧，那麼這股力量力不會對你的健康與身心安適造成任何持續的負面影響。若你的身體有任何弱點或稍微失衡，那麼它可能會突顯失衡所在，而你會出現更為嚴重的症狀且持續數天。這就是你需更加關注自己身體的訊號。若你經常像這樣長時間運用力量，且身體有任何弱點，那麼它真的會開始對你產生負面影響。如同人們會因工作過多或體育競賽過多而精疲力竭那樣，魔法師也會因過於頻繁地過度努力運用過多的力量而精疲力竭。請記得運用常識。

我自己有發現，若我不在魔法圖樣的發展早期階段嘗試控制它的形式，而是讓自然自行發揮奇妙的話，那麼它的影響就會溫和很多。例如，我設定大家聚在一起進行一整天的魔法事工之意願。設定這個意願後，我隨之定下某個日期。我不會尋求某個在占星學上具有深遠意義的日期，而是隨順自然地選擇每個人及場地都有空的日子。我不會過濾誰來參加活動，僅是發出邀請，無論屆時有誰出現，一概歡迎並一起合作。至於這項事工的意願也保持彈性，與其說我們要致力於某些特定的結果或效果，我反而會這麼說：由於內隱諸界已經表示需要魔法事工來支持大地／未來或因應災難，我們將專注在進行服務事工，開啟諸門、中介力量，為一切能為事態帶來平衡的所需事物，而在儀式與靈視裡面進行操作。

我們成為那環環相扣、一起服務的諸多存在個體之一，而那一長串參與魔法行動的諸多存在個體會支持我們的身體。不過，若我們是為了特定的私密意圖以及特定的結果而進行魔法事工，那麼願意與我們合作的存在個體數量往往很少，而且那些願意合作的存在個體通常會想要一些回報，包括你的一點能量。此類魔法事工必會對你的身體系統造成長期持續的消耗，若你想要以這種方式行事，就得把這一點納入考量。

在計劃階段開始時，簡單、聚焦的魔法意願會觸發強烈的內界衝動以形成某個圖樣。這類圖樣是命運圖樣的縮小版本，它們會讓相應的魔法發生③。至於你處理那魔法的方式，將會決定那些圖樣填充能量的方式，繼而決定你的身體受到影響的方式。

二、一動就油門踩到底的力量

在魔法事工即將開始之前，那股潮水急湧過來，使魔法師充滿力量，能夠完成要做的事工。當這股力量係以專注的心態對待並且只用於事工時，它就會以易於取用的方式流動並持續支持魔法師直到完成事工。然而魔法師充滿這股力量的副作用之一，則是可能會有的任何生理問題或靈性課題（代表他們的身體與能量體正在努力調整，而不是只有生病而已）都受到催化。若魔法師意識到這問題或課題並願意解決，那麼在其背後的力量就會發揮催化的作用以協助整個解決過程。

你會開始意識到這樣的平衡表現有多細緻微妙。若你已生病，還是在某個魔法行動當中承接力量，那麼無論承接多少，它最後都會使你更加虛弱。如果你沒有生病，而且還在努力變得更加強壯或更加平衡，那麼你為處理這狀況而採取的任何行動都會得到那力量的協助。力量總是會先流經身為過濾器的你，為你調整並帶來平衡，然後再從你那裡流向你正在進行的魔法圖樣。

充滿力量的感覺可能令人陶醉，若魔法師沒有完全意識到自己在情緒或靈性方面的弱點，這感覺很容易使他們在情緒層面失衡。這就是那句經常重複的格言「魔法師，認識你自己」為何如此重要的原因。若你真的了解自己並誠實面對自己，那麼當這股力量觸發情緒方面的弱點時，就會立即被你觀察、識別出來，然後擺在一旁等著處理。這力量會讓你感覺自己無所不能、無所不知，就像「救世主再臨」那樣。它能使你感覺所向披靡，充滿力量與活力，不過若你知道這其實僅是力量在流經自己而已，那麼它就不會在經過時損害你的心智。

③審定註：命運圖樣係指使我們以何種物質形式誕生顯現、經歷何種事件、觸發何種行動與抉擇、產生何種蛻變與成長，最後以何種方式完成與關閉。此一進程即我們所踏入的命運圖樣，我們就像是在這條道路上行走的旅人，沿途所能見到的風景、能獲得的感觸，以及能在不同八度上覺察共鳴的深度都各不相同。由此，若魔法意圖本身是平衡的，與你本身長遠的命運圖樣是相稱的，那麼這個圖樣會形成一道過濾，用以在儀式工作中，通過你而匯聚相應的存有與力量，從而開啟自身的道路，讓你在偉大的命運之網中，到達你應該到達的階段，促成你所應該造成的改變。

然而，若你不習慣冷靜地自我審視，也沒有完全接受自己與自己的缺點，那麼力量就會在經過時把你旋轉到失控。這現象可具現為多種形式，從變得想要掌控事工／知識，到不斷增長的狂熱傳教態度。它還可以將你的注意力從那條透過經驗以學習、發展與進化的真正道途轉開，並把全部的時間都花在對魔法系統進行分類、限制與掌控。這是圈套，當你企圖獲取那力量的固有知識時，就有可能栽進去。

若想與那股力量流洩而出的知識與洞見有著比較健康的互動，就是認知到它的存在，然後放手。那知識流經你時會嵌進你裡面，並在需要透過你發揮時浮現。如果你在承受巨大力量湧流時突然認定自己「懂了！」，並開始進行非常緻密的系統化，那麼你就會知道那力量已對自己造成負面的影響，體現於你的掌控欲。

從經驗獲得提升並傳遞自己的洞見，以及利用魔法知識與力量玩起「樂高」遊戲，這兩者之間的分際僅有一線之隔。差別在於你的感知，還有可變性（mutability）及放手的能力。

在力量流經自身時，簡單又睿智的作法是將力量只用在它的預期目的，然後放手，而不是在完成事工之後又趁勢進行身體或情緒方面的勞動。當我們充滿力量時，會感到身體相當強壯。說白一點就是它使我們能夠舉起沉重的箱子——只是那重量已超過自身肌肉可以負荷的程度。

它還會使我們充滿不真實的情緒，通常表現為突然高漲的慾火，或是原本不會看對眼的人們在結束魔法事工之後就齊赴賓館瘋狂做愛，而這情形在能量消退之後常會導致尷尬與不健康的事態。因此，在一起行使魔法的團體當中，領導者必須要比其他人更意識到這一點並加以留意，這環節非常重要。如果兩個人在力量消散後還相互吸引，那當然是皆大歡喜，領導者也無須介入。不過，倘若有人在魔法事工之後出現慾火突然高漲的情況，進行得體的干預會是比較明智的作法。而最簡單的方法，也是敝人的作法，就是在完成事工之後，大家一起出門去喝咖啡，讓那些被掀起來的東西得以平定下來。力量會在幾小時之內消退，人們的常識就會恢復。就跟所有魔法一樣，這作法無關道德倫理，而是關乎力量的實相以及為這股力量負責。

三、事工完成後的力量釋放

在力量消散退去之後，魔法師的身心都會陷入低迷，使他們呆愣一段時間。正常健康的身體，在進行重大且強烈的魔法事工之後，大約需要兩天的時間才能恢復。這時候的身體需要食物、休息、保暖與放鬆。而心智則需要安靜，以及許許多多「口香糖」活動，亦即那些能夠娛樂心智但不用耗神費心的活動。一兩天之後，一切就會開始恢復正常，而魔法師的身體若有虛弱之處，將會突顯出來以得到處理。

魔法師若是上了年紀、患有病痛，或是正經歷荷爾蒙變化的女性，其恢復會需要更長的時間。同理，若魔法師多年來一直用強力的方式進行事工，那麼其身體的應對機制將開始弱化並顯現出快要跟不上的跡象，而這部分會表現在事工之後長達數月的嚴重虛弱。

對魔法師來說，這是一個訊號，表示他們該改變自己的事工進行方法、降低自己運用的力量水平，或者進入半退休的狀態。後者就是我目前所在的階段。在撰寫這篇文章的時候，我已發現自己越來越難從強力的事工當中恢復過來，而我的荷爾蒙正在改變——我五十歲了——內界聯繫者越來越常敦促我從事書記／顧問方面的工作，不再是靈視的工作。這情況在未來可能會變，但也可能不變；而這裡的智慧就是了解自己正在面對的狀態、做出適當的處理，並對未來保持開放的心態。這種轉變會在數十年的事工之後發生，就像跑步運動員知道何時該高掛跑鞋、不再競賽，轉而擔任教練那樣。

如果運用的魔法力量水平不高，那麼上面的問題就變得無關緊要。對於緩慢且穩定的作法，其實有很多應該要講的事情。許多魔法團體與會所（lodges）用緩慢的方式訓練他們的魔法師，完全不用或很少使用高水平的力量。這種方式的好處是不會出現精疲力竭的狀況，缺點則是會使魔法僵化，其所完成的事情都不具有真正強勁的力道——它變成只是讓人感覺良好的練習，裡面滿是空泛的東西，就是沒有真貨。我想真正的平衡位在力量高低水平的中間某處。就我個人而言，我大概算是愛好極限運動的女人，從未真正完全理解

「適度」的意思。我認為不同的人需要不同的方法，而各自不同的我們則會一起形成魔法的整體喔！

四、握住韁繩

當你開始使用更高水平的魔法力量時，就會出現有趣的互動，而那些互動會教導你力量的運作方式。一旦魔法師在儀式／靈視中運用的力量超過某一水平，該項魔法就不再屬於個體行為，而是變成協作行為，不同階層的存在個體、各種不同的能量線及魔法圖樣會一起建立一座「橋」（bridge），好讓力量從「否在」（unbeing）進入「在」（being）。

就魔法師而言，如何參與這種協作是相當重要的學習過程。這類事工儘管每次狀況都不同，還是有一些基本原則在其背後。最先自行迅速浮現的原則，就是「橋接過程」（bridging）——而不是「操控過程」（controlling）——的動態互動。如果魔法師在形成用於力量的過濾器（儀式）時做得太多，或是企圖予以過多的操控，就會限制可以橋接的力量總量，而且魔法師會遭受力量的沉重衝擊。為何會這樣呢？

當你調動龐大力量協作時，你就是團隊的一份子——你會被期望承擔你能承擔的分量，而非超出個人負荷。若你僅構建那些絕對需要的過濾器並予以運用，那麼魔法儀式的立體圖樣就不會過度形成——內界聯繫者會了解你想要達成的目標，而最少量的過濾則能讓更大的局面得以具現。這樣能讓內界的存在毫無阻礙地完成自己的工作，而當每個存在都發揮出自己的本領時，事工就完成了。

若事工受到過多的操控或是用複雜的儀式進行過濾，那麼這些動態就不會具現出來。倘若儀式因放進許多華麗詞彙而過於冗長、靈視被過度定形並用心理學的觀點加以調整，或是在呼喚內界聯繫者時使用特定的名稱（通常那是更大存在個體的細分部分，就像「所羅門之鑰」〔Key of Solomon〕的操作那樣），那麼由此打造出來的過濾器通常會太過緻密。內界存在個體的意識因此無法透過魔法圖樣來回流動，於是能量層面的負荷全都落在魔法師的身上，這會影響他們的健康與力量[4]。

相較於上述狀況的反面，則是魔法過濾器沒有充分形成，或是處在混亂或「形式自由」（free-form）的狀態，那麼屆時將沒有足夠的架構讓力量發揮作用。同理，「臨機應變」的操作若沒有儀式的架構與相關的內界聯繫者，也會導致魔法失敗。在這情況下，魔法師最多只能與寄生形態的存在個體（parasitical beings）建立連結，後者會為自己的目的操縱前者。不過，通常在這種狀況下，除了些許的裝神弄鬼、癡心妄想，還有出現渴求能量的寄生物之外，不會產生任何與事工有關的結果。

不過，倘若這個魔法工作有達到平衡，那麼魔法師在整天辛苦操作之後就會感到疲憊。

該事工的強度如果很高，他們可能就會需要一兩天的時間才能恢復，但不會有長期傷害。

要記住：魔法是辛苦的工作啊！

五、更加敏銳的敏感度

魔法會對身體造成的另一個影響，就是更加敏銳的敏感度。這樣的改變可能真的很棒，但也有可能很糟，或是好壞兼具。當內界力量流經你時，它會先從你的身體濾過去，然後才進入魔法的立體圖樣以完成自己要做的事情。當身體有如此大量的能量流過時，就會刺激再生反應與重新平衡。當身體越頻繁接觸這股力量的流動，你的內在會有越多部分得到強化。然而這過程的缺點是可能過度「刺激」免疫系統，使你開始對周遭環境當中本性失衡或不健康的事物產生反應。

④審定註：當「意圖」展現出非此不可的強烈控制欲，而不去顧及整體的平衡與長遠的發展時，這就意味著魔法師開始產生自視為神的心態，由此形成的魔法圖樣是與自身命運圖樣不相稱的，它會阻塞內界存有的聯繫與支持。情況會變成魔法師將坐上駕駛座全盤接手，以自身的身心與力量作為燃料，但卻不知道該駛往何方，甚至使與之產生交集的其他人的命運也受到擾動，從而使命運路徑在外力介入下逐漸扭曲、收束、凝滯；而在某種程度上，這也是一種限制的機制，以免力量在盲目的情況下被濫用。

例如，大師級次的魔法師（adepts，譯註：後續簡稱「大師」）常會對周遭環境的毒物產生過敏反應，亦即當他們的身體接觸到如此失衡的事物時，就會開始動作。例如我對塑膠過敏——真是太棒了（嘆）——所以沒法講很久的電話！我在長期參與傳導力量事工的大師身上經常觀察到以下現象：雖然就其實際年齡而言，他們的重要器官與身體結構顯得更為年輕且強壯，不過他們會對很多東西產生過敏反應。

當大師深入運用內界力量的時間越久，就越能適應自己的環境，靈通能力也變得更加明顯。因此，雖然大師的身體有時會因過度勞累、沉重的內界事工，或是與某些存在個體拼鬥扭打——或像我一樣犯下愚蠢的錯誤——而承受重擊，但總體而言，他們身體基底架構很強壯，而且具有再生能力。然而，魔法師與周遭環境／土地形成的深厚連結，會使其對任何有毒或不健康的事物產生反應。

與其任由這種敏感性造成不利的影響，你反倒可以協助發展它，使它變成有用的工具。在我二十多歲的時候，那時候的老師指派我去舊貨店與慈善商店觸摸老舊物品，看看有什麼感受。當時我能感覺到一些東西，但很微弱。一段時間之後，我才意識到在觸碰各種棄物之後會有「堵塞的能量」殘留在手上。而當我用鹽與肥皂清洗雙手之後，才真正感受到乾淨的手與能量層面髒汙的手之間的差異。我一直持續做這樣的練習，現在仍是如此：觸摸東西以「感覺」它們曾經在什麼地方，以及當時的人們對它們做了什麼事等等。

當我開始深入內界領域時，敏感度躍升了很多級次。現在的我對於某些事情就是無法忍受，因為它們讓我感覺太噁心了。這種敏感性不僅表現在你的手上，還會表現在你觀看、感覺、嗅聞及感知事物的方式。當你的身體變得越來越適應力量、能量與靈時，它就會逐漸在你身上出現。因此，學會傾聽自己的感官以及身體想要告知你的訊息非常重要。這就像是更加深層的事工從你的ＤＮＡ帶出一些早被遺忘的技能，並重新喚醒它們。

在發展敏感性的過程中，重要的是不推斷、分析，也不企圖控制它的發展。只要讓它自行發展即可，總有一天你會真正感受到它在發揮作用，並救你離開困境。

有些魔法師的身體敏感性會具現為過敏反應，這是身體在告訴你，你正在接觸有毒的事物，亦即會對你的工作或健康產生負面影響的東西。所以還是那句話，傾聽你的身體並依順其意。有時我們對於有毒的環境沒法多做什麼，因此得要學習如何在這樣的環境當中用魔法來平衡生活。

對香水過敏是許多魔法師會出現的有趣現象。我花了一些時間才意識到，氣味與嗅覺主導我們許多非常精微的內分泌功能。我們透過嗅覺與其他人及周圍的世界進行無意識的交流。對人的解讀、與生物的互動、對危險的警覺（特別是跟魔法有關的危險），都是透過嗅覺具現出來。如果我們使自己沾滿化學氣味，或是在家裡被化學氣味包圍，那就無法連結到那些細緻的感官感受。在魔法力量的引動之下，身體會將這些化學物視為可能對健康產生威脅的東西，並做出相應的處置。

魔法會改變你的身體。明智應對魔法的潮汐與變化，將有助於你堅強地面對艱苦的事工。就像辛苦的工作，魔法必會使你消耗，不過倘若你運作得當，它也會提供能量層面的滋養與力氣來維持你的魔法力量——就是別心存僥倖！

六、了解你的身體

在對於魔法的了解當中，有很大一部分是了解自己的身體、其運作方式及弱點。你的身體是魔法通過的過濾器——而這個過濾器須予以恰當的保養維護。由於每個人的身體都不一樣，以下是需要思考的重點：當你的身體成為魔法的過濾器時，力量會引發身體的改變，從而改變你的身體對刺激、食物和疾病的反應。

隨著個人在魔法方面的進展，你也許會注意到自己的某個特定器官承受了這方面的壓力。這是一種早期警訊，代表你用來傳遞能量的方法並不平衡。我花了許多年的時間弄清楚這個細節，因為這不僅是為我自己著想，也是為了周遭其他魔法師著想。就我而言，承受壓力的器官是子宮，它常是女性運用力量時的反應器官。子宮將生命帶入這個世界，因此它的構造是為了容納新的生命、能量與意識。

就我的例子而言，壓力使子宮出現疼痛，並在施展強力魔法時不規則地出血，最終使子宮生病。我花了很長時間才明白自己的魔法使用方法並不平衡——幾乎全是靈視工作，外界的儀式很少。我是天生的靈視者，沒有儘早學習如何用儀式表現的外界模式來平衡自己對於靈視的使用，反倒一意發揮優勢而不關注自身弱點。

經過多年與其他魔法師的合作，我才意識到力量需要外界的模式來具現，如果沒有的話，它就會透過你的身體強力具現出來。

我有撰寫魔法日誌的習慣，記錄自己當時在做什麼事情，以及得到了什麼魔法結果，但我一直沒想到要記錄身體的反應，若那時有記錄的話，應該就會更快了解這種互動。不過我確實逐漸開始意識到，強大的魔法事工若沒有適當的扎根落實，就會用各式各樣的方式影響人們的心智與身體。當我一曉得這種動力表現，就給予更多注意、撰寫更為縝密的記錄，並相應調整自己的工作方法。

魔法師所用的許多古老魔法文獻，都將宗教的教條與文化禁忌融入自己的魔法系統，其中有許多僅是透過中世紀的思維方式發展出來的非理性教條。在現今的魔法界，我們面臨的挑戰是區分魔法文獻裡面的哪些部分是適當的過濾器、內界聯繫者等等，以及哪些部分僅是堵塞過濾器的無用廢物，還有哪些禁忌是為了保護魔法師的身體與靈魂，哪些禁忌僅是用來裝飾而已。就魔法的發展而言，我們正處在需要對其中一些古老思維方式重新審視與評估的階段。這需要個人的觀察、個體的直接經驗，還有將自己的觀察與他人所得結果進行比較。如此，我們對於魔法的了解才能有真正的進步，而且能更有效地將智慧從迷信當中區分出來。這樣的了解係來自抱持開明態度的實驗，而不是理論的分析。

我認為，就魔法師的身體／心智維護方面而言，特別是正在開闢自己的道路或開始探索時，「傾聽自己的身體、凡事不要只看表面」才是應行之路。挑戰那些規則，並透過直接經驗以找出它們之所以存在的理由。

七、症狀和同理心

對於魔法與身體這個主題，我還有另一項維持多年且非常著迷到難以形容的觀察——那就是身體症狀的實相。我這麼說是什麼意思呢？就醫學與生物學的領域而言，身體若出現病症，它必是某疾病、感染或功能異常的直接結果，或是身體對某疾病、感染或功能異常的反應。這說法相當簡單，或者應該說這是我以前的想法。

我在個人的魔法生涯當中，很早就注意到兩個完全不一樣的魔法領域發生的一些奇妙事情。其一是療癒工作（healing），另一是高壓能量事工（high-powered working）。療癒工作造成的動態互動，涉及療者承接病人的症狀並處理之，從而減輕病人的負擔。目前對此部分的了解尚不完整，但已經有很多相關報導。

至於高壓能量事工造成的動態互動，則是當身體有恙的魔法師必須完成某些定要完成的重大魔法工作時，其症狀無論急慢都會暫時轉移到另一個人身上。

我在很年輕的時候就已注意到自己若站在病人旁邊，可以「感覺」對方的疾病，有時還會無意間表現其症狀。病人會感覺好多了，而我也會生病，不過很快就消散，通常不會持續很久。年輕時候的我還發現，若有人生病，我只要跟對方待在同一房間，他們會暫時有所緩解且感覺很好，而我會精力耗竭且生病，此現象無論他們是否知情都會出現。經過多年以後，我認為這僅是能量消耗的現象——有的時候事實就是如此。

但後來我開始注意到自己的身體出現病患的症狀，而他們的症狀卻減輕。這就完全不是能量消耗那麼簡純的現象。例如，我曾與某位患有高血壓的魔法師同僚一起共事，當時的他有在服用多種藥物，但這些藥物很多並沒真正發揮作用。他請我為他進行療癒工作，而我也答應。他隨身帶著血壓計，所以我決定來實驗看看。他先量自己的血壓，其數值還蠻高的，然後量我的血壓，數值跟平常一樣偏低。

在為他做完療癒工作之後，我立刻出現嚴重的頭痛，而且感覺很糟。他量了自己的血壓，數值明顯下降，然後又量了我的血壓，那數值可說是高到直衝雲霄！我從來沒患過高血壓呢！他的血壓保持穩定長達數月，而我的血壓在幾個小時之後就恢復正常，但這樣的發現使我開始思考，那樣倏然衝高的血壓，是因療癒工作引發？還是因為我承接了對方的症狀？

在後續約一年的時間當中，我有跟一些接受不同傳統訓練的療者談論。他們也有提到類似的動態互動，不過他們的傳統有保護療者的因應方法。最後，某個好友把我拉到一邊，委婉指出我不適合當療者，不過不是因為沒有療癒能力，而是因為個人天賦實在過於狂野——會使療癒工作變成對我有害。除非我願意花很長的時間將所有的注意力全都放在恰當的訓練，否則療癒工作只會對我有害。我誠心接受這建議，不再為他人進行手觸形式（hands-on）的療癒工作。我最後確實花時間研究順勢療法（homeopathy）與顱骨整骨療法（cranial osteopathy），主要用於我的孩子與魔法同僚，然而即使如此，我還是太過容易承接他人的症狀，所以從未真的學會如何阻止它。

至於第二種動態互動——還記得前面講的那個嗎？——亦即關乎症狀會從某個人換到另一個人的變化，我幾乎找不到相關資料，然而我在魔法實行的過程中觀察到很多。當某個被要求從事某個魔法事工的魔法師不舒服或生病，而且出現足以妨礙他進行事工的症狀時，就會發生這種情況——最親近魔法師的人會出現症狀，而魔法師的症狀會消失，事工得以完成。事工完成之後，魔法師的症狀再度浮現，而暫時承接的人也跟著恢復正常。很古怪吧？對啊，真的會這樣？哦！當然會，這種狀況在我身上發生的次數——而且兩邊都有發生過——已經多到我不去算了。

八、轉移你的症狀

這種情況就像人生的許多事情，在我意識到之前已經發生過幾次。我之前就有注意到，無論自己多麼疲倦，還是正處經前或生病，若有沉重的魔法事工得要完成，力量總會急湧過來，而我會感覺很好。（還記得之前討論過的潮汐現象嗎？）

我花了比較長的時間才注意到，當我在魔法方面需要處於最佳狀態且自己的症狀消失時，身邊其他人就出現了那些症狀。這與分擔負荷不同，我家經常有分擔負荷的情形，係由家庭成員一起分擔某個重大事件造成的能量短缺情況。

我到四十多歲才注意到這些症狀的轉移狀況。那時的我剛好罹患某種慢性病，且持續五年之久。我在那段時間裡，魔法做得較少，而寫作較多，然而當我被召去做必要的魔法事工時，我會感覺很好且沒有任何症狀，但是那些症狀出現在我的伴侶身上。魔法事工一旦結束，我的伴侶就會感覺好多了，而症狀會回到我身上。這現象真是有趣啊！

它的發生並不是我刻意或嘗試的作為。這算是在不試圖過度控制魔法時，力量會如何發揮作用的另一例子：為了完成事工，內界的力量潮汐會與你一起合作，並促成一切必需事物。我有問伴侶是否希望我設法阻止這種現象，他說不用——因為這算是他對於魔法事工的貢獻。這就是在魔法團體或會所出現的動態互動之一：整個團體的能量會像蜂群（hive）那樣集體運作，依需要來回傳遞重擔以確保完成事工。最後一切都平衡了，而且也沒有人獨自承擔一切。

然而這個觀察引出了更深的問題：疾病到底是什麼？如果明顯可見的身體症狀能被開啟與關閉，或是能從某個身體被轉移到另一個身體的話，那麼疾病就不會是我們所認為的模樣。從生病時觀察自己的身體以及密切關注他人，我唯一得到的結論，即是身體的症狀係能量／力量短缺的表象。只要填補能量的短缺，身體反應就會消失；若將能量的短缺從某人轉移到另一人身上，身體症狀就會跟著轉移過去。

而這結論又引出另一條思路。若這現象僅是能量短缺的問題，那麼當能量從某副身體轉移到另一副身體時，能量短缺的身體定會表現出對應該身體弱點的特定症狀。然而事實並非如此，因為表現出來的症狀是完整地從某副身體轉移到另一副身體，絲毫無差地反映出來。這是否代表有某種存在、圖樣或意識會在身體裡面引起特定的反應？那麼，它的行為在某方面類似於病毒之類的事物——我們同樣也看不見病毒，而特定病毒會在身體裡面產生一連串可以用來識別它的反應，例如水痘病毒會引發明顯的皮疹。

這就是我們所看到的情況嗎？亦即許多無法識別的慢性疾病，係由某個存在或能量圖樣用特定方式吸取身體的能量，從而引起那些特定的症狀？所以，若某人貢獻能量去填補另一人的身體能量短缺情況，後者的身體就會暫時自行恢復，而貢獻能量的前者則暫時幫忙捧著那個「能量圖樣或意識」。若真是如此，那麼貢獻者也被感染了嗎？但感染看似並未發生。

還是說我們所看到的，是魔法師無意識地握住某個巨大魔法立體圖樣的某一條線，而該魔法立體圖樣誘發了身體內部的某些反應及能量短缺，並在身體能量低落時呈現為症狀？（還記得自己曾表示願意服事的時候嗎？哈！你以後會學會閉緊嘴巴。）我認為這是更有可能發生的情況，也是我在宗教模式遇到的情況。

你會問，上述情況到底跟魔法有什麼關係？關係到一切，亦即我們如何進行魔法事工、我們的能量如何反應、我們周遭的存在如何運作、我們如何在不了解的情況下無意識地進行某個長期的魔法工程，以及我們如何使自己的身體持續發揮能量過濾器的功能，這一切都是強大魔法的重要環節。

「無意識地運作長期性的魔法圖樣」是個挺有趣的主題。我個人最初遇到跟這主題相關的面向則是在三十多歲的時候，在那些陶醉、興奮的日子裡，我參與了某些龐大的魔法工程，並認為自己在完成個人專責部分之後，就算是結束對該工程的能量參與。然而在二十年之後，我才意識到自己只是離開該魔法事工的外在表現——那力量仍在流動，還在發展。我在某個很深的層次與這項過程有著密不可分的聯繫，亦即那事工仍在進行當中，而我的能量在某種程度上也還在運作此事。請謹慎小心自己答應進行的魔法行動。

九、探索的影響

即使是魔法師或女祭司，也不一定想要探索或突破自己在力量與魔法所屬內外世界裡面的界限，不過還是有人願意這樣做。然而許多人沒有這樣做的能力——這不代表他們缺乏能力，只是他們的技能組合屬於別的領域。像我，可以尋找物品、探知物品所含資訊、進入內界諸地，並與隨機遇到的存在個體溝通交流。其他魔法師不一定都能做到這些事情，然而他們有許多可以輕鬆完成的事情，我卻要非常努力才能做到。這是關乎發揮自己的強項，同時逐步鍛鍊自己的弱項。我算是富有好奇心的貓咪，需要知道為何、如何、何處、何者之類的資訊，從來不看表面或單純聽從他人的話語。我需要親自了解，並直接經驗。就好的方面而言，這樣的心態在這幾十年來一直驅策我在內界持續突破、進行實驗，並前往腦袋清楚的人不敢踏入的地方。

然而我的探索也有不好的一面，就像所有的探索形式，總會撞上障礙、觸動守護者、掉進洞裡、困在某些空間，並遇見想要吃掉自己的龐大存在個體。然而我都是在這樣的挑戰當中茁壯成長：我在還沒滿二十歲時，就已進行過許多次豎坑探險與洞穴探險，挑戰身體及情緒的極限，並且為了想要知道後面會有什麼東西而全身沒入黑暗的窄洞裡面。我在成年之後仍維持這樣的心態，而它一直是我在魔法實修的主題之一。

這樣的探索帶來了新的了解、更廣的視野，並讓我能夠突破到更深、更晦澀的魔法空間與環境。我得說自己幾十年來在魔法方面的學習，有九成來自魔法探索工作。我所得到的結果，還必須檢視古代文獻及導師回饋的內容才能有所了解。發現某些晦澀難解的東西，但後來在某些古代文獻得到證實，或是由某位前輩證實——「啊！沒錯，我知道那個……如此這般……」——真是讓人興奮不已。知道自己走在正確的路上、知道自己正在穿透諸奧祕並找到所有的中途停留點，這感覺真是美妙且令人興奮。

但它確實有個重大缺點，就是它對身體造成的影響。若我事先知道這部分，還是會進行探索，但是會更加妥善照顧自己的身體，並想到去找內界聯繫者來教導我如何透過魔法工作處理自己的身體。所以我就用這一章來談這部分。

在抵達某個已經很久沒有接觸人類的內界空間時，你常會經驗到一種像是能量膜的感覺——內界空間一旦不再經常使用，能量膜就會到處緩慢增長。此感覺的另一描述方式則是逐漸累積的障礙，或者是某空間在能量方面逐漸封住。而當魔法師、女祭司之類的人多多少少地不斷運用某個內界空間、神殿或界域時，就會形成路徑，使我們的意識更容易去到那裡。當這空間不再被使用時，路徑就會消失，探索者得要穿過障礙才能再度進入那裡。這過程需要很多能量，雖然你在進行的當下不一定會感覺到這樣的消耗，但事畢幾個小時以後肯定會有這種感覺。這樣的衝擊就像是沿著地底滑坡進行挖掘工作——事後會筋疲力竭、肌肉痠痛。

當你首度遇到某位過去從未或很長時間沒有與人接觸的內界存在個體／聯繫者時，也會出現同樣的能量互動狀況。在能量層面努力將自己的意識與對方聯繫起來的過程很困難，而且真的會使你元氣大傷。有的時候，若某位聯繫者已經準備好被釋回這個世界，或是某個空間已準備要向這世界重新開放，那麼這過程就像擠痘痘那樣相當容易、沒有壓力，感覺就像自己什麼都沒做。那是因為許多能量早在這動作之前就已積聚起來，你只是演出自己在那個大場面裡面的角色而已。

有的時候，在深入內界尋找某位古老或是早已不常與人類合作的聯繫者時，用於連結這類聯繫者的能量會使你多少有耗損的感覺。這樣的接觸本身——亦即接觸某位聯繫者或某個空間的能量頻率——可能會對你的身體產生巨大的影響，畢竟我們天生並不具備與該能量互動的能力。因此，在深入的接觸當中，有時光是對方的能量頻率就有可能在無意間對你造成不好的影響——就像輻射中毒那樣。

多年以前，我曾與一群魔法師一起共事，沿著時間線回溯至這片土地的久遠過去，尋找古老聯繫者。當時的我既年輕又愚蠢，想要看看自己能回溯多遠。我的確設法連結這片土地的意識，並與某個存在接觸。我們之間的差異巨大到無法溝通，所以我們只是在彼此的空間裡短暫閒逛，在嘗試各種形式的溝通方式之後，還是放棄了。事後我就出現奇怪的感覺，而在兩個小時之後，我跟我的伴侶都有非常怪異的感覺，失去方向感、噁心且虛弱。這感覺持續好幾天，真的使我元氣大傷。

那麼這樣的影響要怎麼避免？深入的魔法事工所造成的影響無法完全避掉，因為它畢竟與界域有關。不過還是有一些方法可以支持你的身體應付沉重的魔法事工，並在事後重新平衡回來。過去的我從來沒有想到自己的身體需要學習鍛煉「內界肌肉」，學習如何逐漸適應與強化，而是直接深潛下去。這樣的作法就像是在沒有受過訓練、沒有培養肌力、沒有相應工具的情況下企圖攀登高聳的岩壁——你的手臂與肩膀事後會痛到不行，並且還有受傷的可能（沒錯，而且前提是你沒把自己摔死）。現在讓我們來看看如何避免這種情況，以及如何為深入探索進行強化與準備。

十、身體真的很重要

為身體做足準備並培養耐力的最佳方法，就是在可以跑步之前先學會走路並逐步安排自己的鍛鍊。具有運用魔法天分的人們也許會覺得，自己能夠立即投入其中並直接實驗，況且他們能使魔法發揮強大效果，然而這樣的人到最後往往消耗殆盡或身心崩潰。為身體建立可供魔法運作的堅實基礎是值得的，如此才能長久進行魔法的事工。

學習使心智安靜下來、學習建立外界儀式模式的方法，然後將它連結內界靈視，這樣能落實魔法工作，並在初期減輕對身體的一些影響。而這方面的作法，可以是在具有一個或多個祭壇的儀式空間裡面進行魔法，先藉由祭壇的外界門口連上一位內界聯繫者，然後在外界與內界雙邊構建儀式模式。

我使用的方法，則是運用各自位於四方的四個祭壇及一個中央祭壇。我會讓人們先學習如何在各個方向點燃內界與外界的蠟燭，然後再從固定於四個方位祭壇的明確能量線，呼喚內界聯繫者來到祭壇的門口。以上是第一階段的魔法工作，這部分在《魔法知識第一冊：基礎》（*Magical Knowledge Book One: Foundations*）有詳細討論。

構建完成上述（或其他）儀式及接觸的基本模式並使用一段時間之後，就可以透由眾所周知且構建完善的一些內界形式——例如大圖書館（the Great Library）——在內界學習與運作魔法。學習在內界沙漠（the Inner Desert）、大圖書館、死亡（Death）、地下世界（the Underworld）、星辰、內界神殿等處運作魔法，不僅可以讓你的內界肌肉得到鍛煉、變得強壯，還可以教會你不同的魔法運作方式、內界聯繫者與內界領域的類型、它們對你的影響、它們的局限，以及在兼顧雙方事工的前提下，它們樂意做且能做到的事情。

在這些基礎知識都完全建立之後，你會擁有更為強大的技能組合，因此得以開始探索少有人跡的路徑並開拓新的路徑。如果你正在嘗試接觸某個位居深處或古老的聯繫者，那麼明智的作法是將連結的過程分成幾個階段來努力：別把直接潛入到底當成第一個動作，而是有耐心地逐步嘗試一連串環環相扣的步驟，藉由各個階段及其他中介聯繫者來接觸位居最深之處的聯繫者。

一旦有所突破且接觸到新的或深層的聯繫者，就透過儀式或塑造形象（例如神像）將聯繫者化於外界，以減少對自己身體的負擔，並學會從自己的空間所設立的門口那裡透過靈視與對方合作。一段時間之後，你會從行動與實驗學會如何將自己所連結的聯繫者與力量完全化於外界——在所有的步驟當中，這一步驟會將能量落實接地，阻止它在你的身體裡面累積起來。

因此，例如你一直以來都是透過靈視探索並與某位古老神祇或泰坦（Titan）一起運作，那麼你需要將這種連結化於外界。這部分可透過前去與祂們相連或相容的土地來實現。站在那片土地上，用你的現實人聲與祂們交談；坐在那片土地上，與祂們交流，並覺察到祂們。這個動作是經由啟動極端的外界接觸來平衡極端的內界接觸——使能量得到平衡。

下一步則是在你的魔法空間裡面運作魔法。在要運作的方位點燃一根蠟燭，用靈視與自己的聲音呼喚它們來到該方位的祭壇門口。這就是連結的開始，至於你會把它們看成什麼模樣，也會在這一步有些概念。別讓自己的想像力為它們打扮——什麼黃長袍、粉紅帽、亮晶晶的眼睛等等——只需專注在它們呈現給你看的關鍵要素就好，圖像即使不完整也沒關係，因為它會隨著時間逐漸發展。你便可以創造顯於外界的圖像或雕像，使其成為運作魔法的焦點。

由於你已在內界與它們連結，以身為外界聯繫者的身分向它們說話，然後在儀式中將它們引到祭壇門口，它們因此能跨過那道處於我們這個世界的祭壇門口，將其力量化至外界，也就不需要我們提供後續的內界行動。用這方式將內界聯繫者化於外界，它就會將自己落實接地，這使得它能流經你而不是留在你裡面。我花了很長的時間才學會這方式——我曾隨身帶著許多聯繫者的負荷，感覺就像背上綁著五十磅的重物。直到覺得自己再也無法承受那重量時，我終於把當年那位年邁老師的話聽進去了，她說如果妳需要學習東西的話，就去大圖書館。所以我就這樣做了。

我那時透過靈視數度前往大圖書館，並表示自己需要學習如何處理這些聯繫者的負荷，因為它正對我的身體造成嚴重的破壞。相關的知識被放進我裡面——通常表現為某位內界聯繫者將某本書推入我的身體——並在後續數年慢慢展現。我只能這樣描述：這狀況就像有個隱形的朋友在我身邊耐心指導我的行動，推動我、鼓勵我去到某個地方，但是當我真的到那裡時，卻發現自己身處自然環境，卻想不出接下來到底該怎麼做。

直到某一天，我在前去海邊的某趟旅行當中終於明白此事。那時的我一直在某個稱為「海之神殿」（the Sea Temple）的地方——係在遙遠的過去，一些開口位於海邊的深海「神殿」及一些相關的聯繫者——進行魔法工作及深入探索。它們都是強力的內界聯繫者，我已經藉由靈視與它們共事很長一段時間，然而這樣做的負擔開始對我產生負面影響。

那時，我站在海邊，將自己的一滴血滴入海洋，讓聯繫者知道我是誰、我的祖先是誰。站在海水只淹過雙腳的地方，我就在海的邊緣用自己的聲音承認它們的存在，並歡迎它們回來與人類相會。過程就是這麼簡單。當時的我沒有感覺到任何事情發生，因此以為自己失敗了。回家之後，我很快進入又長又沉的睡眠。

我在第二天醒來時感到昏沉，然而在幾個小時之後感覺很棒。負擔消失無蹤，聯繫者已從外界元素連結到內界，再連回外界元素而構成完整的迴路。當我回到那片大海，立即得到大海與風的回應：我能與聯繫者交談，對方雖然會採取其神祇／內界聯繫者的形象，但它是落實接地在大自然。從那時起，直到我們搬至內陸以前，我經常去海邊，並出聲跟大海說話，告訴它我想學什麼或想做什麼，之後我就會在靈視當中坐下來，連結那些位於深海的海之神殿或處在海邊的內界聯繫者。

將古老聯繫者連結到大自然，不僅減去我的負擔，而且還讓我了解大自然之力的動態互動，從而幫助我學會如何一邊運作魔法，一邊保護自己的身體。

十一、人體裡面的元素與聯繫者

魔法與人體當中有個經常被忽略的重要部分，那就是我們對那些構成人體的不同意識的聯繫感受。人們很容易忘記身體僅是我們的一副載體，而且它其實是一個如蜂群般的集體存在（a hive being）。

人體布滿不同的細菌、病毒之類的事物，若從魔法的角度來看，它們都有自己的意識。除此之外，根據某個古老的概念，人體的重要器官也有可供人們交流的意識。

我是在某位治療師指出我要跟自己的器官對話時，才偶然發現這個現象。當時的我已經發展出與內分泌系統對話的方法，例如把我的腎上腺想像成在滾輪裡面勤快跑步的老鼠，它邊跑邊密切關注各方向的任何潛在威脅。這樣的想像讓我的心智能夠影響腎上腺的表現，我也用同樣的方法處理自己的甲狀腺、下丘腦等等。我發現自己能透過思想與互動來「輕推一下」（nudge）這些腺體的活動，但從未跟某個器官交談過，所以相當懷疑這作法。

我首先從自己的心開始嘗試，結果滿震撼的：我不需要形成某個靈視／想像的介面，因為某個完整構成的意識已在那裡，而其形象是一位君王。我開始與它合作，最後了解到某些重要器官確實有自己的「意識」形體，而它們一起組成了某個集體意識，讓我的靈魂可以透過該集體意識運作。我嘗試從魔法、生物學及靈性的角度來了解此事，但最後還是放棄，只是順水推舟而已。嘿，這方法有效，而且說到底，有效才是最重要的。

隨著時間過去，我開始看到這些關鍵器官與生命之樹（the Tree of Life）諸輝耀之間的關聯（心／君王／太陽／悌菲瑞特〔Tiphareth〕……如此這般……），並開始意識到身體與生命之樹的那些對應，不會只是人們想把力量條列化、框架化，在沒有關聯之處硬湊關聯而得到的結果。

我走入大圖書館，要求學習這方面的知識。而這方面的學習開始逐漸滲進我的外界生活。這謎題仍尚未解開，我還在學習當中，所以我對於自己的發現能夠提供細節很少，僅是建議你親眼見識此事並自己找出答案——它很有趣且非常有用。

我在大圖書館中要求的知識以一種有趣的方式化於外界，就是透過一本來到我手上的書。大圖書館的作法經常是這樣：你要求學習，而其回應就是你首先會經歷特定的狀況，然後適當的書或人會被擺在你的路上，讓你可以學習。這本書的出現真是剛好，因為那時的我已掌握跟器官對話的方法，所以需要的是更加確實可靠的資訊，這樣我就不必重複從頭創造某個已知的系統。

這本書在講的是針灸的傳統五行與守護者系統。當時的我幾乎錯過暗示，但還是依著莫名的感覺停步下來買這本書。這本書講述了我之前經歷過的事情，也就是器官的意識、靈魂與身體之間的介面，還有這一切如何協同工作以使身體與靈魂維持和諧相處。雖然中國的五行系統與西方的魔法系統不同——例如我們不把「木」當成元素來用——但它們具有相同的基本概念與機制，而系統運作的原理也一樣。真是令人讚歎！我目前仍處在閱讀、學習與經驗的階段，希望在未來幾年裡能對這個主題更加清楚明白。

不過它確實向我證實自己在魔法與身體方面已研究一段時間的論點——魔法施行的元素會有平衡的需要。例如，若運用過多的火，身體會試著補償超載的元素，如此將對你的腎／水之系統造成壓力。雖然魔法的火並不是身體的火，但它的確會引發身體裡面的生理反應而造成失衡。因此，當你運用四個元素方位及力量時，請留意可能會有的潛在問題。維持內界諸元素的平衡，這樣身體就不會承擔壓力，也不會嘗試在生理方面重新平衡那些元素。若你在某一方向上與某一元素進行深入的魔法事工，務請主動接觸其他三個元素來平衡那個事工。

十二、本章總結

幫助自己的身體應付強力魔法的衝擊，還有更為世俗的實際面向，而其基本規則就是：若你正服用劑量很重的藥物或娛樂用途的藥物，就別進行強力／深層的內界魔法工作。某些藥品／藥物能協助支持身體，但一般來說，效力較強的藥物將使你更容易受到傷害，特別是那些影響內分泌系統、血清素、多巴胺及腎上腺素水平的藥物。這部分沒有硬性規定，因為每個人的身體都不一樣，所以傾聽自己的身體並採取相應的行動是很有好處的作法。

若你正服用抗生素治療感染，那麼在深淵（the Abyss）進行探索可能不太好。深淵是個迷人但又危險的地方，而且走得越深，就越危險。若你的身體已經在對抗感染，那麼它無法同時抵擋某些存在用能量入侵你的精神與身體所造成的影響。你得要體能良好、身體健康、頭腦清醒，才能在這樣的深處進行探索與魔法運作。

另一個經驗法則是，若你在深淵、地下世界或死亡裡面進行許多魔法工作，那麼你得要用內界神殿的魔法事工、跟編織未來的天使存在一起於深淵邊緣進行事工，或是在眾星當中運作魔法來平衡。若你正進行深層的內界工作，那麼盡量多接觸大自然也很重要，其作法可以像站在花園裡、站在陽光下或坐在樹下那樣簡單。你的魔法事工越是深入，大自然對你的回應就會越多。確保自己的魔法工作維持平衡，那麼身體就能自行調節與安頓。

除非感覺駑鈍，不然身為魔法師的你應會在某個時間點體驗到身體對某個存在、某個地方、某座建物或某項魔法事工產生反應。若你很敏感，甚至可能會對周遭環境或魔法行為產生相當嚴重的反應。

有效管理及運作此種動態互動的關鍵，在於了解自己的身體、了解自己的環境、了解自己正在共事的力量與和存在，並採取相應的行動。若你傾聽自己的身體並觀察它的反應，那麼你就會學到身為人類個體的自己要如何處理力量。如果你學會在進行強力事工時支持自己身體的方式，那麼你的力量與耐力都會增加。這一切都關乎運用自己的常識並尊重生命，而不是認為任何魔法事物都只會用粉紅色的喜樂與毛絨絨的愛輕觸你的人生。

對於自己的魔法事工，請思索那些跟它對等的外界事物以及它會如何影響你的身體。若你正在建造或修復內界神殿，那麼試想一下，若你在外界當工人砌一整天的磚，你的身體會有什麼感覺。你的肌肉應會受傷，而且你應會很累。內界工作也是同樣的道理。請記住，內界的工作會影響你的外界身體，就像外界的工作也會影響你裡面的靈那樣。

第二章

魔法生活：家屋與神殿

在你的魔法人生當中，總會有不再「去」某間神殿、會所或工作坊施展魔法，而是「活」在魔法裡面的時候。這是魔法師的發展過程當中不可或缺的重要階段，亦即將魔法融入自己的生活。透過書本、媒體與歷史，我們會把魔法當成是某種距離自己的日常生活甚遠的事物，是某種得在上鎖的門後面群聚祕密進行的刺激事物。然而之所以如此，其實有許多明顯的理由。

不過還有另一種與魔法一起生活的方式，亦即讓魔法成為日常生活的一部分，甚至是家庭生活的一部分。當然，在某些國家與社群，公開修習魔法會面臨控訴迫害及潛在危險的問題——所以我們將討論關於在家中以隱形模式過魔法生活的幾個面向。整體來說，進行魔法生活的前提，就是你得生活在不會因魔法師的身分而被逮捕處以火刑的國家！

我不得不說，在九〇年代初期，帶著兩個年幼的孩子在英國鄉村過魔法生活真是相當辛苦。當地教會的牧師有幾次來威脅我，說要帶走我的孩子。這在當時的英國，算是非常嚴重的威脅。我們全家之所以會搬到美國待上幾年，其主要驅力之一就是遭受了這樣的對待，所以我非常清楚公開展現自己的生活之道有多麼困難。

一、神殿與家屋的差異

在遠離自己居住的地方建立神殿或會所，且每年只去那裡行使魔法幾次，如此奇怪的概念是比較近代才有。在過去，魔法師也是男祭司或女祭司，日復一日地在神殿裡面進行魔法工作、保持力量平衡，並維持長期的事工等等。在古時候的部落形態社會裡，魔法一直存在。

為何你要一直生活在魔法當中？一旦開始往大師的魔法事工發展，你就會發現自己的行事無時無刻都有魔法——永遠沒有「關掉」的時候。如果你生活在某個具有連結且有魔法支持的環境當中，那麼你能很好地適應魔法隨時隨地待命的情況。不過，若你生活在市中心或某個非魔法的環境，而且還背負長期的魔法負擔，那麼你終究會開始確實感受到魔法的壓力。

神祕領域的人們經常「裝扮」自己的家，作為身分認同的一部分，例如巫術信徒的家裡會擺置掃帚、頭骨、藥草、五芒星圓以及美觀的祭壇等。不過，自我表達與身分表達是一回事，內有魔法運轉的家屋則是另一回事。了解其中的差異至關重要。例如，若有人來到我們家，他們不會認為這是「祕術師」的家，可能只會認為我們是古怪的收藏家。你當然能夠擁有一間平平凡凡、看起來有點奇怪，但裡面有魔法運轉的家屋。那麼讓我們來看看魔法家屋的裡面會有什麼，以及如何平衡它。

二、保護

（當這標題一出現，）人們會立刻想到的是用魔法將自己的家封在裡面，並狂熱地經常進行五芒星驅逐小儀（the Lesser Banishing Ritual of the Pentagram, LBRP）。但這作法完全沒有必要，而且終究會破壞家屋整體的魔法及保護。我在其他著作已有詳細討論這部分[5]，然基本要點就是，若你以精靈、存在個體、神祇等等來平衡自己的家屋，那麼這棟家屋的頻率，就會濾除那些非屬必要且不受歡迎的惹事客人。這也允許各種不同的存在可以來來去去，以維護魔法事工，並在需要幫助時找得到你。

在魔法家屋裡面，與其使用儀式模式（例如五芒星驅逐小儀），不如使用守護者守衛門戶、運用陷阱吸引那些不受歡迎的低級存在並令其自顧不暇、使用家屋的整體一致頻率以拒斥不受歡迎的魔法，並在家中運用燃香、音樂及神祇的擺置以防止寄生物及其他擾人的低級存在進入。彼此兼容的不同神祇，祂們之間的相互作用會在家屋裡面設立某種能量立體圖樣，只要每天與祂們短暫共事就能使這圖樣一直發揮作用。在脆弱的地方使用特定的印記，則會創造出一個過濾器／屏障。最重要的是，你與那些在同一土地上活動的存在個體、祖先與力量的日常互動，會創造出充滿活力、易於連結且相對安全的互動生活環境。

之所以說「相對安全」，是因為這種方法不會將一切排除在外，且魔法師絕對不應該生活在用魔法密封的環境——它就像生活在無菌環境中，終會嚴重削弱魔法師的力量。魔法師只有在生病的時候，才真正需要完全受到保護的空間，但即使如此，我還是就長久以來的直接經驗而質疑這作法背後的觀點。使自己的家屋保持平衡並處於適當的魔法頻率，就能讓那些在同樣頻率當中行事的存在個體過來為你提供協助、警告、保護與教導，或是向你求助。如果家屋被驅逐儀式密封在內，就不可能有這種日常的隨機互動，魔法師只得全靠自己。

魔法師若生活在經過驅除及密封的空間，將會發現自己無法應付強大的內界聯繫者。這樣的魔法師在進入具有力量的地方時容易受創，並且無法經常維持日常隨機的內界聯

⑤審定註：「小五芒星儀式」本身擁有著更加深遠的內涵，它幫助初學者橋接來自「上方」的，超越自我的眼界，使初學者學會參與進更為宏大的平衡與協和之中，與同頻率的內界存有彼此協作，從而使家屋逐漸朝向特定的力量品質校準。但如若只是將意圖片面聚焦於驅逐之上，將無法體現這個儀式的價值，反倒會顯得膨脹、脆弱且空虛。

繫。因著現代的教導方式以及流行的魔法趨向，魔法學生不斷過度保護自己，結果就是一代又一代虛弱無力、與內界毫無聯繫或少有聯繫的魔法師。

然而，若你是運用家屋裡外的頻率及存在個體的方法來行事，那麼你很有可能三不五時受到打擊，然而你最後挨到的打擊只會是原本危險事物的一小部分而已——剛好足夠讓你因應、學習並且變得更加強壯，就像免疫系統也是需要感冒與細菌才能保持健康那樣。

關於使用驅逐儀式密封空間的作法，其實還有人類意識的深層驅力運作其中，那就是過度膨脹的小我。覺得自己用驅逐儀式就能得到保護與平衡的魔法師真傻，因為他就跟那個用手指堵住堤防滲水孔洞的孤獨男孩一樣。在某些情況下，魔法力量與流經這股力量的存在個體相當龐大，不用幾秒鐘就能打穿驅逐儀式。身為人類的我們無法獨自保護自己免受這種力量的攻擊，任何認為光靠自己就能做到的魔法師都是自大狂。不過，若你生活在一個裡面有精靈、祖先與神祇居住的環境，那麼你算是某個更大家庭的一小部分，他們大多數都能更加妥善應對即將來臨的火災或隨機的存在個體。你盡到自己身為現實世界魔法師的本分，而他們也會盡到它們的本分。

雖然你永遠不會完全免於可能造成破壞的事情，但那些超出你應對能力的事情會得到處理，而那些讓你有所學習的事情會被允許進入。若你受到過度的保護，就永遠無法真正學會應對各種「詛咒」、攻擊、寄生物、鬼魂等等，也就是那些其實有助於強化魔法師的力量，並使其時常保持警惕的事物。而任何會對你造成嚴重傷害或干擾魔法事工的東西，不是被隔開並與你保持距離，不然就是你會得到很多幫助來應付它們。過多的保護，會使你永遠學不會基本技能，就像你請天使將所有人類趕出你要走的道路那樣，你就學不到如何識別某人是否為潛在的問題或威脅、如何識別需要幫助的人、如何結交新朋友、如何意外遇見老友等等。你在日常生活使用的技能都會反映在魔法上。

在家裡建造一個經過平衡的過濾器，需要時間、耐心以及對於邊做邊學的樂意。雖然現在已有大量關於魔法的書籍，但說到底我們仍處在魔法的黑暗時代，必須重新學習許多技藝。唯一的前進之路就是學習他人已經發現的事物，也去發現對自己實際有用的事物。

三、家神

建立以魔法運作的家屋，其第一步即是設置共事的一位或多位神祇。你與家中神祇的關係並不是宗教崇拜，而是有著深刻的尊重、榮耀與責任。你有責任與神祇建立關係，確保祂們需要的供品，以及祂們喜歡的蠟燭、燃香、禮物與話語有獻給他們，因為祂們成為了你家的榮譽成員。

一旦祂們的力量啟動並在家屋裡面運轉，這力量就能為後續一切要做之事奠定基礎。選擇共事的神祇很重要，最好是那些已經反覆讓你認識的神祇，不然就是那些你有深刻共鳴的神祇。別從當前的祕術流行風潮選擇神祇（目前最「潮」的神祇是赫卡蒂〔Hecate〕），而選擇像是巴弗滅（Baphomet）或蓓蓓倫（Babalon）這種近代構建的神祇也不明智。為了能夠與你共事愉快，且能讓你深入學習魔法，你會需要一位古老、穩定且與你周圍土地相容的神祇。有些神祇專與特定文化或某特定陸地連結，有些神祇則有著廣泛許多的連結。有些神祇能兼容魔法及家庭，有些神祇無法如此。

若某位神祇或一小群神祇已向你明白顯示自己，那就值得花時間去了解祂們，找出祂們的力量在古代是否已被分割開來，或祂們是否仍在傳導彼此相對的力量。古老力量具有破壞性與創造性二種面向，而當力量被分割開來，亦即神祇在儀式方面已分裂成兩半，將會為其所在的家屋帶來失衡的力量。

作為我家基礎的女神，是在我二十出頭時向我顯示祂自己。人們不斷把祂的照片與雕像當成禮物送給我，而我花了些時間才明白祂希望我與祂共事。祂是古老的力量，具有創造性的面向與破壞性的面向，也就是完美的平衡。

一旦你確定自己已為你、你的家庭與你的家屋找到合適的神祇，就需要為祂們創造一個可連結的窗口。僅是取得神祇的圖畫或雕像並不足夠，祂們的形象得要經過賦活

（enlivened）才能在我們的世界運作，使神祇的力量能在形象所處空間進進出出地流動，且能與你互動。雕像並不是神祇本身，它僅是充當溝通與連結節點的窗口。

賦活的方法有很多種，我有在其他著作討論一些不同的作法。另有一種方法未在先前作品提到，即是為家裡的雕像用直接傳輸（direct transmission）及移植（transplant）的方式處理。然而這方法適用的神祇不多，因為業經賦活、仍在發揮功用又能連結的神祇雕像已經很少。光是該作法本身的學習曲線就非常陡峭，然其成果也很重大，因為它需要用到多種技藝與能力，還有找到業經賦活且可供連結的神像。

第一步是找到你選定的神祇之雕像，且該雕像業經賦活並仍在發揮作用。請記得，賦活神像的技藝到希臘–羅馬時代已逐漸碎散消失。現今許多印度神像也是如此，其處理方式已不再是「賦活」，而是「加持」（blessed），兩者並不相同。所以，值得花力氣尋找的神像，也許是那些可以追溯到古埃及或美索不達米亞、英國殖民之前的印度，以及早期的希臘、羅馬或伊特魯里亞（Etruscan）時代的神像。

古老神祇可能滿載力量，但若對祂們知道不多，就會變得有點冒險，例如貝勒努斯（Belinos）係為不列顛地區在羅馬人尚未進來時（pre-Roman Britain）的太陽神，目前為威卡信仰圈的常見神祇，然而我們對這位神祇及祂所帶來的力量所知甚少。異教信仰的整個現代結構創造出能夠與祂共事的神話，並以「崇拜」為情境。使用這樣的情境設定當然沒問題，況且無人真正知道透過這個神祇模組會進來什麼東西，這也沒問題，然而這樣的關係仍有距離，算不上是共事的關係。因此，若將這位神祇帶進魔法家屋且深入共事的話，也許就要另當別論。

貝勒努斯並不是那種長久持續運作、發揮功用的神祇——就神祇的標準而言，從過去異教信仰復興迄今的一百多年根本不算久，因此祂的力量可能不穩定或是受到寄生，或者祂也許是破壞的神祇，沒有人可以確定。而且由於這股力量的「運作」（而不是崇拜）早已出現中斷，將祂的力量當成居家魔法工作的基礎會有極大的風險。因此，除非你是徹頭徹尾的冒險家，而且家裡沒有小孩，不然最好還是只選那些過去已完成許多事工，且穩定又易於識別的神祇力量。

一旦選定你的神祇，那就需要找到能夠進行直接傳輸的來源，這可以是博物館、國內外的神殿或廟宇，或是私人收藏。你所需要的雕像，應曾立於有在行使事工的寺廟或神殿，且業經儀式賦活、現仍發揮功用。你能分辨出雕像是否業經賦活，然而這部分確實需要耐心與練習。

在嘗試尋找業經賦活的雕像時——博物館的雕像並不一定都有賦活——首先要進入內在的止境，這在人來人往的博物館並不容易進行。找個地方坐下來，身體安靜不動，闔眼進行虛空（Void）／止境（stillness）的冥想。當你靜下來並對準境界，即開始在你想要連結的雕像周圍走動，有的雕像沒有給你什麼感覺，有的雕像會讓你感到像是圍有能量場域的抗力，有些雕像也許會向你說話或顯現在你的內在視野而使你注意到它們。

那些會與你主動溝通或向你明白顯現自己的雕像，就是業經賦活者。至於那些周圍有能量感覺的雕像，它們雖然還沒有完全賦活，卻已對準頻率。若某位神祇真的相當著名，請要記得，祂們最後一次與人們有著適切交談的地方，可能是在某間神殿或寺廟裡面，而那時候的人們就是崇拜祂們並與之共同行使魔法的男祭司與女祭司。所以祂們會期望得到榮耀與尊重，本來就應如此——祭司對神祇的盲目崇拜會發生在廟宇／神殿生命週期即將結束的時候。每間廟宇／神殿都有生命期限，當祭司從平衡的尊重與魔法的互動衰退為盲目的崇拜時，真正的神殿／廟宇就結束了。在內心承認神祇的存在以表達自己對祂們的尊敬，然後在附近找個可以坐下來的地方。

閉上眼睛，用靈視運作。進入靈視，站在神像面前或是跪著。告訴祂們你是誰、你在做什麼，以及你想要嘗試達到的目的。詢問祂們是否願意跟你一起回家，住在家裡的聖域並與你共事。若祂們同意，那麼後續就是進行直接傳輸。若祂們拒絕，就詢問是否有你可以為祂們做的事情，有的話，就去做吧！祂們也許會在後續的接觸跟你一起回家，然而這不是你能強迫促成的事情。

當神祇同意時，就睜開眼睛，走去站在神像身邊。這裡的重點是，傳輸必須是實體接觸，很少人能在沒有實體接觸的情況下承擔起神祇的負荷，因此與雕像有著實體接觸相當重要。但是這會給你招來許多麻煩，因為若你動手觸摸博物館的雕像，館方多會非常生氣。然而若那地方人潮洶湧或是警衛無暇注意，你就做出嘗試近距觀察雕像上下或側面事物那樣的動作。當你靠近雕像時，在腦海中邀請祂們並悄聲說出來，請祂們進入你裡面居住，直到你將祂們轉移至另一尊雕像。透過邀請，你允許神祇進入你裡面；沒有邀請，這過程就不會發生。

實體接觸的過程不用很久，短暫碰觸通常就已足夠。請確保雙手乾淨，沒有沾油或其他殘留物——因為維護古文物實體的完整也很重要。我當時為答應與我共事的神祇做這件事時，我假裝自己在繫鞋帶，而短暫碰觸祂的腳，這樣就夠了。我有邀請祂進入我裡面，祂也表示願意與我共事，這一切是迅速且有力地完成的。

請記住，那傳至你裡面的事物並不是神祇本身的全部，它比較像是一種「識別」的頻率，讓神祇的力量能夠連結，幾乎就像全球定位系統那樣——然後你可以將這股頻率植入家裡的雕像⑥。

傳輸神祇的概念也許很難理解，畢竟我們自己已習慣認定個體的單一性⑦。有的人可能很難意會神祇的力量可同時經由複數個體傳導的概念。因此，可以將雕像想像為需要插入電話號碼才能連通的電話，你所收到的傳輸就是神祇的電話號碼，然後你把它帶回家並

「插進」雕像。

攜帶這種傳輸會對你的身體造成負擔。在攜帶這類傳輸時，我感覺非常虛弱與疲倦，希望自己能夠吃得狼吞虎嚥、睡得不醒人事。其原因是攜帶這類傳輸會消耗龐大能量，所以越早將它傳輸到雕像越好。

四、將傳輸轉移到雕像中

這部分相當簡單，但你需要合適的容器來接受傳輸。你的神像必須是傳統的形象，而不是新時代的形象，也不應用小飾物、水晶等東西將其覆住。你需要的是一尊雕像、兩根蠟燭、一個祭壇或工作臺、一小杯蜂蜜與一小杯新鮮乾淨的水。

將雕像放在祭壇或是它將安居的地方之表面，將兩根蠟燭分別在其兩側點燃。將雙手放在雕像上，一手放在頭部，一手放在雙腳，然後閉上眼睛，進入止境，直到腦海安靜下來不再喧鬧。這裡的關鍵是成為一扇敞開的門，讓力量通過，而不是在靈視中塑造某個形

⑥審定註：這一過程很類似臺灣民間信仰之中的分靈儀式。

⑦審定註：真要比喻的話，神祇的存在就像是天上的皎潔明月，如果我們有足以映照的明鏡，將鏡面的灰塵與髒汙擦拭乾淨，調整好正確的角度，便足以反映其光輝。透過這個明鏡般合適的載體與窗口，過濾掉偏誤與迷障的雲霧，從而聚焦於某個頻率，以倒映神祇的光輝。

象。當轉移開始時，你會感覺到自己的手中或身體某處出現某種能量的感覺。轉移的過程不會很久，一旦你感覺到那力量已從你的身體傳遞到雕像，就拿起它，將自己的嘴唇貼上雕像的嘴唇，然後將氣息吐入其中，並在吐氣的末尾說出神祇的名字作為結束。

做到這裡，就要開始進行靈視工作。站在祭壇與雕像前面，閉上眼睛，並以靈視望向祭壇。看到雕像，並看到那股在它裡面的力量。看到兩根蠟燭形成一個出入口，並看到雕像背後／後面的霧氣。在靈視中，呼喚男神或女神的男祭司或女祭司前來與你共事，來教導你、引導你。慢慢地，祭壇後面的霧氣當中會逐漸現出一位男祭司或女祭司的形狀。將你想要做的事情告訴他們，並尋求他們的協助。

你可能會注意到這位祭司後面還有其他祭司，他們前後逐一排成長列，而後面的祭司會將一隻手放在前面的祭司身上。這就是祭司的傳承脈絡，神祇的力量藉此穿透過來——這些曾為人身的內界聯繫者形成橋梁，讓神祇的力量從內界神殿的深處流洩而出，並連結那些來自外界神殿的神祇力量。內界與外界的力量在雕像裡面相會，使雕像「活起來」。

一旦看見雕像裡面的明亮會合（它可以表現為明亮的感覺或明亮的圖案），即歡迎神祇進入雕像並獻上蜂蜜與水，這動作需在靈視與現實層面同時進行。將蜂蜜與水的杯子放在神祇的腳下，然後默默地睜開眼睛。在祂們面前點燃一根小蠟燭或茶燭，並將獻給祂們的香脂（incense resin）放在燃燒的煤炭上——這裡不用線香，因為線香常有非天然的成分且品質欠佳。乳香（frankincense）很好用，不過還是多去了解你所選定的神祇喜歡哪種燃香。現代網站將各種顏色、香脂等等關聯到特定的神祇，然而這些資料都是現代發明出來的東西，對我們此刻正進行的事工而言不具任何參考價值。這方面的資訊請查閱古代文獻、神話與故事，若還是找不到的話，就直接詢問祂們喜歡哪種燃香。

最後一步則是用油膏抹雕像。我是用乳香、膠質沒藥（opoponax，譯註：又稱甜沒藥）及岩蘭草（vetiver，譯註：又稱香根草）的複方油，將其聖化以用於膏抹。將油膏抹在神像的額頭、嘴唇、心臟與雙腳，然後在蠟燭仍點燃的情況下離開房間。我稱這段期間為燜煮時間，即內界聯繫者仍繼續在房間裡面運作但已不再需要你的時候。至於何時該回去房間，你會感覺得到。

前述事工就是「開門」，讓你能與神祇連結。從現在起，真正男神或女神的連結／力量將逐漸滲入，而你越常與神祇的連結共事，這份連結就會變得越強。別在祂們的空間堆滿裝飾品、魔法玩具之類的東西——請記住這不是商品展示或藝術展覽，而是用於行事的祭壇。祂們會需要蠟燭、香爐、兩只用於盛裝禮物、食物與飲料的小碗，還有祂們使用的特定工具。這些工具會在日後逐步獲得，或是祂們會提出要求。至於其他沒提到的東西，只會讓祭壇的過濾器變得渾濁，並使力量碎散。

用於行事的祭壇應當簡單、實用，而非具有明顯的祭壇外貌。我們家的客廳裡有幾個用於行事的祭壇，然而它們如此簡單、基本，從來沒人注意到它們。沒有炫耀、沒有戲劇、沒有裝飾，只有魔法事工。確保所有蠟燭、燃香、食物、飲料與禮物的品質都很好。而且絕對不要抄捷徑：電燈與活生生的火焰是兩回事。神祇需要一個活的元素來運作，而不是一顆燈泡。

每天點燃祂們的蠟燭、確保祂們有所需事物，並花幾分鐘冥想或是與祂們交融。與祂們交談、讓祂們參與你的日常生活，並坐在祂們旁邊進行你的靈視工作。這就是你的基礎神祇——即祂們成為家中生活之中心——然而這只有在你與祂們建立關係時才能實現。你的傳輸會確保只有神祇或神祇的過濾器／祭司可以透過該雕像來到你這裡，所以不用擔心是否有開門給隨機的存在個體進來。先將關係建立起來，之後你們就可以開始共事。

五、其他神祇

基礎神祇一旦建立，你將會發現其他神祇也慢慢地進入你的生命軌道。別跑到店面購買許多不同的神像，而是讓祂們找到你，因為通常的情況是，某些你認為應該合得來的神祇其實合不來。如今，思想狹隘已是我們的通病，喜歡把事物依照認定的框架排好擺滿，但不幸的是，力量並沒有那麼通融。

通常那些來找你共事的神祇，其組合雖然看似隨機，但若深入觀察，就會發現祂們有著非常緊密的連結，然而這樣的緊密並非源自屬性，而是源自祂們在巔峰時期的地緣關係或跨文化的聯繫。因此，你也許會發現古埃及、迦南（Canaan）、蘇美文明（Sumer）與小亞細亞（Anatolia）的神祇會一起共事，然而祂們不會與自己所屬神祇系統裡面的晚輩合作。

別掉進「全部的女神都是同一位女神」的陷阱——事實不是如此。神與人很像，全部的人都是人類、全部的女人都是女性，但我們全都不一樣，並以不同的方式行事。

有些過來與你同住的神祇會找特定的房間坐落。而你需確保祂們能與該房間裡的任何其他神祇、祖先等等和諧相處。你越是深入魔法，對於力量的敏感度就越高，因此若你將某股力量引入錯誤的空間，那麼你必會知道，不是做惡夢、有「糟糕的感覺」，不然就是家屋開始出現失衡的感覺。屋內若有失衡之處，就會發生不好的事情，像是雕像倒下、圖畫從牆上掉下來，或是發生小火災——神祇之間真的會有賭氣較量的情況。

有兩種方法可以解決這問題。其一是在引進新的神祇或魔法物品時，在屋內四處走動、進入每個房間，並靜靜站在物體或雕像旁邊，看看它有什麼感覺。這種輕推的感覺通常像是悄聲的耳語，然而我大多會得到明確的回應：「不要，別放在這裡。」

另一種確定的方法則是用塔羅牌，我會為這問題使用生命之樹牌陣，並看最後一張牌。以下是我問的問題：「若我把某某帶進這個房間，整個房子的力量、精靈與神祇的平衡會是什麼樣子？」這裡要注意，我問的是新來者會產生的效應，而不是「這股力量屬於這裡嗎？」因為你需要的明確答案是「某事物對你的直接影響」。

也許某神祇適合待在某個房間，然而若它不適合你且引發混亂，那麼它對你家來說就是不對的神祇。你們必須能夠共事，神祇也必須能與屋內所有其他居住者協調合作。你還會發現，屋內所有力量之間的互動幾乎是為你量身打造，因為這裡面的變數有你的性別、你腳下土地的力量、你所傳承的血脈、你周圍的祖先、屋內的動物，以及你正在進行的長期內在途徑（通常不會意識到）。因此你可以看到這方面真的沒有一定得怎樣的規範。

當人們說「這個神必須跟那個神一起共事，而且必須安置在這個方向，因為那些偉大的神殿還在世上的時候就是如此，所以才有這樣的要求」的時候，他們漏掉了一個跟魔法有關的重點：你的房子不太可能與自己共事的神祇之原初神殿位於同一塊土地上，並且也不在相同的文化、時間或環境當中。你也沒有一個完整的祭司團體來維持所有能量結構的運轉。就動態互動而言，今昔已完全不同，你需要不斷變化以因應力量的精細差異。所以，閱讀關於特定神祇及其好惡的書籍不會有什麼參考價值，反倒你與神祇的直接關係，將會讓你逐漸了解祂們的力量及其運作方式。當然你會犯錯，我們大家都會，那是整個過程必然會有的部分。

你需要敏銳意識到以下的情況：若你搬家到新的土地或完全陌生的區域，也許會發現某些神祇改變了表現方式。非常古老的原初神祇——通常是各個神祇系統的基礎神祇，像是塞赫美特（Sekhmet）、姆特（Mut）、恩利爾（Enlil）、偉大母神（Magna Mater）以及舒神（Shu）——是龐大力量的具現，不太會因所在的陸地不同而發生明顯變化。然而其他神祇——通常是基礎神祇的孩子——其實是由古代祭司細分出來的力量，或是地區性的力量，其力量的運作方式較為柔軟。這代表祂們或許能在某一國家運作，但換成另一個國家就不行。這裡的關鍵並不在於祂們是否處在自己的「屬地」上，而在於祂們是否能夠掌握某塊土地的力量與其連結或兼容。

我這一生搬家多次，跨越了許多陸地與海洋，並在遊走世界各地時發現自己隨身攜帶的一些神祇會在某些國家進入沉睡、變得不活躍，直到再度搬家時才會甦醒。有一些神祇在移居到新的土地時會變得更加強大、更加多話，並表現出以前從未知道的屬性與力量。同樣地，這一切都是未知的魔法領域，你必須邊走邊學。這裡的關鍵是對神祇的力量變化保持敏感，這就要靠你經常與祂們共事才能感覺得到。

以下是基本的外在規則：

（一）讓神祇找到適合自己的屋內區域。祂們會出於特定的原因而想要待在特定的方位，因此別只因所有相關書籍都這麼說，就把某位司掌破壞的女神安放在北方。她可能出於特定原因想在另一方位工作，或是祂在那方位也許會展現出某個你從沒覺察到的面向。

（二）別用新時代的劣質品塞滿祂們的空間。祂們會需要特定的東西，所以請確保祂們有那些東西，但別落入祭壇展示的習慣。那裡不是店鋪展示櫥櫃，祂們也不是用來炫耀的東西。

（三）請要記住，你不須擁有祭壇及一切相關裝飾。在大多數情況下，神祇會高興地融入你的家中，希望與你一起生活、一起工作，而不是把你家變成神殿。人們來到我家，不會注意到那裡有許多與我們共事的神祇——它們被安放在我們的書籍與藥草當中，而不是放在祭壇上。啊，除了某位需要一整套行頭的女神。（嘆！）

（四）最重要的是，這是你的生活空間、你的人生。神祇是你與之共事的運作力量，不是崇拜的對象。當然，祂們值得尊重與榮耀，但要將你的工作計劃清楚。你的人生是你的，不是祂們的。

六、靈體、鬼魂、守護者與祖先

一旦在家裡建立神祇力量的運作網絡，你將會遇到其他正在尋找立足之地、可能成為你家居民的存在個體。同理，這樣的關係是隨著時間建立起來的，無法像自行安裝的家具那樣直接買回家安裝。神祇在你家裡面產生的頻率，將會吸引特定類型的靈體，並排斥那些與你想要達成的理想無關或不願參與的靈體。

小型的土地之靈（land spirits），例如仙靈（faery），能用類似吸引貓的方式——只要把食物放在屋外，就會有一隻過來吃。若你認真想要照料自家周遭土地，就向那裡的元素、土地、天氣、植物訴說，住在你家周遭土地的各種存在個體會注意到這個動作。有些人的作法是設置戶外的神殿，有些人則是奉獻一小塊地。無論你做什麼都會產生一些效果，並將內界存在個體引來你家。

如果你家附近有山岳、形狀奇特的丘陵、古樹或任何具有自然力量的象徵物，那就透過實地及靈視兩種拜訪方式與它們建立連結。先自我介紹，然後詢問那地方的靈是否需要什麼事物。這種禮貌周到的作法會引起它們的注意，很快就會出現存在個體，向你提出需要、為你提供東西，或是搬來跟你同住。如果某個存在個體願意成為你家的守護者（guardian），以換取住所、食物或歌曲，當然是皆大歡喜，只要確保守護者知道要讓那些有事找你的存在個體（通常是當地的祖先、你家族的祖先，或是鬼魂）進入家裡就好。

嘗試與犯錯——而且出錯是必然的——你會逐漸得到一個與你一起生活及共事的靈

體家族。這種方法是最偉大的老師——你會透過與內界存在的共同生活而學到關於它們的事情。你可以在敝人著作《驅魔師手冊》（*The Exorcist's Handbook*）找到關於各種類型的存在個體、其作用與行動方式，以及如何與它們共事的詳細描述。

七、平衡家中環境

當你的住家裡面有著持續運作的神祇與靈體，幾乎每天都有必須注意的地方。由於家屋的頻率已經對得非常精準，因此它會在失衡或不健康的事物被引入屋內時做出反應，而這反應會用許多不同形式影響魔法師，取決於後者的敏感度。

然而這部分也只有經過實驗才會知道，還需要能夠意識到家屋能量的微妙變化。我以前曾引入一些雕像，當時認為它們僅是簡單的裝飾品而已，但我家的神殿頻率用最奇怪的方式啟動它們而造成嚴重的破壞。後來找請家裡的神祇針對某些音樂、食物、人物、電影做出反應……重點在於正視這種反應，而不是對此感到焦慮。這一切全是關乎找到平衡並在那平衡裡面運作。

我認為這方面的底線就是運用個人常識。一般來說，應將內有魔法運轉的家屋當成神殿來看，每天都會有特定的高能力量通過那個空間，這一點務請記住，而且要留意自己引入家裡的事物。就像你會留意自己要給孩子接觸什麼東西那樣，對待家中靈體也須如此謹慎小心。

守護者若是伴隨神祇而來，它們也會非常積極——但這狀況有利有弊。就有利的方面而言，以這種魔法頻率運作的家屋大概永遠不會有惡意闖入的狀況——因為守護者非常盡職。然其不利之處，就是任何失衡、抱持惡意、濫用毒品、受到寄生或罹患精神疾病的訪客，基本上都會很快地被趕出你家。它們會感到不舒服，而你會覺得精疲力竭。

另一需要注意的地方，則是屋內眾力量的平衡必定會有變化。這情況有時會隨著季節變化而發生，有時則看似隨機，而且很難理解為何如此。然而力量必定有起有落，只是偶爾會突然出現龐大的力量湧流，這通常是代表「你應該開始進行事工、一切都已蓄勢待發」的信號。

這種運作方式並不適合需要簡單規則手冊，且希望有易於遵循的步驟之人，也不適合那些神經質、偏執多疑與自戀的人。這需要相當程度的可變性、對於學習－活動－實驗的樂意，以及感覺力量變化的能力。不過，在這架構當中行事也會教導你很多關於神祇如何互動、力量如何協同運行，以及守護者如何運作的知識——這些課題可能有趣、瘋狂，有時還會讓人感到害怕。

在孩子加入這一鍋能量雜燴湯時，他們係透過替代的事物來了解力量。你不必教導他們任何東西，而他們也不應特地參與家居生活的魔法面向。然而被動地接觸這些力量，將有助於他們深入了解力量的運作方式。我在孩子的成長過程中，從來沒向他們提及任何關於魔法或是散在房內各處的雕像之事情，然而他們各自受到特定的雕像吸引，會與這些雕像聊天，有時會向它們尋求幫助。守護者也會照看他們，若孩子整晚不舒服，或是需要協助，守護者亦會向我示警。若孩子周圍即將發生危險，它們也會警告我。

我有用於判斷的兩種反應機制，其一是突然出現的腎上腺素反應，其二是疲累的感覺。若屋內有著已成為潛在威脅的危險事物，無論那是魔法還是其他層面的東西，我會立即出現腎上腺素反應。若家裡有什麼東西失衡或不健康，我就會突然感到疲累。第一種反應是我的身體對守護者的反應做出的反應，而第二種反應是我的內在能量被消耗殆盡所引發的身體反應。其他人會有不一樣的反應——所以了解自己的信號與反應相當重要。若有嚴重的危機，通常你會收到實質的警告訊號，例如有某個東西真的朝你扔來，或是有個聲音大叫要你醒來。

以下是一些例子。多年以前，我當時的丈夫被前妻跟踪騷擾，她因精神不穩定而有很多問題。某天晚上只有我跟兩個小孩在家，然而正當我睡覺做著快樂的夢時，似乎聽到有人叫我的名字。由於我當時很累，所以只是翻個身就繼續睡下去。幾分鐘之後，我在夢中聽到「醒來，不然就要死了」的吼叫聲，並看到一陣大火從信箱朝我噴吐過來（英國的信箱是裝在大門上）。於是我醒過來，腎上腺素瞬間暴升。當時是一片安靜的清晨四點。

我下樓發現家裡的貓坐在大門附近，一邊緊盯門口，一邊低吼威嚇。我從窗簾後面往外探看，就看到丈夫的前妻提著一個汽油桶沿著小路朝屋子走來——她打算把汽油從門上的信箱口倒進去，然後放火把屋子以及裡面的孩子一起燒掉。

我把屋裡的照明燈具全部打亮，並拉開窗簾，站在她看得見的地方緊盯著她。這動作足以令她害怕，於是她就跑掉了。若不是守護者把我叫醒，我們非常有可能在睡夢中被燒死。

另一個例子就沒那麼戲劇化了，那是我在舊貨店扛了一箱神祕學與歷史書籍回家發生的事情。到家幾分鐘之後，我就感到不舒服與暈眩。當時的我並不明白是什麼原因造成這狀況——根本沒想到書籍也可以造成這樣的效果。由於感覺相當強烈，於是我做了占測，解讀到底發生什麼事，結果原因是那些書。不過源頭並不是書裡的內容，倒是來自它們曾經長期停留的「地方」——因此那些書沾染到某些非常失衡的事物，並保留了那些事物的印記。解決辦法很簡單：我用魔法剝下印記並淨化那些書籍，一個小時之內就回歸平靜。

還有一個好笑的例子，就是當時有個魔法師企圖攻擊我——這作法真的是完全浪費相關人士的時間與精力。家裡某位靈體突然使我注意它，於是我進入靈視與它交談。這靈體跟我說，有位魔法師正在攻擊我，並且派遣一個存在個體過來發動攻擊。靈體已擋住那存在個體，不讓它接近，並且問我要拿它怎麼辦。我請這位靈體在我觀察這個存在個體時好好抓住它，如此就能看出它是否為人類創造的思想形式（thought form），或是仙靈／土地之靈之類的存在。我發現那是一個被迫服務的土地之靈，於是解除它的奴役，將其釋放到野地。我以為這樣就結束了。

然而，靈體跟我說，那個存在個體帶來的火系攻擊魔法還在屋內——它沒有可以用的「出口」，因為那個存在個體是該魔法的瞄準機制。我提議點火來消耗那股火系魔法，這樣它會因為持續向火源供應能量而把自己完全消耗殆盡，然而得到的回應是「不行，這不是個好辦法」。所以我向精靈徵求建議，而精靈稱它可以透過電流引導那股火系魔法，使其在引導過程中燃燒殆盡。因此，我在那天關掉電腦，並拔掉所有敏感電器的插頭，做完剛好趕上某個電燈開關爆掉著火。我立刻將火撲滅，事情就結束了。

後來我嘗試弄清楚為何用火消耗火魔法的作法不妥當，畢竟我與魔法的每次相遇都有可以學習的地方。我做了一些占測解讀，看看當時若真的那樣做的話會發生什麼情況。而解讀的資訊指出，點火不會像我原先預期那樣消耗魔法並安全地將它燒掉，反倒像火上加油那樣把魔法放大，而最終的結果就是屋舍會發生嚴重火災。電力系統與純粹的火元素差異甚遠，所以才能用來傳導那股魔法，然後引發一場沒有造成傷害的小火災。我在那天學到不少東西。此事也完美示範某些魔法攻擊形式的動力。這類攻擊一旦發動，就永遠無法解開與卸除，它必須被安全地「驅走」或者允許具現，才能無害地走完過程。有些魔法能被分解，並且能像堆肥那樣蓄積起來供日後使用，然而某些強大且複雜的魔法形式會有必須要走的過程，其因應訣竅就是找到某個安全無害的繞道路線讓它們把過程走完。

八、停機時間

另一個你會注意到的魔法動力變化，就是魔法突然靜默下來，通常完全沒有前兆。若你嘗試用邏輯評估這種動力變化的運作方式——例如是否跟著月亮週期或季節週期而變——只會浪費很多時間而已。用這種魔法方式與神祇共事，就代表你需要學會靈活地思考與因應。

有的時候，神祇會突然變得活躍，有時又會陷入過於明顯的靜默。我發現，當房內諸多力量突然靜默時，並不是因為全部一起消失或關閉，反倒比較像是它們突然以我們（或我個人）無法掌握的頻率運作。只是處在這狀態的它們有時給人的感覺好像在睡覺，不需要互動、蠟燭、供品或對話——就像它們不存在一樣。房屋周圍也不會有明顯可辨的能量流動，一旦你已習慣它們平常喋喋不休的背景聲音，就會覺得那陣靜默很奇怪。我後來了解到這是一種潛行模式，經常發生在它們正以人類大多無法領會的方式努力運作的時候。

我開始記錄這種「潛行模式」，然後發現它經常發生在世界上即將發生重大事件，或是我即將遭遇嚴重攻擊的時候——因出版著作而成為大家看得到的魔法師會有個缺點，那就是你所提出的看法，都會是好事者丟出無腦批評的方便靶子。至於採取潛行模式的原因通常會在一週之後顯現。我學會尊重這種潛行模式，自己則是保持警覺，並信任它們的判斷。

我覺得好奇的是，這情況為何會在某些重大的世界事件發生之前出現，但不會在其他事件發生之前出現。我還沒弄清楚為何會這樣——它們會對發生在世界另一頭的災難有反應，但離家較近或其他地方的災難卻沒有反應。關於力量的互動變化，我還有很多地方不懂，而且隨著年歲增長，我越來越意識到我們對能量與力量的運作方式其實所知甚少。

這種徹底的靜默也有規模較小的版本，那就是當某位神祇突然「進入睡眠」的時候。祂們收回自己的力量，而你也開始感覺到自己不應與祂們共事。我在這方面也是藉由經驗學會尊重神祇力量的起落。例如在2012年春天，我突然想把女神泰芙努特（Tefnut）的塑像收到看不見的地方。但當時的我感到相當傻眼，因為我們當時還在旱災——而祂可是掌管水分的神祇呢！一週之後，我們那裡開始下雨，而且2012年到後來是有紀錄以來最濕的年分之一。因此祂不被需要，事實上，祂的存在，以及任何與祂互動的魔法，都有可能讓原本已經不妙的狀況變得更糟。

若你家與／或你的魔法事工有出現這樣的靜默，那就順其自然，不過要密切注意這狀況並關心世界大事。我是用塔羅牌來探查這種靜默是否為針對我的攻擊或是世界大事所造成的結果——若是世界大事，那麼我會進入靈視並詢問是否需要我以某種形式提供服務。通常答案是不需要，然而祂們偶爾會交代一件事情給我做。

九、魔法與關係：將新伴侶帶進家中

這是家庭神殿或魔法家庭的運作面向之一。它常被忽視，可能會給家裡帶來混亂。若有個新來者即將入住你家甚至久待，那麼最好讓家屋的精靈與神祇知道家裡將增加一位新成員，無論這位成員是永久居住還是暫時來訪均是如此。

作法可以像這樣簡單：只需告訴家屋、精靈與神祇這件事，並請它們留意新來者一週左右。在活躍運作的魔法家屋裡面，若沒這樣做的話（就像我不止一次忘記），可能會產生奇怪的結果，像是新來者感覺不舒服、睡不好、睡夢中受到攻擊，或是不斷生病。若你忘記告訴守護者家中有朋友入住的話，也可能發生另一個惱人情況，就是你在晚上熟睡時會被「拍」肩膀。你會發現自己被守護者叫醒，並跟你說家裡有陌生人。真是惱人呀……然而它們只是盡自己的本分。

這方面除非新成員比較敏感，不然問題不大，畢竟這只是關乎良好的禮貌與常識而已。千年以來，我們逐漸失去這些枝微末節，然而這些枝微末節能對魔法生活產生重大的影響。

十、本章總結

至少就個人而言，我會完全傾向生活在神殿家庭，而不是工作空間與家庭分開。數十年來，我透過與神祇的相處學會跟祂們密切共事，無須典禮與儀式，並讓祂們參與我的日常生活與工作。這樣的作法可以更加深入了解祂們的力量、需要、想望、能力及能量的起落。這樣的工作方式的確比較困難，因為它使你保持警覺，並且你得在一切行事當中維持正直。沒有關機的開關、沒有「暫停」的按鈕，然而你會確實學到很多東西，並且變得堅強！

第三章

大地的魔法

自古以來，流經大地的魔法內界力量令人著迷不已。能量點成為神聖之處，人們在那裡種植樹林、建造石圈與神殿。某些力量之地則是令人們不計代價地迴避。人類與源自大地的那股力量之間的相互關係，至今仍是文化、宗教及魔法系統的重要部分。

在本章中，我們將研究流經大地的不同力量浪潮，以更加深入了解我們所共事的對象。我們先來看看魔法的連結與學習的過程如何進化——畢竟了解我們自己的運作方式，是發展出具有效果的實踐途徑之重要環節。

一、學習切入的方式，以及了解自己的運作方式

我個人認為，身為魔法師的我們都會在生命中的某個時候，於完全隔離的狀態下運作魔法，而那狀態通常是把自己鎖在某個房間裡面，無視周遭的土地與存在個體。然而這種作法係受到某些魔法流派的鼓吹，亦即在室內建立神殿、進行驅逐，並設置魔法圈以將受

召喚的單一靈體留在裡面，其他所有靈體則排除在外，然後我們在那顆保護氣泡裡面施展魔法。通常，這樣的魔法流派所共事的力量，幾乎與自身周遭土地的力量沒有共同之處，甚至根本沒有，並且其行使的魔法與流經周遭土地的知識、聯繫與力量的浪潮完全脫節。

對於魔法師來說，使用特定的魔法方法以得到特定的效果——亦即效果魔法——這種隔離的作法是有用的。不過，若魔法師希望超越這種思維模式且更加深入魔法，以支持實際需要、讓自己對力量有更好的了解，那麼我們就得開始將自己所在的環境納入考量。我們需要開始問一些問題，像是這塊土地已存在什麼力量、聯繫、智慧及魔法立體圖樣？它為何會在這裡？「誰」在這裡？它們對我的事工有什麼影響？我的事工對這片土地及眾精靈有什麼影響？它們可以參與我的事工嗎？諸如此類的問題。

這方面的問題有兩種切入方式，其一係透過靈性或宗教的架構來探索周遭土地的地景與居於該地的內界存在個體；其二則是在不使用宗教及文化介面的情況下進行探索，然其主要是探索呈現在當地的力量，像是它如何運作以及我們如何與其互動？這兩種方式都非常有用，它們各有優缺點，而且也有各自的難處。至於魔法師如何切入這類問題，可能會取決於他們使用的魔法流派，以及各自對魔法的切入方式。

這也取決於魔法師多年來在聚焦於特定學問的發展。當我們剛開始接觸魔法時，就像一張白紙，什麼都吸收，但全都只吸收一點。隨著個人的進展並開始專注於特定的研究與事工，我們開始窄化自己的理解範圍，以使自己更能看到魔法在特定部分的細節或潛流。然而這種特化也有缺點——當你開始用更為窄化且聚焦的方式看待自身周遭的世界，你在處理超出自身理解領域之外的模式就會變得更加困難。

一旦我們意識到自己所看到並予以細緻處理的事物，並不是最終的「真相」，反倒僅是一種特定模式時，這種特化的層次會產生一些有趣的了解。這個成長過程屬於情緒、心理及哲學層面，是我們在魔法發展方面不可或缺的部分。

當我們剛開始看見魔法的細節，也就是正在運作當中的「機制」時，會認為自己偶然間發現了真相。我們的特化使得我們很難透過不同的模式來看同一股正在運作的力量，因此我們會覺得「我們的」觀點是最好或唯一真實的觀點。然而這就是「救世主」心理陷阱的高度展現——魔法師開始認為自己發現「唯一真道」。然而，當你邀請一些經驗豐富但隸屬不同法門的魔法師一起討論在魔法作用背後的動態互動時，就會發生美妙的事情——你開始意識到大家都在談論同一事物，只是用不同的方式及不同的語言來切入而已。

我們傾向使用的語言會是我們的心智最容易取用的語言。一旦這個語言學得夠好並運用得當，在與其他說著不同語言但於相同層次運作的人們交談時，就會變得比較容易——因為共通性會變得很明顯。而這現象也有另一面，亦即胡說八道的東西即便有精美的裝飾，人們還是能看得出來——因為不同法門對於力量特徵的共通性顯而易見，而缺少之物也會一樣明顯。

發現力量特徵的共同點對我來說是重大的震驚。它讓我退到後面以真正審視各種不同的魔法實修法門，還有它們的來源及其發展理由、方式與方向。這也向我指明關於人性的某些事情，那就是當我們越以特定的方式來觀看某現象，就會越去改換頭腦的神經路徑以轉譯自己所看到的事情，藉此獲取我們需要的資訊。我們變成特化的轉譯機器，然而越去特化某一領域，就會越難理解其他領域的轉譯。

這份了解讓我回頭來看基礎魔法的外境訓練，並質疑何以裡面具有某些特定要素。若我們對更為寬廣的魔法選項／表達形式有著基本了解，那麼即使專注在某一特定領域，我們還是會保留一些用於了解其他法門的基礎，因為與它們相關的基本神經路徑已經建立。若我們從第一天起就只沿著某條特定法門行走，特化會很快，但也會失去看見其他法門行使類似方法的能力。

而這部分則引出我與自己的內在討論。（我常自言自語，但不會在從事心理健康工作的人旁邊這樣做！）關於那些法門會以某種特定方式發展的原因、它們根據人群的需求及欲望的發展方式，以及身為現代魔法師的我們如何從中萃取真正有用的內容，並捨棄毫不相干的部分或教條。魔法的成長源自人類與自身周遭物質環境及非物質環境的宗教與靈性對話，係關乎每個人的要求、想望及需要。謹記此事將有助於我們檢視自己的方法並予以調整以幫助它們進化。

所以，現在回到「與你的環境及流經這土地的力量一起共事」的主題。與周遭環境隔離的運作方式到最後會頗受限制，而且常弄巧成拙。那麼我們該怎麼辦？我們與自己腳下土地的靈性連結常被外來的宗教、文化及現代日常工作所破壞，要與那裡的事物重新建立連結可能會很困難。

因應此狀況最先出現的本能反應，就是恢復早期的宗教模式並嘗試重建。我們在新異教信仰（neo-paganism）、新德魯伊信仰（neo-druidism）、新薩滿信仰（neo-shamanism），還有撒克遜（Saxon）宗教在歐洲的復興當中看到了這種作法。雖然這作法在很多方面並不是壞事，但它最終可能會再度創造出已不再適用於我們的土地或文化的相同教條模式，並且它可能會迅速演變成用心理學額外綴飾的化裝扮演活動。

這作法還讓我們倒退到重複宗教模式，而不是與自身周遭的力量發展出更為成熟的對話。然而拋棄這些古老宗教所累積的一切知識與智慧也會適得其反，因為其中有許多原係由經驗與實驗的結果發展而來。因此，這就變成以新的觀點——即魔法探究的觀點，而非崇拜或是對於歸屬感的想望——來看待宗教／文化模式的課題。

此外，我們人類也還不太能接受這個課題、這股驅動力所需要的品質，那就是承擔責任。當我們感覺父神或母神來監督我們、保護我們、餵養我們時，我們會樂意將自己的幸福安康毫不猶豫地交到「祂們的手中」。在魔法當中，當這種對父母神的依賴被實現時，它很快就會崩潰，因為魔法力量面對這種依賴只能運作到某種程度而已。況且還有一個重點沒有納入考量：許多神祇——特別是當地的神祇——並非全知、全智或全能。因此在進行不順利的時候，我們就怪罪神祇，或是詢問是否沒有獻祭足夠的山羊給祂們（然而獻祭山羊的行為也往往會激怒你的鄰居）。

不過，若我們以稍微不同的方式面對當地的力量與神祇，例如願意尊重祂們並與其互動，且為自己負責任，那麼就會出現某種有趣的動態互動現象。在與土地力量的魔法關係中承擔自己的責任，就會經常看到這樣的事——你真正有能力處理的那些事情會留給你去做，至於你沒能力做到但又真正需要的任何事情都會為你處理。因此，你就某程度而言也算是確實得到一位保護的神祇，但是有個微妙的區別：你並不是處在父母／孩子的狀態，而是處在環環相扣的行動當中，成為團隊的一員。就和所有團隊一樣，你們會學習彼此守望相助，而不是互相擔任保母。

二、研究你的土地

那麼就讓我們開始實事求是吧！除非你住在人類最近才定居的土地上——若是這樣就沒辦法了——不然你會有各種可以利用的資訊來源。當地的神話、傳說與童話故事會是主要資訊來源之一。這些故事是長久的口頭傳統所留下來的成果，通常包含代代相傳的古老智慧、知識與經驗法則。若你曉得如何看這些故事的話，它們會為你提供有關當地的力量、神祇、祖先、土地本質等線索，並指出你應如何與祂們相處及共同生活。

有許多因素都會影響魔法及施法的魔法師，例如腳下土地的地質構成。依據你所做的事情，在你腳下及周圍土地裡面的岩石、半寶石與金屬種類可能會影響你的魔法工作。對於自己的儀式工具之材質，許多魔法師會使用特定的金屬與石頭，但卻沒有想到自己的腳下有著礦物。舉例來說，若你（跟我一樣）坐在巨大花崗岩塊的露頭處，而這花崗岩還多了鉛、銅、錫與銀等成分（算是強大的煉金術混合物），某些儀式工作就會受到影響。

地景也很重要。那片土地是沙漠嗎？還是整片的森林、山脈，或是位在斷層線上？當地有哪些力量藥草與植物？這些面向全都會影響你的魔法工作，就依你嘗試共事的對象與理由而定。然後我們會去拜訪這片土地的內界聯繫者，而最初也是最明顯的聯繫者，就是埋在這片土地裡面的祖先，還有以古老葬儀下葬在這片土地的沉睡者（Sleeper）——係指那些主動以內界聯繫者的身分待在這片土地的人們，通常是為了當地部落的好處著想。

然後還有當地的土地之靈／仙靈、神祇、在土地裡面的元素生物、當地的動物群，以及行星的排列、關鍵恆星等等。魔法景觀的組成成分實在很多，花時間與它們連結、共事以及彼此熟悉，會對你的長期魔法工程造成相當不同的影響。

我在不同的大陸與不同的地景生活過，因此學會了如何連結、互動與離開特定的力量。我看到一些相似的地景會有相似的力量流動表現，以及某些土地存在個體對於人們居住在特定區域會有不悅的作為。我還遇到一些情況是土地存在個體不希望某些人離開，所以那裡的諸多力量會試圖使他們繼續留下來。

所以你要從哪裡開始？首先，盡可能大量獲取當地傳說、神話與故事的相關資訊。仔細閱讀它們，並找出主要的靈體角色、主要的地貌，誰是「好人」、誰是「壞人」。仔細檢視當地的童話故事，看看裡面描述的是哪些類型的存在，並保持開放的態度。你可能得要去掉那些人本觀點及道德說教，因為這些觀點與說教通常是到了後世才放進去的。

這些故事有時會告訴你，關於人類對於這片土地的集體存在所承擔的責任，乍看之下似乎是道德教導，但仔細觀察之後，就會發現它們是在展示這片土地、相關的存在個體與人類之間的一些古老互動關係，並描述那些為了各方相互合作而期望人類能夠做到的事情。它們還可能握有關於我們如何與這片土地在非常深的層次上共事之線索——然而這關係需要巧妙地維持平衡，並且取決於人類一方能夠履行自己對這關係的承諾。

務請注意，別直接丟棄任何看似無關的神話。若沒發現它們的可用之處，那麼就是歸檔，因為它們將來有可能會變得非常有用。找出位於這片土地上下的祖先所處的文化層次，並找出它們的意義（無論好壞），也是不錯的作法。各文化層次的祖先不一定都是善良或睿智，也是有愚蠢或嗜血好戰的祖先，因此有需要的話，要做好跟這類組先保持距離的準備。

先用地質學的觀點找出自己坐在什麼事物上面，然後再用煉金術的角度看看這些岩層或岩石、金屬與石頭，看它們如何跟你在儀式當中使用的任何礦物質產生交互作用。若能確定自己的周遭環境是否有破壞性採礦亦有所幫助——有的話，你到最後可能得要歸還那些開採出來的事物之一部分，或將某些部分埋在自己的花園裡。土地上的金屬與石頭（例如黃金或石英）之間會出現有趣的互動，還有當它們被取走時，土地也許會受到影響。

你也許會發現房子底下的某些特定元素會與儀式工具所含的元素產生不太好的反應。這部分確實算是「實驗看看就會知道」的課題，但還是要多加留意，畢竟周遭環境當中會影響個人魔法工作表現的因素其實很多。

三、與存在個體共事

你的周圍可能存在著相當多樣層次之存在個體，且會或好或壞地影響你的魔法工作表現。因此，除非你使用的是簡單的效果魔法，不然在使用魔法之前進行驅逐儀式，就會破壞絕大部分的魔法動力。魔法並非無中生有，若魔法在構成立體圖樣的過程只有人類參與其中，那麼它的後續表現很有可能會很糟。

任何具有真正力量的魔法，都是由諸立體圖樣（patterns）、諸能量（energies）與存在個體（beings）一起在特定頻率當中互動的組合[8]。大家一起合作就能達成很多事情，而你就是那條又長又強的合作鏈裡面的一個環節。你將學習如何以一個團隊行事、如何了解自己的局限，還有如何信任其他存在個體會盡它們的本分。當然，這過程須謹慎進行，使自己不會向每個碰巧經過的路人敞開心胸。

若要達成這樣的共事關係，就要將你的魔法工作空間，甚至個人生活空間，「對準」特定頻率，如此你所用的速度／頻率將不會跟卑劣的存在個體一樣——讓你能迅速從它們的

⑧審定註：以比較容易理解的例子來講，就像是我們上班工作的場合，特定的頻率像是每個不同的部門與單位；諸立體圖樣則是該部門所負責的工作範圍，每個圖樣運行的方式、結構與聚焦的目標或功能各有不同；諸能量則像是每個部門所經手運用的各種資源；存在個體就像你和我一樣，負責所屬部門之中的特定環節，從而形成這個部門的職能，運作特定的工作性質。

雷達當中「消失蹤影」。這已在第二章詳細討論，就不再重複，不過，結合各式各樣的特定存在個體、力量、內界聯繫者及儀式行為之運作，會確保你的空間與家屋始終對準頻率，如此你就不會成為當地飢餓的能量吸血鬼，或只求生存的渣類存在個體眼中的美味晚餐。

我還透過試誤來學習與當地的精靈發展良好的友誼，並著手進行自己所見的必需之事來幫助它們與自己所在的那片土地。我很少要求任何東西，然而當我這樣做的時候——通常是在非常需要的時候——需要的事物會馬上出現等著我用。我還從這種互動當中了解到，若我尊重對方並樂於協助，它們通常會在我意識到自己的需要之前就已提供相應的幫助。

接下來，讓我們來看那些會在整片土地發揮影響的大型能量浪潮。

四、破壞的浪潮

多年以來，我在自己居住及拜訪過的各種地景當中觀察到某些有趣的現象。我花了些時間才從魔法的觀點意識到自己實際看見的東西，甚至花了更久的時間才看出那些會以類似的方式，出現在土地上的各種不同模式。

我首度真正遇到此種現象——至少是我第一次意識到它——是在美國威斯康辛州的密

爾瓦基（Milwaukee）。從芝加哥到密爾瓦基再到麥迪遜，這條沿著五大湖的周邊地區有許多古代墓地散布其中，當我首次與某位所屬部落來自該區域的印第安人討論這事情時，他跟我說那個區域在過去被認為是死域。

我當時所住的地區鬧鬼嚴重，而密爾瓦基郊區的某些地方也是如此。這城市有一種沉重的能量，像波浪那樣陣陣來去，當時的我認為這情況跟這座現代都市係坐落在一堆墓地之上有關。在參觀麥迪遜郊外的某個墓地時，有位存在個體現身，並詢問我及我的女兒是否願意釋放一些像壓力鍋那樣不斷累積壓力的堵塞事物。我們答應這件事，於是動身出發。

我女兒進行了接觸聯繫的魔法工作，而那時被釋放出來的是一波長得像戰士的女性精靈，她們就這樣散到整片土地上。我們兩個都不太確定這是什麼意思，然而在完成事工那一刻，我們就被告知離開那區域的時候到了。於是兩個月之內，命運使我們這些棋子確實搬離威斯康辛州。

那時的我並不知道到底發生什麼事情，也不曉得為何如此，只知道那裡的土地需要這個動作。於是我開始研究該州的歷史，並發現該地區因大規模殺人者而聞名——密爾瓦基在有史以來出現的大規模殺人者數量比任何其他城市都多。在該地區的歷史當中，我的確有在思索這股力量如何與西西里裔社群混在一起，以及這力量如何以黑手黨的形式呈顯對於幫派暴力的偏好。難道這兩者是在彼此互相餵養嗎？

從威斯康辛州搬到蒙大拿州時，我沒對前者多加思索，畢竟我很慶幸能夠離開那個對我很有負面影響的地方。若我當時曉得現在的自己所知道的事情，那麼我會在那裡停留更久一些，進行更加深入的觀察、記錄，並去發現流經那片土地的自然力量，還有過去的印第安人如何利用那種力量。我是到了正在撰寫這些文字的時候，才知道那裡在十九世紀末進行的土木工程，將原本自然流入芝加哥湖的河流轉為流進密西西比盆地。河流與含水層在保持土地平衡及調節來回流動的力量方面，具有重要的作用。所以整個地區的力量之所以不穩定，是否係由這狀況導致？我們永遠不會知道答案，不過這是個值得深思的問題。另一個聯想到的問題，則是那時看到的女戰士／精靈與水之間是否有所關聯？因為在英國與北歐，泉、河、井與女性戰士精靈之間有著緊密的連結。

在蒙大拿州西部的傳道谷（Mission Valley）落腳之後，我逐漸意識到有股奇怪的力量經常吹過那片土地。它會伴隨暴風雨的黑雲或吹過谷地的怪風而來。這股力量給我的感覺跟密爾瓦基的那股力量不同，然而它是破壞的浪潮，有時會襲捲那片土地，後續則會出現一連串的事故與死亡。

當時並沒有想到（畢竟我有時會非常不敏感）這股破壞浪潮比我以為的程度還要狂暴，這現象之所以感覺很自然，是因為該地區的人類定居及殖民時間還不到一百年，而且那裡只有基本的文明生活水準，對環境的衝擊不高。當地只有數個小村、小鎮而已，人口很少，大部分為印地安人。

我開始認真觀察這股力量。當那浪潮即將到來時，會先刮起一陣短暫的狂風，通常只持續一個小時就平靜下來。接著某一股奇怪的能量會降臨在這片土地上，它會讓我經驗到像是穿著「鉛鞋」的沉重感受，其中夾雜著恐懼。幾天之內，這股力量就會變得沉重，刺激人們的腎上腺素——人們開始爭吵、感覺不舒服，還有暈眩。然後就會發生奇怪的事情：貓頭鷹開始大量聚集——某個晚上我還坐在陽臺，聆聽棲滿樹頭的貓頭鷹在相互叫喚的聲音。

後續必會發生的是，在一兩天之後的早上，當那股能量離去時，該地區就會傳出「一大批」死訊。青少年因開車撞樹、撞到其他汽車而死，或是因越野賽車、吸毒過量、自殺、心臟病發作、交通事故及槍擊事件等任何你說得出來的方式而死。當地部落的群居長屋（longhouse）會有一陣子忙著守靈的事情，然後一切歸於平靜，直到破壞的風暴再度襲來。

我與當地幾位部落成員提及這現象，看看是否有能夠處理或至少論述這現象的故事、傳說或是藥法（medicine method）。而他們私下向長老詢問所得到的答案是否定的，亦即沒有關於破壞浪潮的故事或神話，不過部落並不認為這谷地是可以定居的地方。政府用武力將他們從位於苦根谷（Bitterroot valley）的家園驅至傳道谷，並把將那裡設為他們的保留區。而耶穌會會士（Jesuits）隨後到當地令部落「改信」——並立刻激烈打壓部落活動。

該部落在這谷地定居的時間最多約一百年左右。在定居之前，這片谷地只是採集水果與樹根、狩獵及舉行重大儀式的地方。以前的人只會在該地短暫紮營，然後離開，因此那裡從來沒有存在夠久的定居社群來與這股力量建立任何關係，以及學習與之相處的方式。

於是，在那谷地居住的幾年當中，我目睹這種破壞的模式洶湧過來，帶走一些人與動物，然後又飛快離去讓我們得以歇息。在一開始，當它經過的時候，我常蹲伏下來，用魔法保護自己，然而後來我學會在它經過時與它交流，與它一起流動並吹過整個地方。在靈視中，我會隨那股風飛翔，並看著那股風尋找正在消逝或看似「有狀況」的「生命火光」——它會把那些靈魂捲起來帶走。

對於當時發生的一切，雖說運用心理分析來解釋或試圖將它理論化並不難，但事實上，我透過這種自然的表達方式學會單純接受自己所看到的一切，並直覺依此運作。如此一來，我的成見、文化疊層（cultural overlay）與智性就不會礙事。我以孩童的心態來對待這些經歷——孩童不需要分析、解釋與概念化，就能玩耍、互動與接受。我發現童心能使我自己停下來，不去阻擾整個經驗，而它讓我的想像力創造出某個介面，我可藉此不帶偏見地經驗某種完全自然的現象。

五、自然的死亡浪潮與儀式模式

在蒙大拿州的經歷之後，我對於自己所居之地具有的力量，以及那些看似在特定地景來來去去的死亡浪潮，變得更加敏銳許多。我後來搬到納許維爾（Nashville），那裡的浪潮經常與春季風暴及龍捲風連結在一起，然而那裡的城市與社群實在太大，我無法準確判斷這些浪潮對於當地居民的影響。

我住在蒙大拿州時，當地社群大約只有六百人，因此很容易觀察到突然出現的大批死亡事件。然而納許維爾這座城市實在太大，我無法理性地得出任何結論。而且我還有工作、孩子及日常生活要專心照顧——分心的事情實在多到無法進行任何真正的魔法觀察！

直到回到英國居住並搬至達特沼地國家公園（Dartmoor National Park），我才能真正仔細觀察這類發生情況並用魔法的方式因應。達特沼地位於英格蘭的西南部，是一片野生沼地，其南北兩端有圍攏的海岸地區。這片土地有著比英格蘭其他地方都多的青銅時代聚居遺跡、石陣以及墓塚。它也是比較沒有羅馬儀式疊層的土地——而羅馬人也沒有來到我所居住的地方（譯註：這裡應指羅馬帝國入侵及占領不列顛島的時候）。

我逐漸了解哪些儀式石陣似是用於死亡、生育及犧牲，哪些石陣則是用於天氣模式。在探索自家附近的石圈與石陣時，我變得能夠敏銳意識到土地的能量及那些顯現自身的存在個體，是如何回應死亡浪潮與天氣並與之互動的。

往我家的西邊過去到康瓦爾郡的某地方，我在那裡遇到一位內界聯繫者，它似乎與這片土地上的某個漩渦有著聯繫或住於其中。那地方的所有樹木相互斜倚，其扭曲的枝條伸向某處，整個看起來——而且感覺上——就像一個能量漩渦，而枝條伸向的地方則是漩渦中心。於是我坐在中心，透過靈視小心翼翼地將手伸進這片土地，看看那裡有什麼。我是用試探的方式來做，雖然這裡的土地並沒有美國那樣的巨大力量衝擊，然而野地仍有潛在的危險。

我遇到了某個存在個體，其呈現的外貌為一個巨人，並帶著一個形體較小且像是孩童的存在個體。我當時立刻想到聖克里斯多福（Saint Christopher）的形象，於是我想知道自己是否碰觸到這片土地上的早期基督教意識疊層，但很快就發現它的歷史要古老許多，它是這片土地上某位存在個體的自然表現，在數千年來與當地社群的互動過程中逐漸採用人形。

這位巨人不斷在餵那個孩子，而它問我有沒有什麼東西可以給孩子吃。巨人在想到沒有食物給小的個體吃的時候，顯得相當緊張，於是我把口袋裡面的一些零食給了出去。孩子高興地咀嚼那些零食，巨人則鬆了一口氣。我對此很感興趣，於是詢問巨人，若孩子沒有可以吃的食物會發生什麼事情。巨人跟我說，如果沒有餵孩子吃東西的話，它就會開始尖叫。若孩子尖叫的話，風暴就會從西邊聚集起來，並殺死當時所有處在海邊的人們。

該地區在沿著德文郡與康瓦爾郡的海岸有著人數眾多的漁村，所以突然出現的風暴的確有可能對當地漁船及居民造成嚴重的損害。我向某位住在當地海邊的魔法師提到這件事，他的家族世世代代都住在那個地方。而他講述了關於尖叫之風的傳說故事。有些風暴會從西邊猛衝過來，所激起的陣風在從海面刮至懸崖上以及陡峭狹窄的山谷周圍時，會發出像是孩子正在尖叫的聲音。在過去，當地漁家會說，若風暴尖叫的話，出海的船隻就會沉沒，並且有人喪生。嗯……真是有趣。

然而，我找不到任何關於「運用向土地或海洋獻供的形式以餵養那孩子，好使風暴不會過來」的傳說，不過巨人與孩子的內在形象，也許是透過幾個世代的人們與當地力量的互動而逐漸形成，而尖叫聲則是特定風暴種類的顯示信號。我們可以一直不停假設到沒完沒了，但是你最後還是要處理自己面前的事物以及它跟你互動的方式。由於這件事很有趣，所以我回到達特沼地的住處後，開始記錄經常襲擊該地區的不同風暴類型。那位巨大的聯繫者並未出現在我所居在的沼地，我也沒經歷過尖叫的風暴，不過我確實遇到了更加有趣的事物。

六、死亡與天氣：與風暴對話

在達特沼地的住處安頓之後，幾個月以來，我有注意到自己所居住的特定山谷之天氣模式，與沼地其他地方的天氣模式並不相同。我向當地居民提到這件事，而他們一致認為這個陡峭的小山谷有自己的微型氣候。當地居民經過幾代以後，學會解讀天氣的徵象，並用這些線索來照顧他們的農場與牲畜。對此我並未看到任何特別有魔法的地方，比較值得注意的是這片土地與海洋的相對位置，以及這個山谷本身的形狀。

再過幾年之後，我開始注意到有些風暴與其他風暴不一樣。有些風暴在過來的時候會有淨化土地、淨化空氣之類的感覺，而另外一些風暴則沉重、壓抑，有時還有危險的感覺。我也意識到當那種沉重、壓抑的風暴襲來時，自己會感覺精疲力竭、疲累不堪以及暈眩。某一天，我實在受夠了這種壓抑的感覺，決定做一些占測解讀，看看這些風暴裡面有什麼內在驅力在發揮作用。

占測的結果很奇怪，我不確定要怎麼解讀。占測似乎指出這個風暴具有特定的意識，而且它很生氣。的確有這種感覺，但我想知道自己是否對這情況過度解讀，還有是否遺漏了理性的解釋。

接著襲來了一場非常可怕的暴風雨，而且壟罩村莊好幾天。我去探望一些年邁的鄰居，畢竟他們都被強勁的風雨困在家裡。他們所有人，還有我交談過的其他鄰居，都無一例外地抱怨感覺耗竭與焦躁，而且還會做惡夢。他們還提到，當這些討厭的風暴襲來且徘徊不去時，村內就會有人死掉，通常是老年人。這真的讓我感到十分好奇，因為我以為這種不好的感覺只有自己會有，但是看來風暴與死亡的連結還是會讓人們感覺得到。

所以我回到牌卡，並詢問自己該如何積極帶來平衡。牌卡不僅可以用於占卜，還可當成與精靈溝通的形式與詞彙來用。而出現的答案很簡單：去跟風暴對話，並讓你的直覺來主導。

於是我冒著風雨出門，站在我家所在的山丘上，讓自己進入止境。我在風暴中感到生氣和憤怒——還敵視全村居民。我在腦海中向風暴伸出手來引起它的注意。我原本想在腦海中與風暴對話，但是有個非常強烈的直覺冒了出來，我得要用到自己的人聲——即言語的力量。我跟風暴說它有多麼美麗、多麼狂野，以及多麼滋養。我得到的回應感覺是驚訝——風暴以為人類恨它、恨這片土地，還有完全敵視大自然。

我大聲說話，告訴風暴我有多麼熱愛這片土地、樹木、雨水、陽光，有多麼喜愛照料這些生物、土地的存在個體及植物，以及我有多麼崇敬這陣風與它為我們帶來的一切。我很高興周遭沒其他人，因為覺得自己很白癡——那樣的行為若被看到，可能會被認定是瘋子而被帶走。

我沒有得到風暴的回應，所以認為自己失敗了，完全搞錯整件事情。我渾身濕透地回家更換衣物，但是二十分鐘之後，我的丈夫斯圖爾特（Stuart）示意要我往窗戶看，並說我做的事情，不論那是什麼，真的有用。我滿懷敬畏地走出門外，風停了，雨也停了，太陽露臉了，而且一直放晴。風暴已經退去，而沉重的逼迫感受也離開整片谷地。

我真的不曉得該怎麼解釋這件事。雖然我是運用靈視的魔法師，但我也是具有理性的人類個體——沒錯，真的啦！對於任何此類事件，我覺得通常都會有一個合乎邏輯的解釋，同時也可從魔法觀點來解釋——就看怎麼運用詞彙而已。然而為何某一風暴會只是因為跟我交朋友就移動離開，我還真想不出任何理性的解釋，只能從魔法方面予以解釋。於是下次風暴來襲時，我又做了同樣的事情，並且還向風暴獻上歌聲。而後續又發生了同樣的事情——充滿逼迫感的風暴迅速離去。我學會分辨出普通的天氣模式（係由不平衡的氣候因素而產生的天氣），以及似有意識的天氣之間的不同感覺。

上述這一切對於你我的教導，則是魔法遠遠不止於長袍、儀式及系統：它是關於學習如何與自身周遭的力量互動及和諧相處。它是關於學習能量與意識如何有來有往地流動——若要做到這點，你的心智須像孩童那樣開放，並且願意犯蠢，至於理性思考則可以等到經驗之後再進行。我真的覺得科學，特別是物理學，終究會在這一切現象當中找到符合邏輯的模式——因為宇宙在其混沌當中有著邏輯與和諧。魔法師運用某一種語言，科學則用另一種語言，而問題就出在作用於兩邊的宗教及固執信仰。

我與風暴交流的經驗引導我走上古文明歷史研究領域的道路（如蘇美神祇恩利爾之類的主題），我開始真正了解人類最初是如何與風暴諸神建立連結與關係。第一步是交流，然後神祇的形象會在人類意識當中，發展出能量的介面及高速通道的功能。將關係保持在那樣的層次會有很好的效果，但若你想要更多，並嘗試操縱某位神祇的過濾器來控制它的話，那就會引發失衡——但這是另一章的內容了。

七、土地與意外事故

回到還住在蒙大拿州的時候，我在那片土地上遇到了另一件事，但當時未能完全理解。我有兩年都得到距離我家五十英里的米蘇拉（Missoula）通勤工作。而當時我所走的93號州際公路是一條危險的道路，所以每次開車時都得全力運轉自己的感應本領。我注意到路上某些地方的能量沉重、危險且有攻擊性。而具有這種能量的地方也是這條道路上特別危險的部分，像是路面縮窄處、特定地點、懸崖面等等——那些地方也是意外事故及死亡的熱點。

我認為在這些地方的可怖感受，是因為它們那裡多年來發生太多意外事故及死亡。我的確曾想過它們是不好的能量熱點，但又打消這想法，轉而認為它們是那些發生在那裡的死亡事件所致，而不是造成死亡事件的原因。

我在美國各地移動時，有遇過一些此類意外事故熱點，或是能量非常糟糕的地方，那時不是差點遇上嚴重的事故，不然就是走到事故剛發生的地方。所以我在那時還是認為自己所感知的東西，是許多意外事故「造成的結果」，而不是其發生的原因。

直到搬回英國並經常開車之後，我才開始意識到當時正在發生更為有趣的事情。那時的我常開車走達特沼地與布里斯托（Bristol）之間的M5公路，途中會經過某個我起初稱為「黑洞」的區域。這個區域就位在高速公路上，給人一種破壞與可怕的感覺。我越是開車穿過那片區域，感覺就越強烈。一年之後，我從電視的新聞快報得知大霧瀰漫的M5公路發生嚴重連環車禍，造成多人傷亡。而這場可怕的事故就發生在「黑洞」的中央。一週之後，我不得不再次開車經過那裡，對於自己會陷入什麼樣的危險感到忐忑不安。

但令我驚訝的是，在開車經過該路段時，那裡的能量乾淨又健康。原本累積在那裡的東西藉由該事故而消散無蹤——整條路乾乾淨淨，完全出乎我的預料。我原本以為那路段是不健康的土地能量，是那土地的一部分，然而它反倒像是一個累積起來的漩渦或能量斑，隨著車禍及後續死亡的能量而自行消解。這對我來說是新的體驗，讓我開始留意土地能量、生與死的浪潮，以及土地意識的運作方式。

難道這就是古人設法調整土地頻率、與土地神祇互動，還有與那些力量交換能量而避開的事物嗎？那股破壞的漩渦，是純粹的自然現象，還是因為道路以及大量增加的貨卡車往來等人類行為所造成的結果？我不知道，不過這件事讓我更加仔細觀察那些流經我們、流經大地及流經諸界的力量。

八、天氣浪潮；風暴的預兆

如同我在自己居住的土地上發現死亡與意外事故的模式有所增加那樣，我也有經驗到關於強烈風暴的奇事。住在美國時，我經歷過這片土地的多種不同天氣模式，還有前面討論過的那種在土地上出現力量積蓄的狀況。我還有體驗過在危險情況下（特別是龍捲風），得到當地土地存在個體的示警與保護，然而這樣的聯絡經常是立即性的，通常距離實際事件的發生只有一個小時的空檔。

有件奇事向我指出，要去探索及了解那些會造成破壞的危險風暴之長期積累模式。住在蒙大拿州時，我受邀到納許維爾與某個魔法團體共事。那時是2005年6月，由於當時任職的學校正值學期末，所以我就去了納許維爾。然而在我們進行魔法工作的過程中，發生了奇怪的事情。

我們透過靈視與儀式進行四方的魔法模組，而當天會有一段時間讓我們輪流繞行四方，並在各方向停步與該方向的聯繫者交流。輪到我的時候，我在某個方向（我不記得是哪個方向）嘗試與某位存在個體交流，結果對方的注意力不在我這裡並退到一旁，這表示我需要關注該方向本身更深層次的事物。所以我將注意力往這位存在個體的後面延伸出去，並意識到一股風之巨力。具有破壞性的它既強大且聚焦，但沒有情緒。它強烈到使我擔心，因為我覺得我們正處於迫在眉睫的危機之中。

我有問當時來聚會的人們，颶風是否會經過納許維爾，但他們說納許維爾頂多受到颶風的殘餘影響，不會受到其全盛威力的襲擊，畢竟那裡算是龍捲風較多的地方。我解釋自己所看到的光景，但無法確定這是否僅是土地在那方向的自然力量，也不清楚是否為即將發生的事情——我實在無法判斷。我可以說的是，有一股巨大的風之力量正在形成，且具有足以奪走多條人命的危險性。

幾週之後，颶風卡崔娜（Katrina）侵襲美國，造成嚴重的破壞並奪走許多人命，也對國家、土地及人民造成深遠的影響。我不曉得是否每次颶風都會出現這種早期預警或蓄積，或者該風暴之所以引人注意，只是因為它裡面的那股強烈潛在破壞力。然而此事讓我知道，這類風暴會先聚集成潛在的推動勢能，然後才表現為外在的風暴。若我們將頻率適切對準土地與力量，並了解此類積累的相關用語，那麼我們就可以提前向人們示警——前提是我們所生活的社群對此類示警抱持開放態度。我們會在原住民部落文化當中看到這個可能性的片段展現——有的時候，原住民部落會在自然災害發生之前就已先行迴避。

也許這就是古早的人們所運用並對準頻率的事物。我也開始意識到，當人們在解讀塔羅牌時，並不一定是「看見」未來，相反地，他們解讀出來的詞彙，也許是關於當前那股會在未來具顯為外在事件的潛在累積勢能。

九、本章總結

從內界的觀點來看，重大天災、天氣、死亡浪潮與意外事故熱點似乎的確是緩慢累積而成，它們在數週或幾個月的時間當中聚集潛在能量勢能，之後才在現實世界表現出來。我確定祖先很早就已意識到這一點並予以運用，現在的我們卻因逐漸文明化而失去這項技藝。然而這技藝可以重新被發現、學習與了解。好奇、細心及樂意接納的意願，將使我們與周遭的土地重建那段毀壞甚久的連結。對於失去的一切，我們必須重新學習，並將自己所學到的事物，傳給後續世代以接續構築及發展。

第四章

與土地諸力共事

我們在上一章檢視了一些在土地內外自然流動的力量表現形式。本章則要探討魔法師直接與土地力量共事的實用方法，還有土地與魔法師之間的魔法關係如何建立起來。

魔法師可透過多種不同方式與土地諸力共事。至於使用哪種方法，則依你的魔法實修方式、你想要達成什麼目的，以及你願意全心投入在哪種力量層次而定。與土地的共事方式，其範圍可從簡單地與環境互動，到透過自己這副身體為維護土地犧牲奉獻直至死亡——而且死後也許會成為沉睡者（譯註：即土地的內界聯繫者，擔任土地與人類之間的聯繫中介、介面）。

而在簡單互動與犧牲奉獻這兩個極端之間，魔法有許多層次可供運作並予以推動，這完全取決於你想要達成的目標以及這樣做的理由。這類魔法工作往往會脫離儀式魔法，變得更像薩滿或仙靈信仰那方面的作法，這完全依你所共事的力量本質及自身周圍環境而定。

讓我們來看看與土地共事的不同魔法驅力，從個人魔法互動一直到跨代的長期魔法事工。

一、滋養土地

我們對於土地的文化態度深受摩西五經的《創世記》1：26裡面某一段話的影響：

然後神說：「我們要照著我們的形象、依著我們的樣貌造人。讓他們統治海裡的魚、空中的鳥，還有牲畜與一切土地，以及生活在大地上的一切爬蟲。」

（譯註：此處係忠於原文的翻譯，而非中文版《聖經》的對應經文。）

對於我們與大自然及自身周遭土地的關係，「統治」（dominion）一詞造成了可怖的深遠影響。我們對於資源所抱持的自私放縱態度，強奪淫辱我們的環境以及所有生活在我們周圍的生物。然而若我們把「統治」改為「管理」（stewardship），就能發展出不一樣的故事。

身為大地物種之一的我們是獨特的，因為我們可以超越自身日常意識，並操縱力量、能量與內界聯繫者來建造、摧毀，或者僅是與周遭的無形神聖力量進行交流——也就是魔法行為。現在該是我們超越對於周遭一切事物的盲目剝奪與控制，轉而與世界建立相互尊重之有益關係的時刻了。

在新薩滿信仰與異教信仰復興團體裡面，有呼籲不干涉自然的運動，這是個崇高的概念，然而既不現實也不平衡。我們已經圍住土地、殺死掠食者，培育了有益的植物以及供食用的動物，而非不可食用者。我們已經建起高速公路、城市等等——這就是我們活在其中的現實，所以我們必須在這個現實當中工作，而這方面可以透過現實的方式與魔法的方式來完成。

那些十足文明化、具有豐富資源但不了解大自然嚴酷實相的人們，所進行的自然崇拜及新薩滿信仰復興，已以各種不同方式或明或暗地影響現今的魔法實修。像土地管理就是一個簡單的例子：幾年前，我遇到一位剛完成環境相關學位的人，他從倫敦搬到鄉村，買下幾英畝的森林。他想要全家人盡量自然生活在那片土地上，計劃在樹林裡建造一棟房屋，並讓那片土地自行管理。他覺得那片土地的仙靈存在會保持土地的平衡——這個想法除了很奇怪之外，也完全不了解自然的運作方式。

我在一年之後拜訪他家。他感嘆土地雖然長滿了樹，卻長不出任何藥草或花草，而他們蓋好的房屋既潮濕又陰暗，真是難以居住。我向他指出，他的立意雖好，然而他需退後幾步來看，若沒有那棟房屋、柵欄、狗兒以及附近村鎮的話，那片土地會是什麼模樣。但是他不懂我在講什麼。

若那片土地是完全自然的，那麼就會有鹿來控制樹苗的數量，並剝掉一些樹的樹皮以減緩它們的生長，好讓陽光照射地面。野豬則會嚼食森林地被，使樹叢數量不致過多，讓花草得以生長，還有狼會控制鹿的數量、火災會燒掉樹叢並刺激新的生長，而當地的河流會在那片土地上氾濫——該地區是古老的氾濫平原，只是河流已被改道——以補充土壤，也具有控制特定生物增長的效果。這些相關機制真是多到數不完。反觀現在，被圍欄圈住的一大片土地缺乏管理作為，導致森林過度生長，森林地被滿是樹叢，抑制了花草的生長，土地變得悲苦——那片土地正在慢性自殺。樹木長得密密麻麻，但全都快死了。而陽光照不到他的房屋，家人都感覺難受。

我們必須運用現實生活所擁有的一切，並補償那些因我們的存在而造成的改變。這可以讓我們的生命變得有趣，若有運用常識的話，其作法可以像我們希望的那樣簡單或魔法般地複雜。而要做的第一件事，就是站在主流思維以及豐富資源賦予我們舒適的「漂亮可愛」之外思考。當我們吃飽喝足、有屋可居時，就能對樹木、鳥兒與動物充滿慈悲與愛心。然而這不是真正的自然。當資源偏低時，生存之戰就會再度開始。因此在計劃你的魔法行動時，請記住這一點。在檢視自己所在的土地時，你是用真實的觀點，還是透過「迪士尼頻道」的鏡頭來看？

二、魔法園藝

與土地共事的最簡方式儘管並不吸睛，但常有最為深刻的教導。這是與土地共事最基本的方式，然而也是最有力的方式。一旦你對天氣浪潮、土地存在個體等等進行較為深入的內界工作，再回頭運用這方法，就能透過這個簡單到幾乎不是魔法的動作，對土地力量有著更深的認識與覺察。

它可以是魔法實修的一小部分，也可以是個人能為自己所在地進行的唯一魔法行動。無論如何，它都會教導你許多關於自己所在的土地，還有在這土地上面的植物與動物如何為了生存而相互競爭。在進行魔法園藝時，這樣的生存之戰就像是登山隊的基地營，然而你可以從這個基點繼續往前走，探入那些層次更加深遠的魔法及力量動力機制。

與土地進行魔法共事的第一步就是照料一座花園。現今的我們大多認為花園就是草皮、藥草與花草叢，也許再加上一點野草、高腳花臺、花園裝飾品等等。許多這樣的花園很快就會變得貧瘠：從內界來看，它們根本就是荒地。草皮是個貧瘠的環境，除了讓人坐在上面休息之外沒有其他任何用途。而野草叢生的花園則是失去平衡，就像某個房間裡面擠滿彼此沒有共同之處的緊張人士。還要記住的是，現在許多花卉品種都已經過非常多的基因改造，幾乎沒有保留任何自然功能，只剩下美麗而已——就像用於觀賞的美麗籠中鳥那樣。

在現實的層面，首先是找出哪些植物會在你所居住的地區自然生長。找出哪些本地植物會吸引蜜蜂、鳥類、昆蟲、蝴蝶等等。注意哪些植物有毒、哪些植物可以作為藥用，還有哪些功能性野草能夠鞏固土壤及周圍其他植物。身為人類的我們有個奇怪的心態，那就是在種植藥草或作物時，傾向於將它們種成一排，或將所有相同的植物種在一大片土地上，並在它們周圍瘋狂除草。這真的是最糟糕的作法。

我的母親是個很棒的園丁，種任何東西幾乎都能長得很好。而她所秉持的規則之一，就是把植物分散栽種，找出哪些植物會交朋友並支持柔弱的植物，並留意觀察哪些植物是惡霸，最後她為為自己的花園唱歌。這方法很有效，我開始將她的道理應用到我在做的事情上，並取得了很好的成果。觀察、聆聽並注意植物之間的內界互動，讓我了解到許多關於植物意識的知識。這真是令人著迷，而且還滿讓人震驚。我知道植物有某種意識形式，只是並沒意識到有多麼龐大複雜。

我的花園看起來一片混亂，但它很健康，能夠抵抗蟲害，而且肥沃。我去除觀賞用的灌木、草叢及外來入侵物種，種植本土植物、藥用及用於魔法的藥草與有毒植物，並讓蒲公英、繁縷（chickweed）等等在它們之間生長。母親有跟我說，若維持野草的平衡，它們就能保護嬌嫩的植物，為其提供力氣以及「哥倆好」免疫力以免受蟲害。這作法真的有效！

所以我的花園雖然看起來比較蓬、比較亂——而且鄰居看得很生氣——但實際上它是我所能得到最為健康與平衡的花園。

接下來的步驟——算是第一個魔法步驟——則是意願的力量。在不斷訓練靈視或儀式魔法時，你的專注力會被砥礪到極好的程度。你可以將自己的思想力量集中成一條直線，然後讓力量沿著這條線流動。在走出屋外並進入我的花園時，我所帶的魔法意圖就是照顧周圍的鄉野以及在那裡生活的一切存在。

具有魔法與／或醫藥方面巨大潛力的植物，在年幼、柔弱或尚未完全成長時，必須予以培養與照顧。植物若生長失控並掩沒所有其他植物的話，就必須砍除。然而這些動作若要成為魔法的行動，你所要抱持的意願，就是將這些動作的力量，以魔法的方式如鏡像般地傳遍整片土地。藥草在收割時須謹慎小心，而且要在對的時間進行，以確保植物在你採摘部分（不是全部）之後還能健康生存。這就像是運用順勢療法的魔法意願：從內界的角度來看，你在這片花園裡所做的事情，會在整片土地上傳播對應的行動勢能。這是最簡單、最基本的內界動力機制。

三、從熱點汲取能量

這就是真正的大地魔法開始之處，也是魔法師真正開始發展技藝的地方，並同時學習如何調整某塊位於該土地區域的頻率，使自己能在魔法上與它共事。在建造神殿或神聖林地，或致力於實現土地、物種或天氣的平衡，又或是在面臨重大危險時尋求保護等等事工上，這動作算是具有導入、引介性質的基礎行動。神殿、石陣與樹林不會因為建造的過程而變得具有魔法或力量，而是透過在那土地上找到一個力量點、調整土地的頻率、聯繫那裡的力量，還有開啟那個力量點的門口。

大多數古代寺廟與石圈都經過謹慎的定位，因為它們為那股流經特定土地或力量點的力量，提供了中繼或中介的功能。而早期的基督教會可以觀察到這項智慧的衰敗或相反版本：他們將教堂安置在神聖的異教崇拜場所、力量點、墓地以及過往的神殿上，企圖壓制底下的事物。

下列方法既可用於「未經使用」的力量點，亦即從未進行過儀式或相關建築的地方，也可用於雖然沒有特定已知的能量點，但將被培養以用於魔法目的的土地。

第一步是辨認出該土地上的熱點或力量點，其數量及分布情況會比我們常意識到的程度還要多、還要廣，有些熱點甚至會出現在最意想不到的地方。若你具有敏銳的心靈感應，那麼就會發現自己受到力量點的牽動，該處的力量會吸引或排斥你——這兩種反應都是好的，皆能加以運作。用探測器具進行探測（dowsing）也是辨認力量點的好方法，若不具心靈感應也不會使用探測器具，就研究當地的傳說、神話與故事，通常會有線索。

然而通常來說，若你是與內界接觸者及特定土地一起共事的魔法師，你會在某個時間點不情不願地被迫去到某個熱點，並被告知要與它共事——關鍵就是仔細聆聽那些輕輕催著你去拜訪特定地方的微弱聲音。

第二步是確定在該熱點運行的力量類型。同樣的，這動作可能很容易，但也可能非常困難，取決於魔法師在內界靈視、直覺、連結與止境的功夫。最簡單也是最好的作法，就是躺在那片土地上，讓自己從內在進入止境，直到自己於止境當中深植於虛空，然後緩慢地將意識帶回到自己的身體與那片土地。在這樣做的時候，要敏銳意識到自己的心智與身體對土地反應產生的微小變化，還有後續的自身情緒變化。

你的反應狀況應該可以充分說明該力量點屬於何種類型。如果你感到一陣興奮，或是能量變得膨脹，或者感覺自己好像比平常高，那麼那地方的土地力量很有可能跟「能量輸出」(energy output)有關，亦即再生、療癒、生育或生長——或是跟某種天氣有關的壓力點。若你有困倦、耗竭、防備以及身處危險當中的感覺，那麼它很可能是「能量輸入」(energy input)的地方，亦即它會從周遭的存在個體、人與生物收取能量。在這情況下，它較有可能成為死亡、風暴、疾病或地下世界入口的力量點。若它的確是能量輸入點，你也不用迴避它——因為你可以從地下世界、死亡、疾病與風暴的力量點學到很多重要的魔法知識。它們是整個存在不可或缺的部分——創造與破壞應是魔法師在自己的一生當中平等運用的力量。

第三步是找出這個力量點適合發展哪種類型的魔法立體圖樣，這取決於那裡的力量、周遭的土地以及你的企圖或意願。這裡有一條需要記得的重要規則：若你打算發展某個魔法立體圖樣來調整熱點的頻率（可能需時甚久），那麼一旦你把它建構出來，就要對它負起責任。若因此造成混亂，責任歸你，而你就有可能在能量層面被「追究責任」。考量到這一點，若你並沒有打算長期（亦即數年到數十年）使用該力量點，而是只用數個月或數週的話，那麼你以魔法建構的立體圖樣必須反映出這個需求。供短期使用的立體圖樣應使用簡單的結構，使用後要清理乾淨，不再使用時要將立體圖樣的力量散掉。若你計劃長期的魔法工作，那麼立體圖樣的結構必須經久耐用，並且具有可以容納龐大力量的彈性——畢竟你不曉得未來會遇到什麼事情……

讓我們先來看簡單的短期立體圖樣構建方式。以下是一個輕度建造的構成物，用來與當地諸多力量接觸、進行特定任務，然後關閉。

四、短期立體圖樣構建方式

立體圖樣構建的第一個點就是錨點（anchor point），該位置係用來當成構建過程的門口、固定守護者的位置，並將整個構成物固定在土地上。如要建立錨點，首先要坐在那片土地上並以靈視進行動作。這是個簡單的行動，就是坐下來，進入止境。在止境當中，覺察周遭的土地。你在靈視當中會看到自己站起來，並繞行到自己正在運作的土地之四個方位，覺察到每個方向對於能量的微妙感受。維持「想要找到『力量入口』的方位」的意願——「力量入口」的方位（the 'power in' gateway direction）係力量可從那個方位自由流入你正在運作的區域。

那感受可以是一種微妙的感覺，幾乎就像耳語，也可以是一股彰顯自身存在的強大力量。在確立「力量入口」的門口之後，你需要找到「力量出口」的門口（'power out' gateway）。力量會從哪個方向流出去呢？請注意，我並沒有把「上」或「下」的方位算在內，這是刻意保留的。在構成物當中，你會用「下」或「上」作為正在構建的立體圖樣之「燃料點」（fuel point）——若這立體圖樣係為未來所設，那麼你會從上方汲取力量；若這立體圖樣係關乎祖先並活化他們，或是關乎死亡或過去，那麼「下方」就是你汲取力量的地方。

一旦確立「入口」與「出口」的方位，你就需要開始建構魔法立體圖樣本身。這部分很容易進行，但可能很耗時間。其關鍵在於意願的精神專注與止境——除了別讓你的心智分神之外，還要在工作期間保持清晰。從「力量入口」所在的方向開始：站在入口前面，用靈視「看見」那裡有一個門口或是由兩塊矗立岩石形成的門道。在腦海中想像那股通過入口的力量，它流進了你將要繞行的區域。然後以順時針方向繞行到下一方位，並想像那裡有塊石頭、柱子或祭壇標記該方位。繼續這作法，確保自己有在剛才揭示的「力量出口」所在方向建構其門口，直到你回到「入口」。然後再次繞行，重複這過程。

這整套動作係運用想像力構建一個內界模板；由於你是帶著意願進行魔法工作，這塊想像出來的模板，就會開始在土地上形成某個具有能量的印象。而這個印象則會把你的意願，還有你想要達成的事情，傳達給土地的眾精靈與諸力量。你在該土地建立的立體圖樣會成為魔法行動的載具，而力量則成為這部載具的燃料——你則是駕駛這部載具的司機。

根據土地的反應，你可能需要在幾天或幾週之內重覆這個簡單的作法，才能把這立體圖樣建立起來，但它也可能會立即啟動並直接運作聚焦。以下是我個人的發現：若你計劃要做的事情對於那裡的土地／人民／生物／天氣等等而言實屬必需，那股力量幾乎會立即聚焦，使整件事情在一兩天之內完成。

魔法立體圖樣建立之後，你會在繞行各個方位時感覺到它正處在這土地上，當這感覺出現時，就是開始以下工作的時候。使自己回歸中心並背對「力量入口」。保持站姿（別用坐姿），透過靈視進入止境、進入虛空，讓你的身心安靜下來。在靜默時，專注在自己的任務，並想像自己看見位在身後的門口、位在面前的門口、位在右邊的方位以及左邊的方位（譯註：這裡應是舉例，後三者應視力量出口所在方位做出調整，因為力量出口不一定剛好位在力量入口的對面方位）。覺察腳下的祖先以及位在自己上方的眾星力量。將注意力帶到你的中心，並將那裡看成一盞燈火——那是一盞幾乎無形、允許事物穿過其中的燈火。

藉由這個焦點，運用你的內界靈視，看見那股力量通過「入口」流進工作區域；而你是靠自己的中心將它傳導流過自己。看見能量也從下方或上方向你流來，並把自己兩側的方向看成是支撐著你的強大邊界。當所有的力量絲線都被帶向你的內在集中時，將它們聚焦成像光束那樣，並看見那道光束往「出口」流出去。

當力量從「出口」的門口流出去時，「看見」那力量將被送往門外何處，並用言語說出你對於那力量的意願與方向，例如：「我將你傳送到這世界，為某某的平衡、某某的保護帶來任何必需要有的改變。」請注意，用言語說出的這句話並沒有特定指示哪一種改變——你僅是要求任何必需要有的改變。因此，若這是關乎保護某人或某地，那麼你所要求的就是實現此一目的必需要有的一切。

這種開放式的作法讓力量能夠找出整個局勢當中的弱點，將其補強以帶來改變。在這之後，它將按照自己的節奏與方式來運作，但最終的結果必會實現。這種作法很簡單，但是也很困難——它不用任何存在個體、不用任何內界聯繫者、不用任何工具，而且除了建立門口之外也沒有進行任何儀式編織動作。你成為那股力量的大祭司、橋梁，將能量聚集起來並以特定方式將其聚焦在特定目的。如果你在靈視魔法的歷練很少或根本沒有，那麼從內界聯繫者的角度來看，你的心智很有可能還不夠集中、連結也不夠充分到足以聚集能量並發送的程度。但若你已在靈視魔法建立一套有效可行的實修方法，那麼這種作法就能變得相當強大，而且不須用到其他工作者或精靈——只用到你、那片土地以及力量。

事工一旦完成，就需拆掉該立體圖樣並將它分散掉。這動作使土地能夠回復自然的流動，同時也確保沒有人能偶然發現你所做的東西並加以取用。我發現最好的方法，並不是回頭動手拆除那些位在指定方位的門口，而是運用符合天氣與土地本性的分散模式。這作法確保整個立體圖樣與力量，能夠自然拆散並流入屬於它們的自然通道。

這作法很簡單，但是非常有效。站在魔法立體圖樣的中心並開始轉動，無論順轉或逆轉都沒有關係——你的身體會自然傾向往順轉或逆轉移動。在轉動時，將自己的雙臂大大張開，想像自己的雙臂伸長到比實體更遠的地方，而它們正在撞倒兩個門口並不斷積聚力量，有點像龍捲風或旋風那樣。接著開始轉得更快，看見以你為中心的風柱逐漸成形，並拆解那裡的力量與魔法立體圖樣並吸入其中。一旦所有事物都進到風柱裡面，立刻停下來並開始向相反方向轉動。讓力量從你的雙手流溢而出，隨意散布到整片土地上。該力量也可能透過你往天空或往地下流去。在覺得一切都散去之後，停止轉動。就是如此簡單。

這作法所取用的是屬於那片土地的力量、能量之自然流動，不留下任何蹤跡，也不會造成任何傷害，並在與土地共同運作的同時達到其目的。

注意：如果你天生具有心靈感應能力，並且想要盡量合乎自然地進行魔法工作，那麼在確認力量點之後，你只需與住在那片土地的精靈與力量交朋友就可以了。繞行四方，與那些受你吸引的精靈與祖先交朋友，將自己想要實現的目的告訴他們，並請求他們的幫助。站在那片土地上，跟隨他們的指引，並維持行動的意願。你僅需要清楚自己的意圖以及自己需要什麼協助即可，其餘的部分會自然發生，而且不會用到任何魔法立體圖樣。這是聯合那片土地上所有存在個體一起共事的簡單且強大的作法，然而這作法只有在你能容易連結各種不同的存在個體，而且你的意願也是他們想要一起合作的目的時，才會真正有效。

五、長期立體圖樣構建方式：打造神聖林地

若你打算在土地上從頭開始發展神聖工作空間或神殿空間，而且這空間類型將來只會用於與自然力量共事，才能使用這技術。因此若你打算建立的儀式神殿或神祇運作空間，

係運用儀式魔法或神殿魔法，就不適合使用此法。這作法比較像是建造空間的方法，其運作方式類似於石圈（stone circles）、藥輪（medicine wheels）或神聖林地（sacred groves）等那些與所在之地的土地力量、天氣及祖先一起運作的空間。

辨識相應空間並確立進入「門口」所用的方法，跟前述「從熱點汲取能量」章節所描述的技術相同，但之後要進行的技法略有不同。在這片土地上建造神聖運作空間的作法，將會打造出一個業經聚焦的運作空間，而且能夠撐過嚴酷的時間考驗。它雖不會像散布在世界各地的新石器時代及青銅時代聖地那樣持久，但至少能夠撐過你這一生，而且它只要有被運用，就能持續下去。

建造神聖空間的步驟是辨識能量點、將其頻率調整成可供運作的圖樣、引進土地的精靈、祖先及元素力量，並將它們一起織進平衡和諧的立體圖樣當中。你如何構建該空間的內外面向、與你共事的存在個體，以及你在這個空間裡面所進行的實體作為，將會決定該空間的構建是否成功。這一切的關鍵在於保持平衡、以尊重的心態與眾靈共事，還有要相互配合而不是頤指氣使。

一旦確立門口及其所在的基本方位，就要召喚靈體及存在個體來協助建造過程及事工本身。以順時針方向繞行，從門口移動到第一個遇上的方位——若門口在北方，則移動到東方，開始進行後續步驟。站在那個方位，先透過靈視進行工作。看見那個方位的定位門檻——係以一塊石頭為形式——並看見位在門檻之外的土地之內界景觀。運用言語的力量，並帶著魔法意願來運用你的呼吸，呼喚這土地的某位精靈、某位願意與你一起建立這個神聖之地的存在個體來加入你。然後在自己的想像當中，看見一位存在個體出現在遠處並朝你走來。

當存在個體來到你面前時，就告訴它你是誰、你的家人是誰、你出生在哪裡的土地、你現在住在哪裡，還有你想要實現什麼目標。告訴它你想在這片土地上開展什麼事工及其緣由。若這位存在認同你想要做的事情，就會同意留下來與你共事。它也許會向你表明自己屬於哪種存在類型、擁有何種技能，還有可能想要哪種回饋。

如果你的腦海沒有出現任何存在，就別強迫它想，因為每片土地的每一方位不一定都有準備要過來的存在個體。請記住，你的想像力只是一個介面——它發出精靈可以解讀的訊號，並在你的意識裡面創造出可供存在個體與你接線的窗口。你的想像力在這裡並不是用來創造或控制——創造或控制係屬於心理學的範圍，並不是我們在這裡進行的動作。如果你試圖控制自己的想像力，並強迫構想某個圖像或事件，就會關閉這個聯繫管道。創造出想像力的介面，同時又完全不去掌控想像力，這動作會需要精細的平衡功夫。

一旦建立聯繫（或沒有建立聯繫），就順時針繞行到下一方位。在每個方向重複同樣的作法，直到回到門口。門口跟其他方位的唯一差別，在於你需要呼喚兩個存在個體來擔任守護者（guardians）與門檻守衛（threshold keepers）。再次提醒，別試圖形塑它們的身分或外觀——只要讓它們透過你的想像力與你交流，並向你顯現它們的模樣即可。它們藉由你的想像力進行反映的另一方式，則是從你的腦海向你顯現某幅影像，用來告訴你它們具有什麼力量與能力。

至此，內界聯繫已經建立，此時可以透過儀式來建造空間。這個動作會將實體的模組植入空間並將其固定在土地上，讓力量能夠由內朝外、由外朝內地流動。每個方位都需要一塊石頭作為方位的標記／連結，而門口則需要兩塊石頭作為門柱。找到合適的石頭相當重要，因為有些石頭可以將強烈的存在感受或共鳴帶入這個空間。如要找到合適的石頭，就移動到第一個方位並站在那裡。憶起那方位的內界聯繫者，請求它引導你找到那個方位所需要的石頭。然後你以肉身跨過門檻、往那方位走，同時繼續維持對周遭土地的覺察。

當你在這片土地上行走時，讓你的直覺與內界聯繫者來引導你，直到找出合適的石頭。你會感覺想要去某個區域，最後在那裡發現合適的石頭。當你握住或觸碰那石頭時，會感覺到它跟周遭所有其他石頭不一樣。若需要的石頭位在很遠的地方（有時會發生這種狀況），那麼你會出現想要開車或步行前往某個特定地點的奇怪衝動。

在找到合適的石頭之後（石頭無論多大多小，只要是對的就好），告訴石頭你要做的事情，這一步驟很重要——小型的土地存在個體（仙靈）通常會棲息在石頭上，「因為不敬而惹毛它們」應該不是你想要的發展。這個階段值得你多花時間。先與石頭交流，確定是否有存在個體居於其中，若有的話，就與它們交談，詢問它們是否願意與你共事；若它們不願意的話，在拿走石頭之前要詢問它們是否需要你提供任何事物。

在所有的談判都適切完成之後，將石頭帶到建立空間的地方，並放置在正確的方位。請確定自己始終都從「進入」門口所在方向進入該空間，即便那裡還沒有標記門口的石頭——你是在透過自己的動作規律性在該空間裡面建立流動。（譯註：進入門口之後）繞行該空間一整圈，然後停在石頭所屬方向並轉身面對那方位。將石頭置於地上，在其前面採站姿或跪姿，並同時把雙手放在石頭上。

你會在自己的靈視當中呼喚或看見那方位的靈體／聯繫者朝你過來、穿透過你，並進入那石頭。它們並不會困在那裡，但也不會永遠在那裡——你只是在該空間建立一個實體的錨定點給那個存在個體而已。日後你將使用這石頭與該存在個體進行能量方面的實體聯繫，而該存在個體會將自身的一小部分留在石頭中，以便往返該處。

雖說如此，我也有看過靈體直接進入石頭待著、住進去了。若發生這種狀況，代表這是該存在個體較為喜歡的運作方式，而這樣的存在個體會在那地方的結構之間建立自己的能量。你偶爾會在石陣遇到這種狀況，亦即石陣裡面仍有沉睡的精靈居住在自己的石頭當中。

你需要在每個方位以及入口的兩塊門柱石頭重複此動作。整個過程可能需要一些時間才能完成，倘若精靈想要的石頭很大，就有可能變成體力勞動。因此，讓其他人與你一起行事以減輕負擔並協助建造，也許是個好主意。若你們是一群經驗豐富的魔法行者，那麼每個方位都可找一個人來負責進行，這會讓整個過程輕鬆很多，也比較不會勞累。

一旦那些石頭都就定位，且所有聯繫者／靈體都連結到對應的石頭上，那麼就要為門檻進行封印。以下是相當有力的簡單作法。站在門口的門檻上，並覺察那裡有兩位存在個體分別站在你的兩側。以下的部分均在現實進行，而不是靈視，因為這動作會將這地方封印在現實領域當中。接著向風大聲喊出：

「我已經用這片土地的石塊、這片土地的靈，還有我內心的意志，建造這座屬於這片土地的神聖殿堂。吹過土地的風、帶來天氣的風、帶來生命的風啊，我請求你們來見證這個封印。天上的太陽與眾星啊，也就是為我們帶來溫暖與力量的太陽，還有為萬物播下未來的眾星啊，我請求你們來見證這個封印，在我腳下的偉大母親啊，也就是那位賜我生命、賜予諸石，並在其沃土接納所有祖先的偉大母親啊，我請求妳來見證這一封印。這裡是神聖林地的門檻，我要請諸位守護者看顧這個空間。任何懷有毀壞或失衡意圖的存在全都不得進入，然而熱愛且希望侍奉這片土地的所有存在，都會在這空間得到支持。」

說完之後，刺破或割破你的手指，將你的血滴在兩個守護者之間的連線上。這動作是在把你制訂的基本原則告知土地的守護者，而且你的血液會將你連結到這空間。若神聖林地裡面發生任何大事，你會在能量層面感覺到一股動身前去那裡的「推動力」。

六、開始運作

為了運作那片林地，你會需要一個中心元素來工作，將力量吸引進來，並作為樹林周遭土地之靈可用的通道。這可以是在防火材質的碗中升起的火焰（以保護土地避免火災）或是一碗水。在過去，這部分有時會是人——此人會以儀式的方式被殺死，並埋在樹林的中央或門口以擔任中介的角色。然而，現在的社會已經不能接受「殺死奶奶並將她埋在樹林裡」的作法，所以使用火或水是較符合現代需要的好方法。

如要運作，就從位於中心的元素開始。在元素面前進入止境，直到自己的思想完全安靜下來（進入虛空）。使用靈視，看見自己站起來，從門口以順時針方位繞行到第一個方位，站在那方位的石頭前面。呼喚那方位的聯繫者來到石頭上並建立靈視層次的接觸，向對方致意並請它與你共事。繞行到其他方位並一一重複該操作，直到走回門口。向各個守護者致意，請它們允許某位神祇——例如當地的土地女神或風暴男神——的力量自由進出門口。

當所有內界聯繫者都已就緒時，就開始進行事工。再次從第一個方位開始，但這次係以實體儀式的方式進行。站在第一塊方位石前面，用你的聲音、憑著你的行事意願，大聲喊出你向那方位的力量提出的請求。將你的請求保持簡單，而且要注意，若你為行動與結果賦予的條件越多，魔法受到的限制就會越多。

舉例來說，若你是要因應最近發生在這土地的災難，那麼就說你想為這事態及牽連到的存在個體與力量帶來平衡，希能促成一切必需之事以實現此願。像是發生大規模槍擊事件、謀殺或可怕的事故，那麼你將與各方位的內界聯繫者共事以帶來平衡。這也許是聚集死者的靈魂，並為這些靈魂提供一條路徑，能夠流進神聖林地，並透過你進入火中。這作法將引導它們進入虛空，以便開始它們的死亡旅程——因為在這類事態當中死亡的人們通常會被困在事發的土地上。如要直接經驗這部分，通常前往災區就能感受到能量層面的衝擊與受困的不健康能量。

若你正在做這樣的任務，那麼你與那些方位聯繫者會形成一個圓圈，守護者會為死者打開門口，你則站在門口與火的中間，讓眾靈魂藉由你的橋接而走進火中。

另一方面，若你意識到災區失去平衡，而且大量不健康的存在個體／精靈被吸引到該區域時，那麼你會與方位聯繫者一起跟某位當地神祇合作來恢復這片土地的秩序，而可能的作法也許是將具有反制力量的存在個體從眾方位吸引到災區上，或是在該土地上將神祇的力量重建起來。

能夠進行的技術實是無窮無盡，而你需要發展出一種涵蓋靈視、儀式與言語且又合適自己的工作方法。其中的關鍵是意願、專注，以及持續繞行各方位，並透過靈視與各方位聯繫者保持交流來建構神聖林地裡面的能量立體圖樣。這樣的作法能建立簡單的運作圖樣，具有屬於自己的頻率，能將寄生物與不健康的存在個體擋在外面。

若你在某片土地上使用這方法，就會發現神聖林地慢慢有了自己的生命。你越去繞行這些方位，就會把它的「頻率」調得越好，而聯繫者也會變得越加強大。數年之後，你會發現神聖林地開始藉由夢境或日常生活與你共事，一旦你站在它裡面，它就會蓄勢待發。

只是別犯以下的錯誤，就是拿新時代的小飾品、水晶、燃香等東西來裝飾神聖林地。你是與純粹的自然合作，所以請繼續維持這種方式。通常，住在石頭裡的存在個體喜歡簡單的食物供品，像是麵包、堅果、水果，還有不會傷害當地生物或鳥類的東西，或者是將橄欖油或葡萄酒澆淋在石頭上——這是羅馬人非常著迷的作法。（譯註：這裡之所以舉羅馬人喜歡的作法為例，或許在暗示獻供的食物、油與酒，都要用「在地生產製作」的東西。）

現在的我們正處於魔法發展的階段，正努力重新學習那些已被遺忘的智慧。我們現在需要的是一套流暢且有機的運作方式，已不再是那些以魔法書為本且有大量人工雕琢的儀式。這種過度組織的運作方式常與土地及精靈產生衝突，而不是與它們聯合行事。就讓神聖林地與其中的精靈教導你怎麼運作才有效吧！

在完成一項事工之後，再次繞行到各個方位以感謝內界聯繫者，並詢問它們是否有什麼事情需要進行。建立雙向的運作系統是很重要的。神聖林地的事工並不全是處理你與你想做的事情——它是你與該土地之間的工作介面。該土地的精靈有時會要求你為它們做事，而你也許會發現，神聖林地逐漸發展，成為你與該土地之間持續流動的魔法之介面。它變成了你為該土地服務的工作站。

在事工結束時，總是要留一份禮物給神聖林地的靈體。禮物可以採用蜂蜜、菸草、麵包或蜂蜜酒的形式——也就是能被分解、具有強大能量，而且不會殺死或傷害當地生物的東西。你可以把禮物放在中央，不然就是將它分發到各個方位。每次進出神聖林地時都要向守護者致意，並將你的手放在它們的石頭上，讓它們從你身上拿取一些能量。

與神聖林地及那裡的靈體建立友誼也是很好的作法，只需去那裡打發時間就可以了。你可以在這空間裡閱讀、睡覺，或者只是坐在那裡進入止境。帶上麵包與／或蜂蜜當成禮物，如果某位土地神祇表示祂已進駐神聖林地，就去榮耀祂並與祂同在。在與神聖林地相處時別過度拘泥於形式——雖然它是魔法空間，然而它也是自然空間。魔法師與該空間的關係並不拘泥於形式，而這關係時常相當強烈，並且將會有機地發展成緊密相繫的關係。

傾聽神聖林地的聲音、傾聽那裡的精靈與神祇的聲音，它們會透過你的想法、直覺、夢境，還有動物與鳥兒來向你訴說。此外也別企圖擁有這樹林。這是個神聖的土地空間，它會在某些時候召喚其他人前來工作。若你發現有不合適的禮物與物品留在那裡，就悄悄地把它們拿走並處理掉即可，至於合適的禮物則讓它們繼續留在那裡。(例如你可以把塑膠絲帶與蠟燭帶走，但食物與骨頭就繼續放在那裡。)

後面，我會講述「某個呼喚我的神聖林地」的範例。我是這樣想的：雖然這例子已在敝人以前的著作當中有所討論，但它與本章有關，而且這樣你就不用翻找敝人的先前著作來找到它。

七、藥輪的故事

當我住在蒙大拿州時，常為部落長老跑腿。在某個週末，長老請我開自己的卡車運送一些補給品到某場帕瓦集會（powwow），地點在蒙大拿州與懷俄明州邊境的鴉社印第安保留區（Crow Agency Indian Reservation）。當我在地圖上尋找最佳路線時，注意到附近有座山名為「藥山」(Medicine Mountain)。我計劃開車走黃石公園回家，這樣就可以參觀那座山，因為那座山似乎出於某些原因在吸引我。於是我向一位部落長老提到此事，而他說山上有個

「藥輪」(Medicine Wheel),是那裡的聖地。他問我是否打算去那裡,我回答說,除非他覺得我有不應該去的理由,不然會去。

他說沒關係,而且我還可以幫他一個忙。他問我是否願意從他家人那裡拿一個祈禱袋去到那裡為他們祈禱,我對這邀請感到相當榮幸,自然就答應了。於是到了出發的時間,我總共要送三個藥袋(那是送給聖地的禮物),還有一些鼠尾草以及名為「殼」(husks)的當地神聖草根(也是送給聖地的禮物),以及某位長老送給我的一副製作精美的藥輪,可以掛在卡車上保護我。於是,一開始的某個偶然想法很快變成了一趟朝聖活動。

我把補給品送到鴉社,然後出發前往藥山。當卡車在陡峭山路上奮力行駛時,眼看明亮溫暖的夏日陽光慢慢變成烏雲與寒冷,我有非常不好的感覺。當時是夏天,我穿著T恤與牛仔褲,然而沿著陡峭山路行駛的卡車越往上開,氣溫就變得越冷,直到我看見路邊有積雪。喔噢,這真不妙。

我總算開到可以停放卡車的地方,剩下的路程必須步行。再看到那裡還停有其他卡車時,我不禁出聲哀嘆——因為我本來希望能不受干擾地單獨完成這件事。然而,腦海中有個微弱聲音告訴我要等一下。就是把車停好,捲一根菸來抽,然後等待。所以我就這樣做了。幾分鐘之內,烏雲真的聚集起來,並開始飄雪——當時可是夏天呢!那裡是海拔九千英尺的高度,我完全沒想到那邊或許會很冷,嘆——我一抽完菸,就看到人們沿著山路跑向卡車，打算逃離正在逐漸增強的暴風雪。於是十五分鐘之內，那裡就只剩下我一個人——而且很冷。

幸運的是，我的卡車裡備有一些印第安毛毯，那是之前在蒙大拿州荒野受困於寒冷氣候的經歷所養成的習慣。我把那些禮物全收進背包，給自己圍上兩張毯子，然後開始爬山，前往藥輪那裡。

由於下雪的關係，我幾乎看不見自己的前面，然而每邁出一步，都有聲音在挑戰我，並且圍著我問我是誰、為何要去那裡，還有我的意願是什麼。那些聲音越來越強烈，所以我就回答它們。我大聲告訴它們我的家人是誰、我不是印地安人，也沒有想要成為印地安人。我跟它們提到自己帶來的藥袋，上有賽利希族（Salish）長老的祈禱，以及我自己的禮物與祈禱，還有想向這地方表示敬意。

我沿著狹小山路走到頂端，而藥輪就鋪在某塊岩架上。那裡是海拔將近一萬英尺的高處，感覺就像世界的盡頭。我請求藥輪守護者允許我進入，而那時我有意識到它們很有可能拒絕我，若是這樣的話，我就得在自己所站之處祈禱，把那些藥袋放在藥輪外面，然後就此離開。還好它們允許我進去了。我小心攀爬過去，途中有留意不去動到那個用許多石頭排成的儀式圖案，然後到藥輪的中央坐下來。我把長老交付的藥袋放在面前，開始為他們以及我在保留地長眠的一位祖先祈禱。我用一條毯子裹住自己，再把另一條毯子像罩紗那樣蓋在頭上，使自己能夠保暖又可以看到外面。祈禱結束後，我就閉上眼睛，進入靈視。

我與一位老婆婆進行了長時間且鉅細靡遺的靈視互動，當時的我對其中有些內容並不理解，然而那經驗栩栩如生到足以令我記得。過程看似沒花太多時間，風雪也變小了些，真是感謝老天。在完成之後，我留下菸草與「殼」作為禮物，並將藥袋掛在附近的柱子上。然後我有一種想要唱歌的強烈衝動，這挺不尋常的，因為我的歌聲就像被勒住的貓。然而這股衝動卻很強烈，彷彿這就是該處精靈的渴望。所以我為它們唱了一首我小時候聽的歌曲：那是愛爾蘭古風吟唱（Sean Nos）的歌曲。愛爾蘭古風吟唱無須樂器，只用人聲以具有明顯風格的方式演唱古愛爾蘭民謠、神話與詩歌，其歷史可追溯到很久以前。我當時並不確定那首對它們來說是陌生的歌曲會引發什麼反應，然而它們似乎滿中意的。我有收到一股善意的感覺，就像大人對懷有良善心願、只是話一直說錯的孩子微笑那樣。

我開始下山，從雪地一路走到卡車那裡。當時的我沒有感到太冷，而且也意識到自己在雪地中坐著的那段時間，根本沒感到寒冷。然而真正的震驚出現在我回到卡車、坐進駕駛座的時候——發動引擎之後，我才發現自己已經在布滿雪的山上坐了三個小時！我本來以為自己只在那裡待了大約十分鐘，再加上上下山路各花半小時的時間而已。

我與藥輪裡面的老婆婆的互動經驗引發了某些事情，而這些事情對我的生活及我的魔法造成深遠的改變。古老的藥輪本身具有強大力量——它已存在超過千年，而它的脈動仍然響亮到足以讓任何願意傾聽的人聽見。這是呈現構建完成的神聖林地應有模樣的完美範例，亦即它並不排除那些需要連結其力量的人們，也不會拒絕那些願意提供服務的過客或尊重那片土地的人們。它受到很好的保護與頻率調整，儘管我是異鄉人，但它仍願意與我共事。在面對這些古老的力量與地方時，以下是另一個需要記住的重點：它們不看種族、膚色、信仰或文化。

但它們確實會看尊重與正直。山上的藥輪在構建完成的時候，並沒有入侵者、殖民者或新時代信徒套用其他傳統的問題，而是善意與惡意、尊重與不尊重的問題。那地方的守護者質問我的祖先是誰——其中一位長眠在平頭族保留區（Flathead Reservation）——還有我那時居住的地方與同住的人們。它們看到我以正確的方式及正確的理由前往藥輪——我係獨自一人前行，並對那裡的土地與祖先表達最深的敬意。我並沒有想要扮演印地安人的角色或套用某個傳統。任何用失衡方式前往這類能量點的人們，不是無法抵達該處，就是經驗不到任何東西。事情就是這麼簡單。

若你努力發展出一個神聖空間，它或多或少也會以同樣的方式運作。它將成長到超越你與你想做的事情——它將成為具有自主意志的地方，並成為所屬土地的更大布局當中的一部分。它會根據人們想要做的事情來吸引他們或排斥之。

八、本章總結

在土地上進行魔法工作常會產生某種具有自主意志的狀況。你會發現自己被拉進一種格局比自己更大且遠遠超出所處時代的模式與浪潮。這並不是一件壞事，然而它有可能是可怕的事情。學習如何在那土地上運作、學習如何創建門口並使用它們，還有閱讀當地的神話、傳說與故事，了解當地的神話生物，這一切都會為你提供關於你的共事對象之線索。絕大多數的故事充斥道德勸說與後世增添的教條，然而其中也常有關於魔法的些許真理。而其關鍵就是學習如何將真正有關的資訊從無關的訊息當中分別出來。

保持開放的心態、扮演好奇的貓咪——因為好奇心與開放的心態會造就探險家，而探險就是魔法學習的最佳方式。

第五章

土地上的神壇

魔法師的事工當中有一部分就是建造神壇。這部分有著多種不同的達成方式，且如此做的理由也很多，但最主要的理由是創造一個用於接觸及交換能量的場所。至於你要在哪裡、用什麼方式建造神壇，大多取決於你想要與什麼類型的存在個體共事，還有共事的地方及其理由。

如果你住在具有強大仙靈或土地之靈的地方，那麼跟這些存在個體共事並運用神壇作為能量交換的地方會是合理的作法。如果你比較常在神祇往來之處工作，那麼用來與當地神祇共事的神壇會很有效。事實上這也取決於你想要進行的事工是什麼。

此外，了解以下的現象也同樣重要：在我們持續改變與發展的同時，與我們共事的存在個體以及我們想要進行的事工也會跟著改變。每一事物都有適合的時機與位置，所以明智的作法應是隨著改變而彎折屈伸。例如你也許在與自然／仙靈共事一段時間之後，發現那事工已進化到了需要神祇或更大力量加入的地步。然而，有非常多的事工並不需要神壇這類位於現實層面、用於聯繫內界的空間，所以關鍵全在於使用正確的工具、正確的內界聯繫者與正確的著手方法，以實現自己想要達成的目標。

一、仙靈／土地之靈魔法工作

設立土地之靈／仙靈存在個體的神壇，能讓你更容易與土地及當地的元素生物搭起友誼及共事關係。

如果你正在努力清理土地、平衡文明／建築／汙染帶來的影響、了解植物及其力量、與動物共事，並對於自己所居之地及其存在有著大致了解，那麼仙靈／精靈的神壇會很有用。在治療與保護方面，還有發展早期預警系統與你的內在靈視方面，它們也會是很棒的盟友。而其要求的回饋通常對人類來說很容易做到，包括將某些東西從某地方搬到另一地方、栽種特定植物、清理土地、提供食物，還有常與它們交際往來。

在這類情況下，神壇會被用來建立聯繫、發展關係以及當成魔法工作的地方。你與居住在神壇或藉此進出的精靈將會慢慢建立某種互動與能量交換方式，最後會發展出友誼。

在與土地之靈／仙精靈共事時，要知道它們會有難以捉摸的面向，這一點很重要。它們的思考方式跟你不一樣，而且偏愛捉弄別人。它們雖然容易生氣，然而在看到明確且良善的意願時，也會相當慷慨。若你想與這樣的存在個體共事，那麼做好自己的功課將會得到巨大的回報。你可以從當地的傳說與故事來了解當地的仙靈存在個體，或是研究位於同一半球的其他國家所具有的故事與神話，因為你會發現同樣的故事重複出現在許多不同的國家。這些故事有許多相同的關鍵要素，而且會教導你與這些存在個體共事的操作方法。

在開始建造神壇之前，請跳出平常的思考方式，評估實際建造神壇的每一步驟，並思索它將如何影響當地的環境。這個魔法步驟很重要，亦即從那些將使用它的存在個體之角度來思索神壇的構建，而不是從你自己的便利與滿意程度來想。舉例來說，由於人們對伏都信仰（Voodoo）及類似傳統感到好奇，使得神壇是現在的主要流行——人們狂熱地建造神壇，布滿塑膠圖像、有毒物質與綴飾物品。如果你將這種神壇設置在自己家裡，至少你不會造成任何傷害。然而若你把這種神壇設置在自然環境，那麼你會得到敵意的反應或完全沒有反應。為什麼呢？因為對於土地之靈來說，這些毒害土地的物質是毫無意義或沒有用處的東西。事實上，這種神壇的建造比較像是成年人在玩「玩具屋」——是為了自己的娛樂及享受而做的事情，而不是為了協助自己與土地之靈建立共事關係而做的事情。

設置在自然環境當中的仙靈／精靈神壇需要與自然相容。神壇需要成為供存在個體與精靈運用的土地能量焦點，其組成物得要增強這方面的功能，而非抑制或削弱。因此，神壇的結構得由木頭、綁在一起的木條、石頭或泥土製成——因為這些是自然的物質，不會毒害土地。別用塑膠、尼龍，或任何不會分解的化學製品。神壇「需要」隨著時間經過緩慢降解，因為它不應是永久不壞的事物。此外也別用金屬——因為各式各樣的金屬對土地之靈都有多為阻礙的特定影響。

若你想在神壇運用藥草，那麼乾燥藥草不會有效，因為它們已沒有生命。然而在神壇周圍種植藥草，只要是那土地的原生物種，就會受到歡迎。讓野草在藥草周圍生長，但要加以管控，別讓任何東西生長到遮住神壇。我有與自宅旁邊的一座神壇一起行事，它是一塊樸素的大石頭，前面有另一塊用於接收供品的平坦石板。鮮花與藥草在它的周圍持續長出來，而當地的鳥兒也常去那裡享用供品。

仙靈／精靈神壇跟神祇神壇的不同之處，在於嘗試招引土地之靈／仙靈時，神壇並不需要放置圖像或雕像，甚至放了也沒用。若圖像或雕像沒有對準神祇的頻率，任何一位土地之靈都可以附於其上，所以若你遇到的精靈是個惡霸，可能會有一些問題——當它們有一張臉與一副人形可供玩耍時，也許會變得有點棘手。當仙靈存在個體保持原樣，沒有給予連結到人形介面的機會時，這樣的它們能給出最好的合作，而且更加穩定。若你沒有雕像之類的參考點，那麼學習如何與精靈互動會需要更長的時間，然而努力不懈是值得的。一旦精靈弄懂要怎麼跟你交流，你們之間的聯繫就會變得比透過雕像過濾的聯繫還要深厚得多。

使用神壇來放置食物與供品。蜂蜜、麵包、牛奶、水果與堅果等甜食通常都不錯——

你會逐漸感受到精靈的喜惡。你留給它們的東西越強大，它們就越能吸收其能量並將其用於好事或壞事。有一種操作方法是平常都供以食物，然而當有些重要事工需要進行時，就為它們提供咖啡與酒精等提升力量的東西，只需確保鳥兒或動物不會接觸到這些東西，並在放置一天之後撤走就好。提升力量的東西不要每天給，不然你最後可能要面對一位具有咖啡因癮頭的土地之靈，而它渴望與你交合或搬進你家裡接管一切——這也是為什麼仙靈神壇最好別設置在你的房子裡面。

神壇的魔法工作大概是這樣：用木頭、樹皮、石頭等材料建造神壇，並且擺上一塊大石頭供相關存在個體居住。每天供上食物與飲料（當地的生物可能會把那些東西吃掉，這不是問題）——並坐在神壇旁邊。與神壇說話，就好像那位存在個體就在那裡一樣——這動作會啟動內界的召喚過程——並告訴它們你想要達成的目標及理由。每天都這樣做，持續一整個月亮週期，讓內界聯繫有機會慢慢建立起來。供養神壇一個月後，在下一次拜訪神壇時，就安靜坐著／在止境中冥想，並在結束時將周圍事物記錄下來。什麼生物出現在附近？神壇有什麼「感覺」？你有什麼「感覺」？若你已發展了自己的內在感官，那麼只要傾聽是否有什麼對象在試圖接觸你就好。若你比較沒有這種靈敏度，或是這作法對你來說並不尋常，那麼你就需要發展出在靈視中運用想像力來進行的內界溝通方式。

在進行這種溝通方式時，只需進入止境即可。進入止境之後，就用你的想像力看見自己走出去並站在自己的身體旁邊。想像出在你面前的神壇，並透過想像力觀察它。看看哪裡不一樣，看看哪些事物亮晶晶、哪些沒有發光。然後仔細觀看神壇周圍的區域，並看見神壇附近的樹叢、林木、水等等。若有任何內界存在受到吸引而來到神壇，那麼它們將開始了解你正運用自己的想像力作為聯繫的介面——它們將開始發展出透過你的靈視、透過夢境與自然界的線索來聯繫你的方法。剛開始會很難分辨哪個是自己的想像，哪個是貨真價實的聯繫。克服這狀況的關鍵，就是把「一切」都當真來看，除非它明顯不是真實的——例如出現米老鼠，或是長有蝴蝶翅膀的可愛仙靈。

這態度會強化那介面，並阻止你自我懷疑。而改變將會出現，什麼是真的、什麼不是真的，變得顯而易見。你會看到某個奇怪的東西，那是你從未預料到的事物，因此會質疑自己。後來你順手拿起一本關於精靈或當地傳說的書——是自己從未讀過的書——卻發現它準確描述了你所經歷的事情。因為這是精靈曾與其他人類互動時使用的圖像介面，而人們在事後把它描述出來。

建立聯繫之後，你將能透過靈視、夢境、直覺及外界事件與精靈互動。你會注意到一些簡單的事物，像是某隻特定的鳥或生物，總會在事物變得強烈有力的時候出現。同樣的生物將開始出現在你的夢境，或是出現在距離神壇甚遠的地方。這代表你們的聯繫開始強化，它們開始與你共事。

與仙靈及土地之靈在這層次上共事的經驗真是讓人回味無窮，而且兼具創意與古怪。對於已經習慣較為有序的魔法工作及內界聯繫的魔法師而言，可能需要一些時間來適應，不過這種魔法工作既值得且有趣。然而它的確有其局限，當地的存在個體往往只會在某一特定地方活動且具有一些特定的技能，沒有土地神祇所具有的影響範圍與力量。不過若你正在尋找一個比較實事求是的工作夥伴，它們算是很好的共事對象。

在我的孩子還小且生病的時候，我就是這樣進行魔法工作。我與當地的土地存在個體共事，並準備一個放置禮物的地方（不是神壇），我在那裡留下給它們的禮物，然後坐下來與它們交談。若我的女兒患病，我會請求它們的幫助與建議，而它們也會給予。作為回饋，它們會要求我種植某些植物、從土地上移走某些東西，或者撿垃圾——這些事情對於具有肉身的我們來說都是輕而易舉，但對於精靈來說卻很難做到。而它們會在孩子周圍提供保護的屏障，並在孩子生病時協助支持其能量體。若某個孩子出現問題或其附近有危險，它們也會來跟我通報警訊。

以下的例子很不錯，因為它顯示了運用神壇的工作方法其實沒有特別好。不幸的是，這是追溯性質的魔法工作——為在某土地上所做的錯事予以重新平衡的事工。幾年前，某個家庭請我提供協助。他們家的祖母生病，但醫生找不出她的疼痛原因。於是我過去查看，發現這位老太太把一棵長在他們家土地後面的矮樹砍倒，這動作使當地的一些精靈非常生氣。那裡是美國蒙大拿州的荒野地區，當地的精靈相當強大，然而還不習慣跟人類的互動。它們對老太太發起攻擊，以懲罰她把它們的「一棟屋子」砍倒了。

我設法與它們達成停戰協議。花園裡的另一棵矮樹將保留下來，任其自然生長，而且每週都要在矮樹的下方放置甜食。它們另外還想要從老太太那裡得到一份禮物，而且要埋在那棵矮樹的底下。老太太送出自己製作的小藥輪，而家中晚輩幫忙把它埋在矮樹的底下，甜食留在戶外的指定位置，也沒有人去動矮樹。她的疼痛立即停止，健康也開始好轉。我每週都會用電話聯絡，就這樣持續一個月，一切都很順利。然而六個月之後，我又接到他們家的電話。一切又開始了。於是我去見那位祖母，因為她的疼痛再次出現。我詢問他們家關於那棵矮樹的日常狀況，他們回答說有從那棵矮樹剪下一些花放在家裡，也不再提供食物，因為他們覺得這樣做會吸引熊過來。所以，這位祖母已違背了自己的約定。祖母的家人問我是否可以代表他們重新展開談判。然而那些待在矮樹的精靈很生氣，拒絕做出任何協議——因為對精靈來說，從那棵矮樹剪下花朵，是一種可恥的行為，而食物也不再放過去，則代表協議的關係就此決裂。它們認為這家人無法遵守協議，所以不再相信他們。

我向那家人解釋這一切，並問他們為什麼要剪下那棵矮樹的花，畢竟附近樹叢的花多到不行，他們大可剪下那些花就好，也不會有事。祖母的女兒回答說，那是因為這棵特別的矮樹會長出最好的花朵。然而他們不明白，即使那是最好的花朵，都是要完整保留給土地之靈，不能給人們觸摸，沒有例外。當初的協議就是這樣訂的：不得以任何方式傷害那棵矮樹。

至於食物，神壇離房子夠遠，所以熊不會是什麼大問題，況且熊也是那地方的自然模式之一部分。但不管怎麼說，那裡所有住家的後院都曾有熊經過——畢竟再過去就是荒野了。我詢問放在外面的食物是否有把熊吸引到他們家的後院，他們說沒有，並坦承他們只是懶惰，不想冒著天寒地凍把食物拿出去放。

這樣我就沒辦法了。我為人類與精靈鋪設了一條可以共存的途徑，但人類沒有遵守屬於自己這一方的交易承諾。土地之靈才不會來「同情憐憫」這一套——若你違背承諾，交易就此結束。遺憾的是，從那時起，那位祖母就持續承受那疼痛，而且沒有人幫得上忙。整個事件對她來說是個慘痛的教訓，對我來說也是一次重要的學習。它教導我許多關於與土地之靈共事及它們可以做什麼的知識，然而它也教導我許多關於個人的責任，以及擔任調解者的知識。你只能設下交易的條件，人們必須遵守屬於自己這一方的交易承諾，但他們常不這樣做。他們希望我對這事態再次做出修復，但魔法不是這樣運作的，因為魔法的主要組成元件就是責任與遵守諾言。

在道別的時候，我覺得很難過，因為我知道這位老太太從此得持續承受疼痛，然而她其實有能力自行進行此事，但她選擇不這麼做。所有與此事相關的人們都得到慘痛的教訓。

上述情況確實說明了神殿可以怎麼運用，還有在應付強大的土地之靈時會有的危險。總是要遵守諾言、履行屬於自己這一方的承諾，土地／仙靈存在個體會為你做某些事情，然而這是有代價的——而且你得有能力且願意支付這代價。在你向神壇答應做某事之前，請確保自己能夠遵守協議。如有必要，給出自己能夠做到某事的期限。所以請仔細考慮自己願意承擔的事情，然後堅守承諾。

土地之靈的神壇能夠清楚聚焦在內界聯繫，因而強化內界聯繫與魔法工作。這可以讓你達成很多事情並學到很多東西，然而這項責任會需要你在承擔之前多加思索。若我的土地上有著用來贈予禮物給仙靈的地方時，我總是答應只要自己還住在那裡就會持續支持它，當我搬離那裡時，就會停止與它共事——這部分會包含在我所訂下的協議裡面。這僅是你宣告自己的底線，它們也宣告它們的底線而已。

二、神祇神壇

在自己所在的土地上與神祇共事，除了可能造就強大的效果，也會是很棒的學習。實際作法主要有兩種，其一係與著名的神祇合作，另一係連結某位仍待在該土地裡面或上面但已落入默默無聞的神祇。

與著名神祇共事會需要做一些背景研究。像是該神祇是否與自己這裡的土地與社群相容，還有了解祂所中介的力量是什麼，這些知識都相當重要。某些國家，像是英國，神祇係從其他國家引入，用於保護及協助入侵者、移民等等。有些神祇能夠妥善融入當地，有些神祇做不到。因此，比較睿智的作法是先去釐清自己與某位特定神祇共事的動機——你是因為希望能與特定神祇共事並向其學習，或者只是追隨當前流行的祕術時尚而已？

使用設於戶外的神壇來與沒有直接關聯自然的神祇共事，這樣的作法毫無意義。例如曾經風靡一時的女神雅典娜，是一股能在神殿、城市與男性戰士身上發揮作用的力量。因此在鄉下地方設置自然神壇並請城市女神到來毫無意義，反倒請某位與生物或土地豐饒有關的神祇則相當理想。

你是想與神祇共事，還是崇拜祂們？若是後者，那麼最好在宗教的設定裡面共事，而不是用純粹魔法的設定。我與神祇共事，但不是用宗教的方式，所以我的技術對希望成為特定神祇信徒的人們來說不是最好的作法。宗教與魔法這兩種處理方式有著明顯的差異，而且會產生不同的結果。

三、著名神祇的神壇

如果你希望在自己所在的土地上建造一座獻給某位神祇的神壇，首先要確定祂們樂意來這土地與你共事。還有確保這土地的精靈與那位神祇能夠好好相處，如此就不會無意間為這地方製造衝突。

正確選擇神祇能帶來巨大的效益。若男神或女神係來自另一片土地，請使用靈視或牌占解讀，來看看自己所在的土地對祂們的反應。看看哪些元素或力量能夠平衡那位神祇也是個好主意，這樣你就不會落到與失衡力量共事的下場。若你的研究做得很好（現在透過網際網路很容易做得到），那就再去查看文獻在描述這位特定神祇時，還會順帶提到哪些同伴、工具與精靈。別只是鑽研文獻，還要讓自己的直覺發揮作用。這也許是一趟有趣的學習經驗。

在選定神祇——或是祂們選定你——之後，首先要做的就是在這土地上的某個選定地方（例如花園或庭院）建造戶外神壇。這裡同樣也需要注意建造的材料，確保不會使當地野生動物或土地承擔潛在的風險。天然材料很適合，但細小的塑膠塊則不適合。

在設計神壇時，要留意須符合該神祇的需要，也在你所希望使用的工具能夠做得出來的範圍，而不是僅以外觀好看的方式來決定。神壇不是新時代潮流的展示，而是一個工作空間，請務必在建造時考慮到這一點。建造完成之後，將神祇的形象放進神壇，如此這個供神祇運用的介面就已做好啟動的準備。

接下來要進行的是神壇在內界的開門，這步驟是在靈視中完成，讓流遍這地方的內界力量流動並將神殿整合進來，以及讓該神祇的中介力量流入那形象。簡單的作法就是坐在神壇前，使自己進入止境。運用冥想，讓自己進入止境，直到心智安定下來，並慢慢地在靈視中意識到周圍的環境。閉上眼睛，用靈視看見自己周圍的空間，看見自己在這片土地的空間中行走。你可能會注意到自己的房屋或建築物沒有出現在這土地上——此狀況對現代的建築而言是正常的。除了業經聖化的空間或神殿以外，建築物往往需要數百年才能完整出現在該土地的內界地景。

當你對周圍的土地有著清晰的靈視時，慢慢想像這座神壇正在建造，直到它清晰地出現在內界地景當中。這過程可能需要不止一次才能建立強到足以維持下去的內界形象。神壇的建造只能先透過現實層面的構建，然後再透過想像的印記來完成。這跟建造神殿不同，後者涉及許多不同的存在個體並運用了靈視的魔法建造方式。建造神壇類似為某位神祇牽一條電話線，而不是像神殿那種完整構築的工作空間。

當你在自己的腦海中已可以看到神壇清晰出現在內界地景時，就到了「開門」呼請神祇進來的時候。有時，神壇會自然發生這情況，而神祇的力量幾乎會立刻開始與你交流。至於其他時候就需要你來開門，也就是在神壇前面或裡面點燃一根蠟燭來完成（風勢較大時，將茶燭點在玻璃罐裡面會很不錯），然後把神壇當成祭壇來運用。用你的內在靈視「看見」那道火光，並把神壇視為一道門口。運用內在靈視，透過門口呼喚該神祇的某位男祭司或女祭司與你共事，它將擔任內界聯繫者，在神壇的事工當中啟發與指引你。某個人物形象將受到吸引前來神壇並出現在你的靈視，與其交談並請其與你共事及指引你。

從靈視魔法的角度來看，這樣就已完成。關鍵是找出最適合自己的方式（像是透過靈視、夢境或直覺），與男祭司或女祭司聯繫並維持下去。內界聯繫者會擔任神祇力量在流入神壇時的緩慢開門者與中介，定位有點像翻譯。經常與神壇共事，將它當成祭壇及獻供的地方，這道門口將會緩慢地更加敞開，並讓自然界與其互動。

記錄動物、鳥兒與植物對於神壇的反應。失衡的力量，會對周圍的野生動物產生負面影響。若是正面的影響，那麼你應會注意到植物生長茂盛、更多鳥兒來訪，也更常看到野生動物。神壇將成為運作焦點，可用於所有與這位神祇共同進行的自然工作。通常神壇會有自己的意識，會教導你如何與其共事及為其工作。

四、地方神祇及古代力量

地方神祇的神壇其實際建造方法與上述方法相同，然而不太可能有當地神祇的形象，例如歐洲大多數古代男神與女神，其形象都遭到覆蓋並被人們遺忘。若遇到這狀況，那麼你的偵探工作得以靈視為主。

以靈視運作時要慢慢來，在當地的內界地景反覆來回走動——這動作將使你能與該土地裡面或上面仍可連結到的任何古代神祇建立聯繫。例如，在我曾居住過的某個地方，當時的我想知道當地的神祇是誰以及有什麼力量，於是點燃一根蠟燭，並坐下來進入靈視。我看見自己走出家門，沿著道路走進附近的田野與森林。這樣做了幾次之後，我逐漸習慣自己搬來的地方，還意識到當地的神祇、祖先及一座具有守護者的大墓塚。大墓塚與守護者出現在內界地景，但沒有出現在外界地景。就我所知，附近沒有任何墓塚。

下一次進入靈視時，我與那裡的守護者交談，而它們告訴我，這片土地的母神正在墓塚中沉睡，並被來自另一片土地的人類魔法長期困在那裡。我走到守護者顯示給我看的墓塚門口——那裡的門上有個十字架，而且十字架的後面還有很多經文與外觀奇特的符號。守護者跟我說，那些人在很久以前就將女神鎖在墓塚裡面，雖然它們仍然繼續守護祂，但無法釋放祂——人所做的事情只有人才能撤銷。

我決定接下這工作，花了些時間反覆進入靈視以清除門上的東西，然後逐步拆解那道門／障礙物，最後我設法打開那道門並走了進去。某位女神正睡在地上，祂的周圍都躺著黑狗。其中一隻狗醒過來並大聲吠叫，把祂叫醒。而祂很生氣，但不是因為被叫醒，而是因為人們用魔法將祂封印在那個墓塚裡面。

我為祂過去受到的對待表示歉意，並同意協助祂離開那裡。現在回想起來，當時那樣做並不是個好主意。祂很生氣，非常非常生氣，所以祂想要報仇。經過一番談判之後才讓祂平靜下來。在我們訂下的條約當中，有包括一座神壇、供品，還有對周遭土地及我在其上的生活方式要做的調整。祂的確是一位女戰神，祂只專注於某一塊小地方——其實就是當地的村莊與周遭土地——而且祂對人類應當如何與祂互動有種非常固執的想法。

這些地方神祇也許很難共事，因為祂們似是神祇、祖先意識與土地之靈的綜合。由於自己與這位女神的相處經驗，現在我對這種層次的神祇保持警惕，因為祂們相當難以預料且難以共事。不過，若是你比我更細心，並且在與當地神祇互動之前多加了解祂們，那麼你也是有可能與當地神祇共事。現在回想起來，在決定砍掉那個魔法屏障之前，我應當先去諮詢當地的祖先、內界聯繫者與土地之靈，多加了解那股神祇力量，如此就能有更好的心理準備與祂互動，並且能夠更加妥善應對任何因打開某個古老力量聯繫之處而產生的危險。

若你的確決定為當地神祇建造一座神壇，請保持簡單，並將其當成聯繫與獻供的地方。你越是運用那神壇，祂們就越會認定那是用來聚會與工作的地方，並且將跟你的互動局限在那座神壇——因為最糟糕的事情，就是當地的精靈、祖先或神祇不論日夜都在你家裡闖來闖去。這部分還帶出了另一個要講的事情，亦即用這種方法構建的戶外神壇，也可作為當地祖先用於聯繫的聚會場所，說真的，神壇是魔法的聚會場所，可以讓你聯繫當地的神祇／存在個體。重點在於意願——緩慢踏實的建造過程，無論是在靈視層次或是儀式行動層次，都會調整神壇的頻率，使其逐漸變得清晰清楚。

當你與某座神壇的共事關係即將結束時，或是當你要搬家的時候，你應把所有神祇形象埋葬（除非你要把它帶走）、把神壇拆散，使其回歸自然。並留下最後的禮物，跟那裡的精靈說你要離開、離開的理由，還有要去哪裡。若它們是可以移動很遠的存在個體，就有可能會在你的新家等你過來，無論你喜不喜歡。所以，在共事關係開始的時候就設下界線（「我只會在這個地方與你共事」）也許是個好主意呢！

五、與當地精靈及祖先交朋友，讓他們與你一起生活

若你有與居住地的祖先交流，這會是滿有趣的工作方式。若你住在城市，你比較有可能遇到困惑的鬼魂，他們來找你尋求庇護——魔法就像打開你家所有的燈那樣將他們吸引進來。在這種情況下，他們若不是需要幫助過渡並穿越死亡，就是想要一個可以隱藏及休息的地方。

若你真的遇到某位還沒準備好離世並常駐當地的鬼魂，那麼與他們一起生活可以很簡單：你只要說明自己的界線，並安排家中某個安全角落讓他們來「住」就好。他們就會在房屋的某處過著幸福的生活，並在做好準備時離開——前提是他們不會引發問題且不會耗損你的能量（這狀況大概是某個用鬼魂外殼偽裝的寄生物）。

在這狀況下，與他們在魔法中共事或互動過多並不是好主意。要記住這是一個失衡或有某種需要的陌生人——所以給他們庇護就已足夠。若給得太超過，會為生者與死者造成問題。他們通常會在魔法的操作過程中突然消失——內界門口打開之後，他們將被拉入其中以進入死亡。

我的某位表親在漫長且可怕的病痛中去世之後，他有一段時間跟著我以及我的伴侶到處走。除了幾乎每天都會使某個燈泡燒壞之外，他不會製造任何問題——因為害怕死亡，於是他在恐懼中賴在我們家不走並躲在裡面。當他逐漸意識到自己仍然存在時，就開始放鬆下來，而我也不會嘗試要他離開世間。對於死者而言，了解自己的新狀態及存在形式是重大的意識轉變，所以若他們可以自行實現這種轉變，會是其身為靈魂時的主要學習及進化部分，因此不妨給他們一些時間來適應自己已死的想法。

過些時候，我們按計畫得去巴斯市（Bath）的某個魔法團體進行魔法工作。我們過去了，而我的表親也跟著過去了。他就坐在車子的後座——這有點奇怪——跟著我們一起去進行魔法工作的地方，當我們開啟內界門口時，他就到那裡的椅子上坐著。他坐著看完幾項魔法操作，並且某位魔法師有注意到他。（那位魔法工作者說：「我有聞到酒味。」——我的那位表親生前嗜酒如命。）而在進行到當天的主要魔法工作時，他突然穿過內界的門口，就此消失無蹤。事情就是這樣，他克服恐懼，看到自己應該在哪裡、不應該在哪裡，並按照自己的意願、自己的了解離開世間。

上述狀況與搬進有鬼魂長駐的房子有些不同。後者通常是某個被困的存在個體，或是寄生物，或是某種迴響（echo），都須以特定方式處理——請參閱敝人的《驅魔師手冊》。

祖先的魔法工作還有另一種形式，那就是你所遇到的某位遠古祖先，係因特定理由而刻意留在這個世界。他們會找到你，但通常是透過奇怪的路徑過來。在「文明化的心靈噪音」較少的鄉下地方，較常發生這種狀況。由於我們對自身遠古祖先的文化及信仰所知甚少，所以你真的得要見機行事。

我在之前的著作也有講過，在搬到某個地方時，我都會去當地的墳場或墓地，跟埋在那裡的人們交朋友。我對那些在我之前生活在這片土地上的人們表示尊重與敬意。通常這樣做就夠了，然而某次搬家之後發生了有趣的事情。

我慢慢開始在自己居住的村莊交朋友，而鄰居也開始了解我有一點點……奇怪。就那位鄰居所知，她的家族在這地方以務農為生至少有一千年，因此跟這片土地有著緊密的聯繫。某一天，她拿著一包東西來找我，然後坐下來講了關於她祖父的故事給我聽。那位祖父是當地的農夫，在數十年之前就開始擴大自己的農場，在那片屬於他們但從未動過的崎嶇土地上犁田。

然而在犁地的時候，從崎嶇田野的一些土墩當中裡挖出了一具遺骸，那是一具年代久遠的骷髏。他的醫生朋友在查看遺骸之後，認為它屬於古代，而非近代。遺骸當中就屬頭骨的保存狀態最好，那位祖父把頭骨拿走並安置在自己的房子裡面，幾十年來都讓它安靜地住在某個角落。在他與兒子去世之後，他的孫女清理房子時發現頭骨。她還記得自己在小時候知道的故事，所以不想把它扔掉或轉交給不會尊重它的歷史學家。因此出於強烈的直覺，她認為我會照顧它，就把它帶來給我。

在她離開之後，我把頭骨放在桌上，試探地感覺其周圍是否有任何存在。許多遺骸與其原本所屬的個人沒有任何連結，然而有些會有。我也想起我的第一位導師跟我說的事情，那就是當你在運作魔法時，任何事情的發生都有其原因。事物會朝著你過來是有原因的，而人們必須找出那原因是什麼。她對這一點很清楚，也能從每事每物看見其原因。當時的我並沒有那麼相信，而且到現在我還是認為區分日常事情跟魔法工作與事件很重要……只是無論前者或後者，永遠別認為任何事情都是理所當然。

於是我感覺頭骨的周圍，沒錯，有某種微弱的感應，就像耳語一樣。我把雙手放在頭骨上並進入靈視，就遇見一位年輕女孩，她滿年輕的，大約十二歲或十三歲。她很堅強，也很踏實，還向我展示鳥兒。她嘗試向我傳達自己有與鳥兒共事的訊息，而我們會把她的作法稱為魔法的作法，儘管對她來說這樣做很正常。我跟她說我也有跟鳥兒共事過，她點頭並稱這就是她想來跟我住在一起的原因。

我捫心自問自己並不確定這有多少僅是出於自己的想像，因為這與我習慣的運作方式稍微有點不同，而且也沒有可供確定的根據。我在房子裡找了住處給她，而她所在的架子上還擺有我所蒐集的鳥兒、羽毛等等。她看起來還滿高興的。

隨著時間過去，我開始從她那裡學到許多關於當地鳥類的知識：如何召喚牠們、如何在我的腦海中跟牠們一起「飛翔」，以及當地的風如何運作。某位考古學家朋友來拜訪我，並查看了那副頭骨。由於沒有做任何測試，他說這很難確定，然而他認為這是個十二歲到十四歲之間的孩子，而且相當**古老**。嗯哼！

於是我跟她共事了幾年，然後某一天她表示想要睡覺。我當時不太明白她的意思，等到想通時已經過了一兩個禮拜。在這段期間，她變得沮喪並開始具有破壞性。東西會從她的架子上飛落下來、鳥兒會來撞窗戶或啄窗戶——這代表內界正在呼喊要我注意。

最後我想通了，就是為她買一副棺材。我把她的頭骨放進棺材裡面，並用牌占解讀她想要被埋在哪個位置。結果是她不想埋葬，而是想睡在我睡的地方。於是我把裝著她的棺材搬進臥室，並放在一些家具底下將她藏住。她的睡眠有特定的時程，但期間偶爾會醒來並要求暫時與我們一同生活。

我不知道她為何不想埋葬，甚至不知道她的靈魂如何能在頭骨停留這麼久。對我來說，這都是持續學習經驗的一部分，而正處在魔法黑暗時代的我們，需要在黑暗中找到自己的路，並且邊走邊想要往哪裡走。

我從她那裡學到許多東西，而她也找到了庇護所，真是皆大歡喜！我開始思索魔法師使用頭骨的方式，通常不會尊重也不會關心頭骨原本所屬的個人。似乎很少有人強調要嘗試找出頭骨是否仍然與靈魂相連，還有該靈魂可能有什麼需要。擁有頭骨與獨特的魔法書已變成了時尚，讓我想要知道這會對魔法師以及仍與頭骨連結的祖先有什麼影響。

當然，我學會要對屍體遺骸懷有更多更多的意識與慈心，而且我還了解到，運用頭骨的魔法工作遠比表象還要複雜許多——有的時候，這些頭骨也許不想工作，而是想要睡覺。

因此，若有遺骸來到你面前，特別是用出乎意料的方式過來，而且你是魔法師，那麼在將那副頭骨納入你的魔法工作之前，最好還是先退後一步，花點時間嘗試了解他們是誰以及他們的需要。他們為何來找你？在詢問他們能為你做什麼之前，先去了解你能為他們做什麼吧！

六、本章總結

理想上，與土地及流經土地的力量共事，係與周遭每事每物進行自然且直覺的互動：沒有加工、沒有神壇，就只有你與自然而已。這對某些人來說立即有效，但對某些人來說就不是如此。人們若覺得這種無形的工作有點難以理解或難以參透，那麼與神壇、獻供地方與該土地上的關鍵地方共事，會是你與自身周遭的力量建立關係的中間步驟。

我現仍與戶外的某處獻供地方共事，那裡放有一塊大石頭，不僅是為了與那土地上的存在個體保持連結，也是為了能在冬天餵養鳥兒與動物。在與某片土地建立聯繫的過程，會需要與該土地的精靈及神祇力量，還有當地的動物、鳥兒、水道、泉水、山丘與岩石，建立聯繫。

區別以神殿為根基的神祇與土地之靈／古代自然神祇相當重要，也就是知道自己在跟誰共事以及共事的理由。以神殿為根基的神祇若透過神殿空間、祭壇及其他介面與你共事，會有最好的效果，並且通常會有結構繁複的儀式。自然神祇則是透過當地的元素、生物及某土地與你聯繫。祂們直接與你連結，而且祂們的拳頭也很有力量喔！

對魔法師來說，運用這種方式進行魔法工作會是相當有趣且良好的訓練過程——否則我們可能會因為太過鑽研某個系統，到最後反倒將自身周遭一切力量拒於門外。最好能夠學習不同的魔法工作方式、不同的內界聯繫類型等等，因為這一切都是某個更大局面的一部分，並且藉此能夠創造出全面發展的魔法師。我們畢竟處在專業化的文化，因此魔法也有可能會被這樣的思路所困住。

先透過某一途徑學習基本結構，然後向外分散探索，盡量多去接觸各種不同方向並學習之，讓自己獲取經驗並使適合自己的技能組合自然浮現。多年之後，一旦你學會許多不同的技能，就會發現自己自然而然地開始專業化。這種專業化會將你「接上」某個焦點，讓你逐漸「精通」某個領域。然而過早且過度的專業化則會產生相反的效果。讓專業化自然發生，在此同時，若你是個高度儀式化的魔法師，那就走到戶外跟周遭土地互動吧；若你的實修方式比較偏向薩滿，請學習如何在神殿環境當中進行魔法工作。學無止境啊！

第六章

與魔法元素共事

在西方魔法的實踐當中有個不可或缺的部分，那就是我們會與四個基本方位與四大元素共事。這部分會具體顯現在使用方位祭壇、與元素相關的魔法工具（劍、棒〔wand〕、杯與盾〔shield〕／石〔stone〕），以及依照方位對應的元素（東／風、南／火、西／水、北／地）。這種模式在某些傳統中會有一些變化，但整體而言，它是流通整個西方魔法的一貫模式。這模式也以多種方式出現在各種不同的宗教裡面，當你認出這模式時，它就能幫助你看出該宗教或魔法傳統的「建造者」所要追求的目標。

在檢視傳統的魔法元素與方位時，有兩件事需要注意。其一，某些近期成形的傳統已調整其對於魔法方位的使用，以符合心理學及詩意的表達。然而這作法跟宗教模式（例如巫術）比較有關聯，但對於魔法不太有用，特別是那些深入內界的魔法。對於基本方位及四大元素的心理學運用方法，最多只能到人類心靈（human psyche）的門口，沒法跨越過去，因此在更深層次的魔法會有局限。

其二，某些魔法及異教信仰傳統，已發展出它們與所在土地直接相關的魔法方位使用方式。這種層次的魔法會直接作用於你所在的土地及生活在該土地的存在個體。然而當這些傳統轉移到不同的土地時，就需要多加留意那些較為接近表象的方位模式可能不會有效，這一點很重要。例如，某些西方密契（Mystery）途徑會將山關聯到北方、海關聯到西方，然而這樣的關聯在很多地方都行不通。若你是與自身所在的土地及生活在該土地的存在個體共事，你就得要從頭來過，並與該土地上實際存在的事物一起工作。

有些方位力量去到的層次比土地更深，而且它們與物理方向無關，而是與魔法方位有關。魔法方位是某個特定元素的力量，業經數千年的運用，係透過特定的定向及特定的神祇群體而成形，並藉由某神殿或儀式系統而發展出來。這可以運用在儀式及靈視的許多層次，從基本的魔法運作，到視當下狀況而定的魔法團體運作等等都可運用。

那股從魔法方位流出的力量，其究極的表達使魔法師能夠連結創造與毀滅的至深至美模式，那就是持續運轉的宇宙。在那層次上，力量無法被控制，而且任何想要控制或特定塑形之的嘗試，都將導致它的退化，然後是關閉及撤離。但我們能夠經驗與中介那從魔法方位流出來的至深力量表達，它通常沒有形式，而且必定不在且超過人類的了解範圍。你成為比你自己更大事物的一部分，透過參與如此強力的服務，那力量在流到這世界的同時，也流過你、改變你。你會經歷個人的改變，然其焦點不在自己身上，而是在服務、無私的行為。

要達到那樣的運作程度，需要時間以及許許多多的學習，最好從最基礎的部分開始，然後往上發展，就像攀梯那樣。了解基本方位、內界聯繫及力量的運作方式；了解魔法工具，了解力量從某方位流過來時，其條件式如何發揮作用。了解那些藉由諸方位連結到的魔法構成物、內界神殿及內界領域；了解風元素、火元素、水元素及土元素的魔法運用方式。當你能將所有這些學習收攏整合在一起，就到了拋棄架構、單純立於力量之中的時候。形式唯有透過學習才能超越之——人們必須學習魔法的外在形式，並在這些架構中運作以獲得知識與經驗，及發展出一套能有效運作的實踐方式，然其中最重要者當屬在個人心智及身體方面做好準備，以因應那些伴隨更高層次力量過來的更深層次工作。

一旦你能超越結構的表象（即神殿、存在個體、魔法工具等等）來運作，那麼就可以真正開始中介那些從基本方位流進這世界的真正元素力量。在達到與原始力量連接的過程中，就讓該力量與那些元素力量的本質，真正地開始影響你的身體、心智及靈魂並使其產生變化吧！

我們透過魔法尋求自我能力增進、發展及成熟，其更深層次的禮物會透過我們面對力量逆境的反應與行動而有所發展。這力量將遍布在我們在日常生活當中的一切，而所有事物都將隨著我們的成長與成熟而挑戰我們，使我們對其本質能有更深的領會。

這力量也會灌入我們的身體，找到器官裡面的意識，與其進行深層互動以帶來改變。

至於這改變會如何在我們的身體裡面具現出來，取決於我們如何放手並容許這改變的發生，還有我們如何有意識地與那些處在器官裡面擔任中介者的力量與精靈互動。我們係由許多不同的意識形式所構成，而這些意識形式又會與元素力量互動，若我們能與這些元素力量共事，就會帶來改變與再生。

以下會逐步介紹基本方位、四大元素及那些在方位裡面的深層內界聯繫之細節。敝人在《魔法知識第一冊》〈第六章〉，有詳細介紹開啟元素四方位以進行內界聯繫所使用的魔法工具及基本操作方法，所以這裡不再贅述。重要的是了解這些處在魔法裡面的因素，不僅是透過閱讀，還要實際練習、實驗及參與那些力量來進行具有效果的魔法工作。

一、基本方位的力量與性質

東：風元素、正義之力、劍／刀、純潔的女／男戰神、神聖言語、神聖字母，神聖文獻、知識守護者、印記形塑、與天氣共事、旋風（whirlwind，譯註：例如龍捲風與颱風）。

南：火元素、療癒及毒／病之力、棒／杖、太陽神祇與太陽之力、黃金城（the Golden City）、君主階級、戰爭及用火淨化、火山魔法、火風暴（firestorm，譯註：即最危險的野火或火災形態，具有足以維持自身存在的風暴系統）。

西：水元素、世代／遺傳／人類種族之力、杯／高腳杯／鍋、海之神祇、河、井、出生與死亡的協助者（midwife）、占卜、第二視覺、死之入口、海洋。

北：土元素、死之深處及再生的黎明、盾、地下世界／黑暗女神、大地女神、深淵、物質裡面的神性、石／山／洞穴。

中心：虛空、靜止與寂靜的潛勢、在這宇宙被呼出而存在之前的吸氣。

如要真正開始按照這些方位進行魔法工作，就需要練習以熟悉每個方位的能量感受。這比記住種種屬性還要重要許多。比起坐在屋內學習花朵的名稱、顏色與氣味，最好還是去到花園經驗現實生活中的花朵。

這些基本方位具有很多層次與深度，因此請記住本章的訊息僅是對於它們的一種觀點。基本方位並不會因應不同的信仰結構而做出實際的改變——它們就是它們自己——但每個文化對於它們的觀點與切入方式是不同的。

同樣重要的是，要了解它們會依據你切入它們的方式而有所不同，亦即那些層次會依據你的意願焦點自行向你揭露它們自己。從想要連結元素力量的觀點來切入基本方向，會與從連結內界男／女祭司階層的觀點切入基本方位有著不同的經驗，後者會帶你到各基本方位的內界神殿。

想要連結那些處在基本方位的神性力量，也會為你帶來不同的經驗。這一切都取決於頻率，因此也取決於意願——當你在基本方位上越與元素共事，就越清楚元素／力量用來表達自己的不同層次、頻率與振動。這些不同層次會為我們具現出從深入的靈視、內界的聯繫，到賦予生命的外界工具等等不同的呈現。

至於你所運用的方法若有不同，也會為你帶來不同的經驗。在魔法中使用的兩種主要方法是儀式（典禮）與靈視。在儀式當中，你透過模式、言語及印記的使用，將元素、神祇與內界聯繫者的力量帶入自己的物質世界。這力量可以被綁入物質當中並加以運用。儀式也能開門讓力量通過，而儀式的條件範圍將決定那力量會有什麼作用。

絕大多數魔法師在儀式生涯當中，遲早會遇到因有條件地具現力量而把自己搞得一團亂的狀況。然而有許多保護措施可以阻止新手踏入不該涉足的領域。最大的安全保障措施就是，若從內界來看，你並不曉得自己在做什麼的話，那麼外界模式不是不會運作，就是只會引發很小的效果。

以下逐步詳細介紹各基本方位的要素。

二、東：言語及劍之力

倘若某個魔法方位是人類某個時代的反映，那麼我會說我們現在所在的時代就是東方時代。這裡所說的東方係指魔法方面的意義，而非地形方面的意思。沒錯，你可以在朝東的祭壇上以魔法運用東方之力，但這只是地表的表達：身為魔法方位的東方之力遠遠不止如此。魔法之東係某股具有特定質地的力量在流入我們世界時的入口，其元素是風。讓我們來看看這股從魔法之東流出的力量有何表現形式，以及我們可以如何運用之。

三、言語：「太初有言」

言語的使用——即聲音與呼吸的運用——是源自魔法之東最為基本且強大的魔法形式。其他一切都源自這個基本的表達，它為我們吸入、轉換，然後藉此呼出魔法模式的那股魔法力量搭起橋梁。無論古今，呼吸都是我們可以運用之最為根本的魔法工具。詛咒、束縛、祝福、祈禱、召風、吹出想要的天氣（breathing the weather）、將神聖言語傳入物質……其應用無窮無盡。這些是我們在當今大多數宗教及所有魔法途徑中，會看到的風元素用法。

運用言語的力量有兩個基本原則，其一是接觸式／中介式的言語，另一則是位於預存力量模式裡面的非接觸式言語。接觸式言語是魔法師用來當作內界意識與外部世界之間的橋梁，這可以是從釋放內界的風之力量到大氣中（天氣的魔法工作）、將某個魔法模式以誦詩或音調的形式說出來以引發魔法變化（例如用於內界聯繫的儀式），到將生命吹進物質等等任何魔法工作。

非接觸性言語係指背誦最初由內界傳到外界的文字、歌曲或誦詩，並用死記硬背的方式在一年的關鍵時候或在特定條件下誦出或演出。運用完全相同的方式說出完全相同的話語，將會觸發原初的魔法儀式及意願，因此才會創造出對應的歌曲、誦詩或朗讀的文章。例如在天主教的彌撒當中，幾百年來用拉丁語進行的彌撒朗誦，創造出了可讓力量通過的儀式模式。若你突然改變那模式，那麼它就不再中介那股力量而變得毫無意義可言。

歌曲及誦詩都很有趣。聲頻及音高（pitch）會對物質與能量產生有趣的影響。根據音高的高低，歌曲及咒語會排斥或吸引特定種類的存在個體。在神聖的誦詩與音樂當中使用鈴、鑼、鈸及號角等樂器，也是利用聲音會影響物質的特性。特定的朗讀文章及歌曲若以儀式的方式構建而成，就會隨著時間經過逐漸影響它們所在的土地與建築物之物質部分，這就是它們之所以被如此眾多的宗教及魔法傳統運用的緣故。通常來說，造成變化的因素並不是實際的文字，而是音高、頻率及節奏。話雖如此，在某些也用於魔法及宗教的日常溝通語言（例如希伯來語）當中，特定字母的使用確實會產生特定的魔法效果。

我有很長一段時間並不相信單一字母與字彙本身就是一種神聖的表達，僅是因為自己對這方面沒有直接的經驗。在事實證明並非如此之前，我對這方面抱持非常懷疑的態度。但後來我接受字母、言語及文字的神聖用途之教導，並開始使用它們，而它們以最強大、最非凡的方式完成魔法工作，讓我對於語言的神聖用途產生了全新的尊重。

使用呼吸來傳達神性所發出的言語——即生命的氣息——是魔法的主要元素之一。這可能是任何人都可以做到之最為深入的魔法行動。而敝人的《魔法知識第三冊》（*Magical Knowledge Book Three*）有在討論以魔法形式運用這種力量的一些方法。

如要實際實驗此概念，最好的運作方式並非使用某套腳本或業已成形的儀式模式，而是站在東之祭壇前，並同時在靈視與儀式層次運作。一邊在靈視裡面工作，透過特定的內界聯繫者來中介言語的力量，同時又藉由儀式及說話來中介這股力量、將其呼出並引導之或在祭壇上書寫之。

這是你需要嘗試看看的事情之一，以了解自己最會行使哪一種中介形式。就我個人而言，這就是在傳導力量的同時呼氣，那股氣息會被釋進這世界，或是被安置於物質之中，使那物質活了起來。

四、南：太陽與火之力

火是另一種仍在魔法及宗教的祕修當中廣泛使用的魔法元素，其範圍可從簡單地使用燭火來對準某個方位或某股力量，到運用黑暗太陽（the Black Sun）的力量來摧毀某個國家。幸好火／太陽之力在這兩個極端之間可以分出許多階段，均可透過多種方式加以運用，其中有些方式已在敝人其他著作裡面提及，因此不需在此贅述，以下是那些沒被提到的方式。

五、火：發送力量——詛咒與怨火

火焰，就像燭火及營火，可用來將力量從這裡移動到那裡，而這樣的魔法行動可以透過專注的意願與儀式行動或是言語來完成。至於你要做的事情以及如何著手進行，在很大程度上會依你想要達成的目的而定。

燭火是發送魔法模式的有用工具，例如卡巴拉詛咒（Kabbalistic curse）或高度模式化的儀式攻擊。當這樣的攻擊係以儀式構建而成，它就會獲得一種特定圖樣或形狀，可從內在靈視的觀點看見。即使那攻擊係運用文字、印記、言語等等構建而成，它在內界仍會以某種形狀表現，在我們看來會是某種立體圖樣。

若攻擊出於某種原因而無法運用靈視技術予以拆除，且這個魔法構成物並不大的話，那麼運用燭火可以將它分散及拆解。這方法需要高度發展的心智專注力，而這特質也是行使強大魔法的先決條件之一。其基本技術是點燃燭火，然後將注意力集中在燭火上，想像那立體圖樣的形狀出現在燭火當中。對上這個立體圖樣的「感覺」，還有你的身體對該圖樣的覺察——每一攻擊都會具有特定的「感覺」。讓那形象與你的覺察在燭火裡面構建成形，直到穩定下來。一旦你能在燭火中維持那形象，就向燭火說出自己的意願，例如「我拒絕你，將你丟進虛空」。然後一邊維持住意願——你的氣息會將它送往你所指定的地方——一邊將燭火吹滅。通常需要在幾天之內間歇反覆進行此操作，才能分解那個圖樣。

這種方法對一定層次的魔法有用，儘管它無法處理那些真正棘手且精心設計的攻擊。它可以用主動或是被動反應的方式構建事物並以魔法發送，然而若你係促發某行動，而非回應某行動，那麼無論背後的意願是好是壞，你都必須在行動之前充分意識到魔法立體圖樣之發展、它對你的影響，以及它是否會從你吸取力量等等。魔法師常在生氣、暴怒或沮喪時到處亂丟力量，然而這是幼稚的行為，也會適得其反——因為啟動某個能有條件地直接影響另一個人的魔法行為，將使你與對方形成一段能量關係。這段關係可能需要耗費許多工夫才能擺脫，而且最後所帶來的麻煩比好處更多。

然而若是具有敵意的對方將魔法扔向你的話，將那魔法固著在燭火中並放入虛空的作法，除了不會對你產生任何影響之外，還會抽乾發送者的精力，因為對方的一切苦勞與能量都會持續流入某個黑洞。

另一種在南方以儀式運用火的方式，就是生起大火，並在它的周圍以儀式積蓄力量。等到力量達至爆發臨界點時，就把意願投進火中。這通常是比較情緒化的工作方式，而不是依靠掌握或專注的方式。它最常在民俗魔法出現，且效果強大。因此，對於魔法師來說，了解這方式及其效果非常重要，這樣當你面對它時，就會知道它是什麼、它是如何運作以及該怎麼處理它。

我在約克郡長大，而那裡有一種民俗方法名為「怒焰」（seething，譯註：字面之義是「怒火中燒」、「沸騰」、「擁擠」）——這方法也許跟我們的維京人祖先會做的事情很像。它不會被當成要去完成的具體事情，反倒是這樣的形式：某位女人——通常是女人——對某個人的行為感到非常憤怒，她會站在火堆前面累積怒意，同時朝著火堆大聲喊叫並出聲詛咒那個人。這樣做的女人充滿怒氣，有時還會割破手指，一邊詛咒對方，一邊向火裡灑血。我不知道這作法是否與北歐的怒焰傳統直接有關，不過我長大的地方有著豐富的維京歷史背景。

我曾旁觀某位女人進行「怒焰」，我跟你講，我真的不會想待在接受的那一方。它狂野、強大且具有破壞性。然而，若有人處於怒焰的接受方，那麼他應像前述的燭火運用方法一樣，將能量透由某道火焰引入虛空，而不是送回發出方——這是脫離它的好方法。它之所以不應送回對方的原因，係為了避免最後陷入魔法的乒乓球賽——雙方將力量來回擊打，直到有人垮掉才停。所以最好還是將對方的力量用火黏住並直接丟進虛空，讓對方被自己的所作所為消耗殆盡。

六、與太陽神殿共事

南方的內界聯繫者來自各種不同的傳承，其中最常用來運作的傳承就是太陽神殿（the Sun Temple）。太陽神殿是一種通用或「根本」的內界聯繫，世上許多信奉太陽的宗教都源自於此，其事工與文明、帝國及君主階級緊密相連。當它處於平衡時，就會成為強大卻富有慈心的力量，流經那些偉大的國家。當它失衡時，就會成為貪婪與貪權的中介，並為了資源與霸權而引發嗜血的戰爭。

在魔法的設定中，太陽的力量會被形塑成我們可以與之互動且能當成傳導中介的模式，而這些模式會以操作命運的祭司群來表現，這在神話及古老故事的表現通常是某個棋盤遊戲，而國家、家族及個人的命運就在當中受到操縱以帶來改變。這些力量並不創造命運，也不掌管命運，它們反倒會改變及干擾命運。了解這些祭司傳承的最佳方法，就是處在許多燭火或大型營火之前，在南之祭壇以靈視進行魔法工作，尋找一位屬於該祭司傳承的內在聯繫者。

南方太陽之力的更深面向，則是生命之樹的創造模式裡面的火之力量。火是那用於創造的天使圖樣之部分要素，它是內界力量，將光與生命帶到正在運作的魔法圖樣／儀式存在。學習在靈視中以火運作——例如在生命之樹的沙漠（Desert of the Tree of Life）裡面⑨——將教

⑨審定註：「內界沙漠」是生命之樹在靈視中所呈現的景況，看上去像是遠方有著巨大深淵的沙漠，深淵所隔開的另一側，是被迷霧所遮蔽的上界三輝耀神聖宇宙，它意味著最接近虛空的存在狀態；沙漠地表的深淵代表著崩壞、封閉、沉眠與寂滅的力量動態，它是存有開始如沙粒般消逝下陷的階段，是神聖氣息的吸納與撤回；而沙漠上方的星空也有著一道深淵流過，它則代表著創造、編織、開闢與強韌的力量動態，它是存有開始如星辰具現顯明的階段，是神聖氣息的呼出與充盈。嶄新的生命、時間與物質自「深淵上方」的未來流淌下來，這是一切萬有最根源的活靈湧動之力；在這股力量流由上而下穿過深淵的過程中，與來自「深淵對面」的神聖話語／氣息的挹注及吹拂互相匯聚，這是一切萬有之中與神同在的部分，兩股力量流的結合，將穿過達阿思處的「梅特昶立方體」，其為萬有創造與毀滅的藍圖、一切知識的統合之處、十輝耀的合而為一，所有造物都是基於這個藍圖而建構的。將神性的火花吹向這個具現顯化的天使圖樣，從而被轉譯成特定的頻率、振動、脈搏、氣息、話語，也就是創造圖樣，創造了從宏觀到微觀的各種不同八度的造物，再踏入相應的此世命運圖樣之中，眾生萬物在具現之前，便在此註寫了自身之於世界的影響、互動、局限、品質、形狀，穿過那道二元力量所張開的「界線」，從而以外顯世界的一份子降誕。

導你火如何在魔法中發揮作用的一切所需知識。與火共事、交流、互動，並學習如何與監管它的天使存在個體共事，這一切將使魔法師學到很多東西。你不會與某位具有既定名稱的天使共事，你反倒會在靈視中將手伸進火裡，尋找中介此力量的天使聯繫者。

七、西：基因與水之力

西方的魔法工作也有被稱為海之神殿（the Sea Temple）的魔法工作。許多給初學者看的魔法書都只會說聖杯屬於西方，並且象徵愛。然而西方遠不止如此，人們忘記要去超越那給予初學者的陳述，亦即他們沒有意識到那陳述根本還不到實際存在的百分之一。西方主要係關於生與死、基因、血脈以及人類與其他物種的世代與浪潮。它是關於內藏力量的船隻，無論那力量是用於再生還是殺戮。月亮、創造力、瘋狂及靈視也歸屬在這方位。

在魔法之西的魔法工作有幾種不同形式可用。其中會用於共事的內界構成物就是前面提到的海之神殿，而這部分可透過多種方式做到，不是透過靈視直接與面前的海共事，不然就是透過內界的大圖書館去到這座古老神殿。據我所知，除了會在海邊運用杯／血這類基於自然、非常接近「薩滿信仰」的魔法工作形式之外，目前並沒有與海之神殿共事的儀式方式。西方是以靈視為導向的方位，而且由於它在我們的現實世界並沒有一座具顯在外界的神殿，因此靈視是與它共事的最佳方式。

海之神殿的事工主要專注於全球氣候或種族的血脈。我們的氣候係從深海而來，所以魔法師若想要為全球氣候服務，就會與海之神殿共事以協助恢復平衡。魔法師的魔法工作將在靈視裡面完成，而且不帶任何條件——在與諸如氣候這類強大事物共事時必須非常小心，不要嘗試刻意去「修補」它。

原因有二：其一，若抱持特定意圖在這座處於內界深處的神殿裡面工作，那麼你將孤立無援，最終一事無成，就像想要把手上那杯不好喝的酒逆著風灑掉那樣。其二，我們對氣候的有限了解會促使我們把氣候平靜下來，然而這樣的作法也許不會是它的真正需要。氣候本身就有自行重歸平衡的辦法——我們只需為那過程添加能量即可。

若你係抱持不帶任何條件的工作意願到海之神殿，那麼你將與許許多多的內界聯繫者共事，貢獻自己的棉薄之力。我們人類僅是世上眾多物種之一，卻已造成如此大量的傷害，因此我們得付出自己的長處與力量來協助一切重歸平衡。而身為魔法師的我們，最好的作法是現身位於內界深處的海之神殿並提供協助。屆時會有工作指派給你，但你很有可能並不曉得知道自己在做什麼或為什麼這樣做——而你也**無須**對此有所了解。

八、泉水與淡水

與淡水共事係另一種與魔法之西共事的方式。泉水不僅可以療癒或守護所在的土地，還可以在土地表面與地下傳遞資訊。在西之祭壇用一些水進行儀式工作，然後將這些水送返河流或水道——這樣的作法可以是強而有力的魔法工作方式。這裡再提醒一下，由於水的力量是如此巨大且超出我們的理解，所以最好是不帶任何條件地進行魔法工作，**以那片土地及當地泉水所需要的任何方式**來影響水。

水還會保存記憶與資訊。而這種品質也能用來將魔法知識從大圖書館或內界神殿傳遞到外界，供未來的人們取用。魔法師將這些資訊透過水從內界傳遞出來，然後將水倒入當地的河流。那知識將會一直留在水裡面，無論水流到哪裡，未來任何具有提取資訊能力的魔法師都能使用它。

九、容器

用杯進行魔法工作會很有趣。它們不僅是容器，而且還是中介。在儀式中，杯子可以容納人們在運用的力量，而杯內的水、酒或血液可以用來中介力量。然而能量的門戶是杯，而不是裡面的液體——水只是攜有杯的力量。杯也可空著使用，當成是源自西方之力的中介。因此，倘若遇到力量失衡的狀況——例如要從你這裡經過的火之力量太多——那麼將魔法杯放在該力量中間就能起到調節的作用。

你將從這裡開始學習不同方位如何協同工作以抵消彼此。你可以在神話與傳說中看到方位之間的合作與力量改變，像是石中之劍、劍與杯的關係、水上的火等等之類的情節。

運用杯／容器的儀式工作會教導魔法師下列機制：物質如何維持力量、物質的形狀如何決定其維持力量的能力，還有該力量如何影響那些會去影響魔法的元素。該容器還可容納火，即是西方的另一古老組合：女神布麗（Brigh）之火，祂是掌管泉水、戰士、工匠技藝等等的女神。在業經聖化的大鍋裡面燃燒的魔法之火，亦即這火焰係由具有水之內界力量的容器裝載在內，讓魔法師能夠運用經過調整的火（modified fire）來工作。

這種經過調整的力量可以用於魔法師本身的成形與鍛造過程，且能使魔法立體圖樣安全賦形。這也是屬於煉金士的方位與魔法工具——物質的轉變、無生命物質的賦活，還有元素的結合，都在這個方位共同創造出美妙的新事物。

十、北：大地與石之力

北方雖身為元素魔法方位之一，然而它或許是當中最為古老者，因為它是能夠帶我們回到遠古先祖以及那些在中石器時代（the Mesolithic era）發展的初期神殿（就目前已知而言）的入口。

北方是個有趣但常被廣泛誤解的方位，而土元素在魔法中也有類似的境遇。北方僅被視為盾牌、保護，然其意義遠不止於此。這個魔法方位是魔法師學習死亡的諸多深處、地下世界、古老沉睡者、仙靈存在及遠古先祖的地方。魔法師將學習在魔法建造（例如製造魔像〔golem〕當中運用石、土與沙。在這過程中，北方係與東方偕同運作，例如用言語搭配朝風撒散的塵土形式。北方還向魔法師傳授了關於疾病、破壞、藉由物質傳送意識，以及透過地底深處的洞穴與眾山及諸斷層線共事的知識。

十一、地下世界與深淵

藉由將北方之地元素神殿當成連接點來用，我們就能進入那些在久遠的過去散布在世界各地的地下世界神殿。我們可藉此動作了解一些特定神祇（例如塞赫美特）的破壞之力，還有祂們的運作方式及理由。我們還可以探進地下世界的深處，即相當古老的神祇沉睡之處，並連結祂們的神殿以了解其所擁有的力量、其於地表世界的作用，還有導致祂們退隱到土地深處的原因。

沉睡的古者最後會進入深淵，因為它們已遠遠離開我們的意識。在一定時間之內，我們還是可以拜訪這些已在深淵的隧道／洞穴中睡覺的古者，只要它還留有從地下世界到深淵的門路。然而地下世界往深淵的門路最後會被關閉並封住，屆時除了下到深淵之外，就沒有其他門路可以接觸到遠古的存在。

我們能在沙漠（生命之樹的內界地景）的靈視中站在深淵邊緣進行魔法工作，藉此接觸深淵[10]。魔法師可以請求深淵的守護者允許自己進入深淵，或是透過那些尚未封住門路的古老地下世界神殿進入深淵。這樣的魔法行動可能會對身體造成壓力，畢竟魔法師得在靈視

⑩審定註：「沙漠」不只是橋接神聖火花進入物質的中介，同時也是當物質形體崩壞終結時，掩埋並儲存那些從物質世界退返至內界的人事物其內在倒影之處，直到慢慢地沒入地下深淵。而魔法師透過靈視回溯創造過程時，如果能夠以平衡的修持穿過界線，或許我們終將會來到奧祕所在之處，逐漸知曉自身存在的圖樣，是巨大拼圖之中的一塊，而我們將在其中成為並成就什麼，在這個過程中動態形成某種圖樣結構，這是以我們的角度所能隱約覷見的——眾生萬物背後相連相繫的天使圖樣結構，它為我們轉譯了神性的奧祕，此為隱匿的知識，亦是深淵之門——「Da'ath」，它只為充分發展與準備的人揭示。

中深深探入才能到達此類地方的深處。那些不再參與這世界的力量就會在深淵沉睡直到這世界不再具現，然後它們會放手並回到源頭。你是可以接觸到一些此類古老力量來與之共事，然而這樣的作法得要有充分的理由，因為它對你身體的影響將是非常昂貴的代價。

如果可以的話，最好還是在地下世界的神殿裡面進行魔法工作，因為它們比較沒有那麼危險，而且對身體的影響程度也比較輕。在這些已被遺忘的神殿中，你仍可接觸到一些有趣且古老的力量，並且能夠從它們那裡學到許多東西。然而一旦這些力量已經深深進入深淵，其意識就會將人類遠遠撇開，變得既危險且難以理解。

地球行星的意識深處也有一些自然的魔法之地，而魔法師可以進入這些地方來與土地、天氣及古老沉睡者共事。就我們來看，這些地方就像是連接諸多山岳及斷層線的深層洞穴，而魔法師可透過北方的門口進入這些地方，從而構築一系列連結靈視與儀式的深層魔法工作。當魔法師在靈視中已對這洞穴進行充分的魔法工作後，就會開啟北方入口，使其能夠直通洞穴。這步驟完成之後，在北之祭壇進行的儀式工作將直接送進這個深層洞穴，效果等同在該洞穴本身的入口進行儀式工作，這是當魔法工作需要人們深入參與其中且長達數月時所使用的方法。

例如，假設有毒的核能廢棄物被傾倒在某座山上，而魔法師想要驅散那些毒物對內界的影響，他首先會在與那座山相連的深層洞穴中進行魔法工作。魔法師在整個過程中，需使所有其他與該洞穴相連的山岳保持平衡，所以這個魔法工作並不容易。這個魔法工作從在靈視中深深探入洞穴開始進行，而其重是處理位於該空間的內界聯繫者所揭示的任何事情。

當這項魔法工作的靈視面向完成之後，就需要進行重新構建及重新注入能量，而這部分係於進行內界聯繫的儀式當中完成——透過北方入口，內界聯繫者被帶回到祭壇所在的房間，並與處在祭壇旁的魔法師一起運作。北之祭壇的入口成為了通往洞穴及位於那裡的存在個體的入口，而魔法師與相關儀式的圖樣則會透過那入口來回流動。

至於深層洞穴本身可透過北之祖廟（the north parent temple）進行魔法工作來找到，其意願就是找到那座山的深邃「根」穴。入口通常表現為一條深探地下且又長又蜿蜒的深邃通道，而它最後會變成一條需要你攀上或跳下的隧道。另一種尋找「根」穴的方法，則是在靈視中前往那座山，並開始探索位在其下方的洞穴系統，而你要持續往下走，直到發現自己已經進到「根」穴裡面。這裡的關鍵在於堅守自己要往哪裡去的意願——這會幫助守護那座山的存在了解你想去哪裡以及相應的理由，如此它們就可決定是否協助你找到那地方。若你堅守往哪裡去的意願，它們就會來引導你。

十二、運用塵土、沙子與岩石

運用岩石、塵土與沙子進行魔法工作，是可以用於多種不同目的的有趣實驗。岩石／塵土在北方的基本魔法用途是保護／屏蔽，然而也可以當成儲存器來用或用於傳遞訊息、連結地底深處的仙靈或土地的存在個體，還有維持止境。

岩石能輕而易舉地容納巨量的力量與意識，而且對我們人類來說是最為穩定的元素。岩石可以容納許多不同類型的存在個體。尺寸較小的岩石較有可能住有仙靈存在個體。它們不是穿著小裙子、呵呵輕笑的維多利亞時代小女孩，也不是長著翅膀、衣著暴露的大胸女人——在魔法中，這些都是不受歡迎的幻想虛構。仙靈存在個體多為外觀怪異，通常像動物，體型可能很大，無論怎麼天馬行空地想像都不算是可愛。這些存在個體通常居住在特定的露頭岩石裡面，若你予以足夠的尊重，還有給予食物及飲料等需求，它們常會同意在靈視中與你共事，並在你需要時守護你。然而作為回饋，你承諾為它們進行的任何事情都必須做到。惹惱仙靈存在個體，會使你的家住起來很不舒服。

如果岩石位於羅馬人從未到過的區域，那麼它也可以維持龍的力量，畢竟羅馬人擅長封鎖龍力。若在英國，你就得去蘇格蘭的高地與島嶼區（the Highlands and Islands），或是德文郡與康瓦爾郡的部分地區，才能接觸到那股仍在花崗岩中呼吸的古老力量。若你有某股力量或某個存在個體需要找地方安置，而且也要是個它們會同意去的地方，那麼岩石會是安置它們的好處所。許多不同類型的存在個體都樂意長期居住在岩石中，因為岩石相當穩定並且與不同元素緊密連結。

塵土或沙子若與風結合，就可用來傳送力量、能量與意識。將力量與目的灌入塵土或沙子，然後在風暴當中將其吹進正朝對的方向颳送的烈風，這或許是朝向某地方或某個人發送魔法的強力方式。這作法還可用於特定區域的周圍，創造出隱蔽的煙幕，不被其他魔法師的內界靈視發現。

較大的岩石可以與之交流，還能接觸它們的意識並請其擔任守護者。它們會照看及護衛某個區域，若有麻煩出現的話，生活在岩石內的存在個體會通知你。

至於岩石的最小形式——塵土與沙子——則能灌入可以逐顆傳播出去的能量頻率，例如拿一把沙子或塵土，將其頻率對上止境與寂靜的頻率，然後再放回原處，混入周圍的沙子與塵土中，這作法將會在該土地裡面造出一塊屬於止境與寂靜的區域供你日後運用。運用這工作方法的前提條件，即魔法師得具有能使自己全神貫注的力量與技藝，以及將力量傳輸至物質的中介能力。而這樣的養成來自於學習如何在靈視中工作、如何帶著儀式的意願工作，還有如何使自己維持全神貫注。

十三、元素的諸多組合

當你已深入學習如何以不同的元素進行魔法工作，並且已與各別流經各方位的力量共事，你會開始注意到共同運作的力量與元素所展現的融合與組合。基本上，每個方位都具有四元素，而各方位的主導元素會減輕或增強其他元素而創造出有趣的力量組合。

我們在人類的神話與傳說當中可以看到一些這樣的組合，像是石中劍、透過泉水運作的女戰神、火焰之劍等等。經過組合的元素方位力量才是魔法真正充分發揮之處——你將學會像管弦樂團的指揮那樣運用力量。這的確是魔法煉金術的形式之一，當你越加深入了解元素的力量及其表達，就越能以一位魔法師的身分在內界進行操作。你的運作會真正成為某種蒐集無形力量的行動，並透過元素方位，你以自己為中介使它們進入存在。

若你沒有真正了解那些力量及其在外界與內界的具現，以及四元素如何協同工作的話，就無法進行此類高深的魔法工作。這不是多看書就會的事情，反倒是要從直接經驗、內在觀察及外在儀式實驗當中學到的事情。這就是魔法師的訓練之所以不能操之過急的原因——你無法加速自己的理解與經驗，無論別人怎麼跟你保證都是如此。

若要著手學習這類經驗，在實務上可將某一儀式系統中的個別魔法工具運用在非原本所屬的方位，例如在北方運用火與劍、在西方運用土與棒，如此你會開始學習這些工具如何與流經它們的不同元素力量一起運作。而下一步則是在儀式與靈視中使用不同的組合，並學習不同方位的力量如何以不同的方式影響魔法工具。

詳實記錄自己在這些組合實驗中所做的一切事情，以方便你在幾年後回頭瀏覽筆記時，能夠了解那條為自己所設計的學習曲線如何展開。同樣有趣的是，在完成其中一些魔法工作後，回頭查看魔法文獻，或是歷史與宗教文獻時，你就可以看到魔法力量諸多組合的片段，是如何透過這些傳統具顯出來，這將使你更加深入了解那些作家與藝術家嘗試暗中傳達的內容。若你先讀那些文獻，然後再進行實驗，就不會發生真正應有的效果，因為你會充滿先入為主的概念與誤解，從而使自己的內界經驗定型及受限。你變得會期待某些東西，於是內界聯繫就會窄化以符合你的期待。你的意識會過濾內界經驗，從而調低你的學習能力。所以先去著手進行魔法工作，然後才去查找相關資料來研讀。

十四、四殿

四殿（the Four Temples）是多種魔法、儀式及靈視工作的基礎結構。它們有很多名字——四堂（the four chapels）、四門（the four gates）、四城（the four cities）——並出現在印度教的神聖經典及許多其他古代文獻中。它們有多種呈現形式，依其所流經的文化而定，不過它們都會回歸到同一個原則：每一外界神聖處所均係源自某一內界神聖處所，且這些內界神聖處所，係源自那由人類在數千年來所進行的內界行為自然發展而成的母架構（parent structure）。而這個「母」架構就是四殿，係人類在數千年來所創造的內界門口，用來當成人類與內界力量、內界聯繫者等等之間的介面。

這四個元素神殿是由許多不同文化的祭司，一代又一代地前去內界所形成的門口或模板。數千年來，不同的祭司傳承持續以這些元素門口進行事工，並各自建立了依靠這些母架構的神殿。因此，在我們這個世界的所有內界與外界神殿，幾乎都能藉由這四個母方位神殿進行魔法運作並前去拜訪——因為這些母方位的神殿是連往所有內界祭司及神殿的門口，也是用來接觸它們的地方。

四殿是四元素的具象表達。就我們看來，四殿似乎聚集在某一道中央火焰的周圍，而一切事物都來自那道中央火焰，它是虛空的某個樣貌。

東之神殿與學習、形塑、誦念及那些運用書籍、文獻或神之話語的宗教有所關聯。更深的層次而言，東之神殿是一切神聖話語及圖樣的源頭。它是宣告消息的天使之方位，是魔法之劍、刀與矛的方位。就其最深層次而言，它是拆解與創造的旋風。

南之神殿則與火、火山、療癒、詛咒、儀式及熱且明亮的力量有關。它是魔法之棒或杖的方位，也連結到電力、爆炸與戰爭。它是男性力量與生命的方位，也是太陽之力與地底之火的方位。

西之神殿與月亮、秋季、海洋、海之神殿、基因、人類世代、瘋狂、情感、性及死亡有關。它與東之神殿是成對的極性夥伴——東為智性，西為情緒。較為古早的基督教會，係藉由處在東方的祭壇與祭司（知識與誦念），及處在西方的信眾（世代與情緒）所產生的極性保持平衡。人類的諸世代則會在西方的海之神殿進進出出。

北之神殿則關聯到死之深處、地下世界、黑暗女神以及祖先。身為時間神殿的它朝過去與未來敞開眾門，從而成為預言神殿。它是這顆行星、重力、岩石及物質的神殿，係為太陽神殿的相反極性。在儀式上，男祭司會於南方或坐或站，女祭司會於北方或站或坐——即面對彼此的男神與女神。

修習祕術的學生在其生涯當中會逐一到那些神殿裡面進行工作，雖然順序並不一定是順時針方向，不過他們將逐漸開始了解每個神殿的奧祕及其運作方式。每座神殿、每個元素所含有的資訊——關於我們的宇宙如何運作及以及我們在其中的定位——都需要窮盡一生來學習。

以下四段靈視係古老的靈視模式，它們會帶你進入那些神殿，讓你能夠觀察與學習，還會教導你更多關於這些方位的聯繫者資訊，以及對方的可能表現。這些神殿是「母殿」（the parent temples），對應的元素力量均是從它們那裡流過來的。

這些靈視可能很強烈，因此在習慣之前，最好的處理方法就是用自己的聲音錄下這些靈視，然後用錄音檔來引導自己。在錄音之前，先完整讀過靈視的內容，找出需要短暫靜默的地方，以便你日後深入靈視時，能夠暫停一陣子以充分經驗，並與自己遇到的力量進行交流。錄音檔若有放進這些停頓時間，將會確實強化靈視當中自己與他者的聯繫過程。

在運用錄音檔一段時間並習慣靈視之後，就停止使用錄音檔，並依據自己記得的過程去到那裡。一旦知道自己在靈視中如何去到哪裡，那麼你將真正開始與內界聯繫者共事。靈視會隨著時間經過而改變，你會發現不同的細節、不同的對象以及其他在那些門口之後的區域。

初步的靈視並不是只能按規矩走的道路——而是一張幫助你了解如何安全進入這些內界地方的地圖。越常在這些神殿裡面進行魔法工作，神殿的外貌細節與「裝飾」就會越少，你到最後只會單純進入某個充滿元素力量及從中流出的意識之內界空間。

不過，為了能夠安全到達那境界，重要的是運用想像力緩慢運作靈視的介面，如此你的身體與意識才能慢慢適應流經這些門口且持續深化的諸多力量。這個被稱為「四殿」的靈視介面是古老的介面，內含千年的魔法工作——因為它是引導魔法師進入內界的常用途徑之一。

十五、東之神殿的靈視

點亮一根蠟燭，並覺知自己所坐的方位。閉上眼睛，用內在的靈視看見蠟燭的火焰。你看著燭火越變越大，直到變成一道火柱。你穿過那火柱，看到自己身處某間大廳當中，裡面有很多男祭司與女祭司，正在持續繞行大廳中央的火焰。

你加入了他們的冥想與踱步，看著自己正慢慢地繞著那道中央火焰行走並反思自己的人生。你開始注意到那裡有四扇大門各據一方。每扇門都有一對守衛分站入口兩側。

有一位男祭司或女祭司向你走來，然後一手搭在你的肩上，告訴我他是你在這個聚會的擔保者，會幫助你學習關於神殿的知識。這位聯繫者引導你從中央火焰的繞行人群旁邊繞過去，停在東方的入口。那兩位天使守門者專注看著你，你可以感覺到它們正探進你的內在深處。你開始想起自己在個人生活中做錯的事情，而它們會觀察你的反應。你檢視了自己的記憶，看看哪些地方可以採取不同的行動。雖然如此，在思考自己從錯誤當中所得到的學習時，你意識到它們已為你帶來智慧與了解。

在得到這樣的了解之後，天使退到旁邊，東之神殿的巨大門扉則大幅打開讓你進去。你踏入某棟建築物，看到自己所在空間的對面有道拱門，可以通往這棟建物的深處。一些戴著帽兜或蒙著面紗的男祭司與女祭司向你圍攏過來，並表示歡迎。在環顧四周之後，你發現他們是書記，正在處理手抄本、羊皮紙與石塊。他們正在為大圖書館準備書籍。其中一位聯繫者遞給你一本書供你查看。你小心翼翼地拿起這本裝訂、壓印精美的皮革精裝書並仔細審視，然而上面的題字並不是你知道的語言。

聯繫者搖搖頭，並向你展示如何將書靠在自己的心上。你按照他的指示來做，開始感覺到有一串情緒流過自己的身體。你同時感受到許多情緒，並且也開始感受到如何將這些情緒轉化為力量。

然後這位聯繫者拿走你手中的書，接著引領你走往神殿的更深之處，抵達一條洞頂很高的長隧道入口處。那位聯繫人停在那裡，跟你說他不能繼續前進，你只能獨自前行。

當你踏進隧道時，有一股不知從哪裡來的強風，企圖將你吹到往後退。你迎向那陣風，盡量逆風而行。你緩慢地走過隧道，最後來到一扇精緻的大門前面。你把門推開之後就對上一道颶風，它企圖將你吹回隧道，但你還是設法爬到那個小洞穴的中央。然後你肺裡的空氣被吸了出來，使你有性命危殆的感覺。

正當你要放棄時，那道風突然停住，而你站了起來。你身處在某個圓形的小洞穴裡，中間有個大洞。有一道龍捲風正在那洞穴中央呼嘯著，風從上往下吹，又從下往上吹。你受到那股不停扭曲的風之力量的吸引，嘗試往前邁出一步。

在注視那道風時，你看到許多正在看著你的眼睛，你對此感到震驚。那裡有某個東西使你轉開視線，而在背對著那道風的同時，你馬上感覺到身後有一股正在積聚的力量。你的肺痛了起來，就好像它們正在承受壓力，而你感覺到有某個東西碰觸你的脖子後面。你直覺地張嘴，同時有某個東西從你的脖子後面吹過去——那道氣息從你的嘴中吹出來並變成話語及聲音，然後它們轉變成各種形體。

這些形體離開了洞穴，沿著隧道往外頭世界出去。這些聲音持續從你的嘴裡出來，直到你的身體快要力盡倒地。你直覺地閉嘴並往前倒下。然後有某個人過來將你抱起，穿過隧道往神殿的外層走去。

在抵達神殿的門口之前，你都沒有意識到周圍的聯繫者。到達神殿門口時，你睜開眼睛，看著那位小心翼翼抱著你的魁梧天使，其翅膀上有許多眼睛，頭髮則朝向四面八方飄動。它朝著你的上方輕吹一口氣，並在你的耳邊悄聲說出一句話。

你感覺一股巨大力量正在穿透並改變你。它小心地把你放下，讓你跨過那門口，回到聚會大廳。你直接走向那道中央火焰並踏進其中。

沐浴在那道火焰中，讓你的精神振作起來，並在準備好之後走出火焰，覺察到自己已回到那副正坐在蠟燭前面的身體。在靜默中坐一會兒，然後小心地睜開眼睛。

◆

東之神殿的靈視能讓你直接接觸內界當中處理知識的記錄及風之奧祕的意識流。它不會有文化的遮罩，因為那地方算是模板，在許多不同的文化、宗教及魔法流派當中，亦有其他的版本。

這段靈視在進行到比較深的部分時，會將話語及風的更深力量——它持續通過深淵並沿著生命之樹往下表現自己——與魔法師連結[11]。在這段靈視當中，魔術師係處在那句話語的接收端，並擔任將那句話語橋接到現實世界的中介者。它在某個很深的層次教導你如何中介風的力量，以及如何與那些在該力量周圍運作的天使存在共事，他為你提供了堅實的架構作為連結該力量的介面。一旦你習慣與風之力量共事，就可以運用自己所吸收的知識，在靈視的生命之樹裡用話語進行更加深入的魔法工作，並接著在東之祭壇以儀式運用那股力量。這股力量的最終展現將在戶外進行——將那股力量用發聲的方式送入風中。

十六、南之神殿（太陽神殿）的靈視

點亮一根蠟燭，並覺知自己所坐的方位。閉上眼睛，用內在的靈視看見蠟燭的火焰。你看著燭火越變越大，直到變成一道火柱。你穿過那火柱，看到自己身處某間大廳當中，裡面有很多男祭司與女祭司，正在持續繞行大廳中央的火焰。

你加入了他們的冥想與踱步，看著自己正慢慢地繞著那道中央火焰行走並反思自己的人生。你開始注意到那裡有四扇大門各據一方。每扇門都有一對守衛分站入口兩側。

在繞著中央火焰行走時，你覺得受到吸引而往南方門口過去。那裡的天使守護者一邊專注看著你，一邊探入你的內在深處。天使正在檢視你的意願，當它們滿意自己所見時，就會分開到門口兩側，讓你通過門口進入南之神殿。

你走進某個日照充足的明亮庭園，那裡種滿鮮花與植物，陽光燦爛到幾乎令人目眩。有一群人聚集在你的前方，看似在注視某個你看不見的東西。你走近那裡，想看看那裡發生了什麼事情。你擠過人群，看到那裡正在舉行一場棋賽，用的是真人大小的棋子。

比賽的棋盤則畫在庭園的石板上，並且有兩個幫手搬移棋子。而比賽的兩位玩家都是老者，他們坐在一旁沉思下一步棋要怎麼走。其中一位老者抬起頭來，看見擠在人群裡面的你。他向你示意過去他那裡，然後問你是否願意為他下一步棋。你望向棋盤，然而你並

⑪審定註：神聖火花在經過天使圖樣結構的過濾與構築之後，將轉化成氣息、話語、歌與振動，就像是克拉尼圖形那般，改變之風開始吹拂，沙漠中的沙粒隨之滾動位移，在振動之中沿著某種規律匯聚流變，形塑為創造的圖樣；而這股自深淵湧現而來的氣息與發聲，也呼應著深淵所對應的人體位置——頭頸交會處、喉嚨與口鼻。

不認識那裡的眾多棋子。兩位老人都笑了出來，他們其中一位跟你說「這個」才是真正的棋弈，你嘗試看看就會明白。

他們告訴你到那些棋子的周圍走來走去，直到直覺知道要移動哪個。一踏上棋盤，你立刻有不一樣的感受，就好像走在水上那樣。你用雙手逐一觸摸那些棋子，並打從心底知道它們還沒有準備好被移動。

然而其中有一顆棋子似乎在你靠近時開始發光。當你的雙手觸摸這顆棋子時，強烈地感覺它不再屬於目前所在的位置，必須被移動，於是你小心地在棋盤上將那棋子推到新的位置。突然之間，一切——天氣、棋盤以及那股正在流過你的感覺——都改變了。

這個動作使你產生確切的領悟——自己所移動的那顆棋子關聯到某個人的人生，而自己的動作已永遠改變他們的人生。你驚慌地看向老人，然而他微笑不語。一股對於太陽神殿之力的了解開始向你展現，你開始了解他們如何利用力量操縱事物以達到或好或壞的目的。而這個庭園的力量是條件式變化（conditional change）之力——亦即從特定的觀點來塑造世界。

你從棋盤上退開，打算往神殿更深之處走去。你看到遠處有個又老又破舊的石造入口，它幾乎像一道石縫，只是你看得出它係經雕鑿而成。你受到它的吸引走了進去。這入口連著一條又長又黑、看似向下傾斜的隧道，你沿著隧道走下去，越來越深入地下。你開始聞到硫磺的氣味，它使你的眼睛與嘴唇有灼熱的感覺。

那條隧道通往一間巨大的岩室，而其中間有著火山之焰。那道火焰將你拉近，雖然你能感覺到它的熱，但它不會燒傷你。你突然有一股強烈的衝動往那道火焰直直走去，你伸出雙臂，彷彿要去擁抱那道火焰。那道火焰做出了反應，你的周圍出現巨大的衝撞聲，而且越來越大聲。力量不斷積聚增強，你的耳朵周圍有著強烈的壓力，直到突然出現一聲直通腦門的巨響。

在那瞬間，壓力消失、聲音停止，許多明亮的旋轉火輪從那道火山之焰衝了出來。它們圍著你高速繞轉，其亮光使你眼花繚亂。就在這時，你注意到那些火輪有許多眼睛正在注視你。其中一個輪子直接穿透過你，有一股巨大的力量像電流那樣從你的雙腳湧到頭部與背部，使你的雙手感到刺感和抽痛。你謹慎地把雙手合在一起，那股力量的感覺逐漸減弱。

有人來到你身後，為你裹上毯子。這是一位具有太陽之臉的男士，他將你抱在懷裡，而你像小孩那樣躺著。他的明亮讓你眼花繚亂，他的溫暖流遍你的全身，使你充滿活力。他走過神殿，帶你到有著許多男祭司與女祭司的中央廳堂門口。他小心翼翼地將你放在那裡，離開之前，他將一個獎章掛在你的脖子上。你低頭看向那個獎章——那是某個男人的臉龐與太陽一同發光的金色形象。

那位男子退回神殿，而守護者再度併排站在門前守護太陽神殿。你直接走回中央火焰。沐浴在那道火焰中，使你的精神振奮起來。在準備好之後走出火焰，覺察自己已回到那副正坐在蠟燭前面的身體。在靜默中坐一會兒，然後小心地睜開眼睛。

◆

經驗南之聖殿會使你直接接觸太陽祭司團體的特定品質。這將使你更加了解那些透過祭司－王位的國家所發揮出來的力量動力。它還會向你引介那與火共事的天使存在之力量，這將擴大你透過生命之樹工作時感知這類天使力量的內在能力。

上述靈視僅觸及流經南方的一小部分力量——火有很多，而太陽祭司與力量的傳承也多到不勝枚舉。然而，一旦你在某方向與某個祭司團聯繫上，那麼你與同一方向的其他祭司團也會更容易建立聯繫。若你正研究某個根植於古代系統或文化的特定魔法法門，那麼（在進行這靈視之後，）該法門裡面的太陽傳承會變得很明顯。例如，假使你正在研究或學習埃及魔法的內界面向，那麼在南之神殿的靈視中進行工作會讓你連結到拉神（Ra）的祭司團，而你會從那個魔法工作中學習如何將臉轉向太陽並且深厚地連結它的力量。

十七、西之神殿（海之神殿）的靈視

點亮一根蠟燭，並覺知自己所坐的方位。閉上眼睛，用內在的靈視看見蠟燭的火焰。你看著燭火越變越大，直到變成一道火柱。你穿過那火柱，看到自己身處某間大廳當中，裡面有很多男祭司與女祭司，正在持續繞行大廳中央的火焰。

你加入了他們的冥想與踱步，看著自己正慢慢地繞著那道中央火焰行走並反思自己的人生。你開始注意到那裡有四扇大門各據一方。每扇門都有一對守衛分站入口兩側。

繞行中央火焰，然後在西方的入口停步。天使守護者專注看著你，你可以感覺到它們正在探入你的內在深處。其中一位守護者嗅聞著你，另一位則是舔舐著你——它們正在判讀你的資訊，確保自己認識你。在滿意自己所發現的一切之後，它們讓你通過大門，進入西之神殿。

在你通過大門時，有位女士向你致意。身形高大的她有著長長的紅髮，手臂及肩膀上面有許多刺青。她引領你進入西之神殿，那裡有許多女祭司正聚集在某處。仔細一看，你發現她們正在編織一張看似是巨網的事物。某位女祭司向你展示她所做的事情，並遞給你一根細線。那根細線一落入你的手中，你就看見了自己的所有家人。你看見你的祖先、你的大家庭，亦即跟你有血緣關係的每一個人。

那裡的女祭司蒐集了不同的細線，將它們綁在一起創造出美麗圖樣，繼而形成一張向外延伸的巨網，擴展到你所能看到的一切遠處。你了解自己是那幅織造的一部分——因為你可以感覺到自己在它裡面，但很難確定它是什麼事物。某位女祭司對你很有興趣，她一直注視著你，當你已看完那幅織造所有需要看到的部分時，她拉起了你的手，引領你走往一條有著海水氣味的黑暗隧道。你可以聽到周圍都是海，而你的腳邊有水輕濺作響。你跟她從某個長形的洞穴走出來，而前面是海灘。女祭司領你走向海水的邊緣。

她在海中洗臉，並示意你也這樣做。那海水在沖刷過你的時候帶來美妙的潔淨感受，當你把臉擦乾、將頭抬起時，滿月的光輝灑落在你臉上。你開始哭了，而你的淚水混進大海之中。這位女士將雙手按在你的雙肩，你一邊抽泣，一邊讓自己家族的一切痛與苦都經由你傾入海中。

那位女士拉起你的手，遞給你一把短刀。「將你的血獻給大海，將你的榮耀獻予海之神殿。」於是你俐落地在手上劃出一道傷口，將自己的血投入海中。

大海開始漲起，海浪朝你拍打過來，但沒有將你推倒。那月光變得更加強烈，而鯨魚的叫聲哄著你進入很深的平靜。你倒在沙地上，任由海水沖刷自己。那道月光則在你的身體上下舞動，將你的免疫系統從最深之處改變並加以催動。

睡意如此誘人，你消失在那片幽暗、深沉且平靜的睡眠，那裡有許多狂野的夢境，裡面滿滿都是預言。

你在睡夢中漂流時，沒有受到任何打擾，到最後有一道閃爍火光將你喚醒。你覺察自己已經回到那副正坐在燭火前的身體。當你覺得可以的時候，就睜開眼睛。

◆

在海之神殿進行魔法工作，會讓你接觸到那股在我們人類當中起起落落、既深厚且古老的魔法傳承。若你想發展自己與生俱來的心靈能力、知曉那股沿著你的血脈傳遞的意識傳承，並為那裡的女祭司團提供事工的服務，那麼西之神殿就是你要去探索與工作的地方。

這是個流質（哈！）的神殿，所以最好以容易變化的方式來運用。別企圖將自己或那裡的力量組織化，或是將那些力量儀式化、形式化或量化——若這樣做的話，你就會撞上如同石牆的阻礙。

在海之神殿的運作具有直覺、創造性的質地，而且像夢一樣，而當你允許這些品質來指引自己時，你與神殿的聯繫就會變得穩固。而那股聯繫會流遍你的外界生活並影響周遭一切事物。在靈視中的海水邊緣進行工作，在靈視中的海之深處進行工作。當你與大海建立深厚的聯繫之後，也可以與淡水的泉水、湖泊與河流建立同樣的聯繫。淡水的內界聯繫者不同，但其運作方式一樣，而且能以相同的方式接觸。

十八、北之神殿（黑暗女神神殿）的靈視

點亮一根蠟燭，並覺知自己所坐的方位。閉上眼睛，用內在的靈視看見蠟燭的火焰。你看著燭火越變越大，直到變成一道火柱。你穿過那火柱，看到自己身處某間大廳當中，裡面有多位男祭司與女祭司，他們持續繞行大廳的中央火焰。

你加入了他們的冥想與踱步，並看著自己正慢慢地繞著那道中央火焰行走，同時反思自己的人生。你開始注意到那裡有四扇大門各據一方。每扇門都有一對守衛分站入口兩側。

某位男祭司或女祭司向你走來，然後一手搭在你的肩上，告訴你他是你的擔保者，會幫助你學習關於這些神殿的知識。他引導你從中央火焰的繞行人群外圍走過去，在北方的入口處停步。天使守護者專注地看著你，你感覺到它們在探進你的內在深處。其中一位天使將一隻手搭在你的胸口，你感覺到天使正向你體內器官詢問許多問題。當這位天使滿意自己所見時，守護者就會往兩旁退開，讓你通過北之神殿的門口。

你看到自己身處某個黑暗的洞穴，其中心有一池的水。許多女祭司及男祭司聚集在

此，照料沉睡的動物、鳥類、人與植物。環顧洞穴時，你在陰影中隱約看見一位坐在石椅上的老婦。她的頭髮已經長進洞穴的岩石裡面，其手臂抱著許多熟睡的動物。當你望向她時，她也在看著你。她向你點頭致意，並用近乎耳語的奇怪聲音告訴你靠近些。

你越靠近她，就越能看到那些隱藏在她衣服、頭髮與手臂中的生物。她的長斗篷層層皺疊地鋪在身後的地板上，而那塊深暗織物的皺褶當中有著蜷縮熟睡的人們。你突然覺得自己要懷著崇敬之情去觸碰她的腳——而她的皮膚如此冰冷，就像死亡一樣。她感受到你的恐懼並慈愛地微笑。她的微笑會在你裡面觸動某些遺忘已久的記憶，當這些記憶開始在你的腦海中浮現時，你內心的恐懼消失了。

她告訴你要經常來探望她。她會教你關於土地、岩石及古老魔法的事情，並請你贈予一個禮物作為回饋。把你手中出現的任何事物給她，若那事物是你現實生活中擁有的東西，那麼你必須將其埋地以送給她。

某位女祭司一手搭在你的肩膀上，帶領你到女神身後，也就是那個洞穴的後方，那裡有一條從堅硬的岩石中鑿出的隧道。你們一起穿過那條隧道，隧道的石牆上畫有許多奇異的美麗圖像。遠處有著以石頭雕刻而成的大門，其出入口懸掛了許多布料，而出入口的上方是某個惡魔的面孔，眼睛在黑暗中發出紅色的光芒。

穿過門之後，你發現自己進到某個有著硫磺味且又小又黑的洞穴。那裡光線黯淡，你走得跌跌撞撞，然後踩到了某個東西。你跪下來用雙手摸索檢查，發現那是一塊又大又光滑的岩石。藉由觸感，你感覺到岩石正在呼吸，那是女神力量最為原始的形式，是女神最為真實的形態——大地、岩石、地球——而那股力量正在通過你。你可以從雙手感受到所有的生命、所有的存在，以及所有的出生潛能。

你直覺地將前額貼地，將頭靠在地球母親的胸前。她在你底下移動，你聽到了心跳的聲音。你融入她裡面，與那石頭合而為一，你們一起睡去，不知經過多少歲月，而地球仍持續轉動、季節更替。

你在靜止與寂靜中漂流，完全沒有身體、時間及身分的感受。你在熟睡中融入那岩石，感覺到行星在太空移動、地球自轉、太陽的溫暖，以及月亮的牽引。你感覺自己好像回到故鄉，那是你的歸屬。你在靜止與漂流中深深地放鬆。

某處、某個事物正在呼喚你。你抬起頭，看到一道門口，透過那門口你看見了一根蠟燭，上面的燭火相當明亮。你用手遮眼，以屏擋自己還適應不來的光亮，然後你靠近一些，以便看得更清楚。你看見有一個人坐在燭火前面，並驚訝地意識到那就是你。你過去那裡，坐下來融入自己並合而為一。在覺得可以時，睜開眼睛將燭火吹滅。

在靈視中去到那洞穴並與那位女神共事，是魔法的根本基石。她是將魔法固定在物質世界的關鍵內界聯繫者，她還會幫助你學會與自身周遭土地建立連結。運用這項靈視，會使你的內在自我有「扎根之處」，讓你在面對死亡的恐懼時，還能穩固自己的力量。

別掉進想要識別這位女神或為其命名的陷阱。她是深層過濾器，大地及地下世界諸女神均從此流出。若你想要接觸女神西布莉（Cybele）背後的力量，那麼你就會接觸這位處在洞穴之中的古老女神。

在靈視中與這股深層力量共事一段時間後，你會發現自己不再需要靈視的界面，而且這份聯繫在你單純處於大自然時最為強烈。她在你周圍流動，一旦你在靈視中與她交流，你周遭的土地就會自行開始與你交流。這過程同樣適用於其他的元素／方位靈視。靈視僅是過程而已，並不是最終目的。與那些力量深入共事，你的心智與身體將會改變，而你與那些力量之間的聯繫將會深化，直到你不再需要靈視的界面。

個人若要與力量達到這種程度的交流，沒有捷徑可走，只能逐漸透過靈視、內界聯繫與儀式慢慢實現。然而，若你堅持下去，總有一天，那些內界聯繫者與力量會持續在你周圍流動。由於你花費了如此大量時間在有意識地透過界面（靈視與內界聯繫者）進行工作，你將會立即識別出某種特定力量、神祇或意識傳承的「正字標記」感覺。

第七章

神聖力量及其容器

他將阿努（Anu）贈予的網子緊握在旁，以一己之力升起惡風陰呼魯（IMHULLU）、暴風雨、旋風、颶風、四風、七風，還有最糟糕的腫脹之風。這七股風全被造出並釋放出來，矗立在他身後，準備用來撕咬提阿瑪特（Tiamat）的內臟。之後，他最近結交的大力盟友，龍捲風阿怖霸（ABUBA），升起進攻的信號。他登上暴風，也就是他的可怖戰車，然後將韁繩掛在一旁，親自支配四群有著銳利毒牙的可怕團隊——殺戮、無情、踐踏、驅迫——他們均懂掠奪之術、謀害之技。

——馬爾杜克（Marduk）與提阿瑪特之間的戰鬥。摘自巴比倫創世神話《天高無名》（*Enuma Elish*）的山達爾斯氏（N. K. Sandars）譯本

一、透過風之眼

在我們的現今世界當中，宗教與魔法的主流之一係出自東之魔法方位的流派，而這流派係以誦念或「風」為主。我們目前已深入探究元素的表現，以及它們透過魔法流動的方

式，因此我認為透過風這個魔法元素來查看輝耀（Sephiroth）與反輝耀（Qliphoth）的概念應該會很有趣。輝耀是神聖力量（Divine Power），反輝耀則是用來承載那股神聖力量的殼，並當成其特定共振與物質具現之間的過濾器。

風之魔法方位及力量在西方的宗教與魔法相當強勢，因此如要展現那股在特定神祇、存在與元素力量背後的力量如何流過我們腳下土地，輝耀與反輝耀會是相當適合的例子。

關於這種「風」之力量如何起而主導的線索可從古代文獻中找到，藉由謹慎研究及深入的內界魔法工作，我們是有可能從特定宗教的基礎概念，追蹤到這股風／東之力量的釋放與表達。

雖然深入研究蘇美（Sumer）、迦南（Canaan,）、巴比倫（Babylon）及埃及的古老創世神話相當有趣，不過我的重點比較放在這股力量的各種內界及魔法靈視表達上，而不是它的歷史背景。然而，從內界魔法靈視的運作角度來觀察這些力量，肯定會使那些古老文獻變得栩栩如生，還會變得更加有道理。一如既往，我還是堅持這個口號：先實踐與經驗，然後，才去找相應的古老文獻來讀。

古老文獻對我們反覆訴說著暴風諸神的力量，這些神祇帶來可怕的風，亦即那些招致混亂的暴風、造成破壞的暴風。通常某一暴風神祇會起而取代另一個暴風神祇，就像馬爾杜克取代恩利爾（係為風之力的早期形式）的故事那樣。同樣的模式在北非與近東／中東以多種不同方式重複出現。我們發現一些關於暴風神祇的參考資料，係跟刀刃及蛇有關。當然啦，人們會改變、誤解、取代或操縱文字敘述以表達觀點，但這些力量的內界經驗是直接的，我們只要觀察並與之互動，就可以找出這些故事的內界源頭。

這些故事表面上似乎在嘗試解釋這個世界的創造，以及人類為了了解其環境所進行的奮鬥。然而當你以魔法的方式與周遭環境互動時，你將開始辨認出這些故事的更深層次，並認知到一些關鍵，它們向你訴說了某個不一樣的故事——某個關於如何與原始力量交流的故事。

二、通往元素力量的魔法之路

這些力量對人類或人類意識並不會特別友善，因此通往其核心的道路可能需要一些時間。至於我在走向東之風的核心容器——反輝耀——的時候並不是有意識地去走，這過程係不由自主地發生。對於這些巨大力量的門口與容器，我並不曉得是否已有一條通往它們的明確儀式化內界路徑——這條路若存在的話，我從未找到它，不過這並不代表它不存在。當時的我像是被輸送、傳導到——有時則是被拖進去——某些魔法與靈視的境況，而這些境況將我帶到聯繫東風之力的各種不同層次。

現在回想起來，我當時所走的是清晰且明確的道路，這條道路讓我越來越深入地了解這股力量的奧祕。但當時的我毫無頭緒，不知道到底發生什麼事情。我以為一切在自己的掌控中，以為自己正做出明確的魔法決定，用某種方式連結特定的內界存在，好讓我有廣闊的視野。但事實上，我就像個侷促不安的孩子，正在走廊上被押著走去院長辦公室那樣（我小時候是念女子修道院學校）。雖然現在我已五十歲，但我還清楚記得自己在七歲時站在院長辦公室門口的感覺——我知道自己麻煩大了。

因此，以下這點值得謹記於心：如要達成與這些力量共事的境界，其魔法道路及發展常無既定規矩，而且係從自發性的經驗生出來的。我們越是企圖掌控自己的進展，最終越會把自己鎖住。因此，在探討發展路徑模式的可能模樣之前，我們先來看看這股力量本身的形成過程。

三、原始力量：神聖力量及其諸多表現

在最後弄清楚自己到底在與什麼事物共事時，我的發現之一即是這些原始元素力量，具有可讓我們感知並互動的多種不同表現方式。而這些原始力量的源頭是某個反輝耀或容器，它容納神聖力量的某一特定表達並為其賦予形式。對應的諸神及外顯形式就從這個容

器流出，它們係這容器的「回音」。你越接近容器及其內容物——亦即反輝耀與輝耀——那股聯繫就會越加強而有力，其表現方式也會更有元素性質與自然性質。

反輝耀會散發出其對應輝耀之力的低頻版本，而且其中一些較低的頻率可供我們運用，它們會表現為用於形成某一神祇的諸原始力量。當人類運用儀式技術使某一神祇成形或予以調整時，這神祇就會開始顯露出人性的過濾器，而人性的一切及與生俱來的不平衡也會在裡面。這些不平衡有可能不健康，也許就是因為這樣而導致祕法家將反輝耀視為惡魔——反輝耀不是惡魔，但它們的「回音」有可能是惡魔。

四、反輝耀

讓我們花些時間來檢視反輝耀，亦即遠離磊加棣（Regardie）及克勞利等人的觀點，回到源頭，從魔法的觀點更加仔細觀察實際發生的情況。此詞之意為「殼」（shells）或「外皮」（husks），完全就是它們的本質——充當神聖原始力量的過濾器或皮相。它們可以具現成自然力量，以賦予我們可以認得的形式，像是神祇、惡魔般的存在個體、泰坦（Titans）等等。

如要觀察這個過程，我們就得回到生命之樹，觀看神聖力量係如何沿著生命之樹往下放射，直到最後具顯出來。神聖力量一旦跨越深淵並開始採取某種圖樣化的結構[1]之後，就會開始藉由各種不同的品質來表達自己。這些品質就是眾輝耀，它們使神聖力量的特定正向及負向品質強烈表現出來。眾輝耀是神聖力量勢能的純粹表達，只是身處失衡人類形體當中的我們無法直接連結它們。

反輝耀，或是殼，則將神聖力量勢能包圍、容納其中，使其表達減緩下來，並且藉由某個具現形式來表達。請記住，力量若要成形，就必須有對立的極性，也就是正與負⑫。兩個極性之間必定會有張力，而力量的這兩個表達必定始終相互存在於彼此之內。

在遊戲的這個階段，其殼內的正負力量藉由我們的世界做出強烈的表現，那就是我們能夠與之互動的元素力量。這樣的互動與中介能創造出某種溝通，而力量的容器則透過溝通創造出某種我們能與之交流且更好理解的回音或形式，也就是某個原始神祇。

1 例如，我們在埃及仍然有奉祀太陽神拉（Ra）的神殿，因此太陽神殿的外界具顯可以透過儀式來進行。

⑫審定註：這也是前面一直提及的，由二元力量極性所張開的「界線」，有以慈愛來承接引導生命振動，支持創造彰顯之光實現的面向；亦有著以嚴峻與崩解來回收生命振動，使其凝滯、降緩，並逐漸邁向終焉的面向。然而我們會發現，創造要成形，正與負的力量極性缺一不可，慈愛之中存在著嚴峻，破壞之中存在著創造，它們倒映並制衡著彼此，也在自然界形成彼此平衡的元素力量。人類若要通過界線的考驗，則必須在自己的生命之中，主動面對這二元極性各種不同的八度呈現，這會使我們的存在變得更加平衡。

之後則是藉由魔法行為而「被創造出來」的眾神，亦即藉由儀式與原始神祇長期互動，我們創造出更容易交流、更具有人類品質的界面或變電所，也就是眾神。

猶太教採取的對應方式則是盡量遠離這些放射，只運用神聖力量本身，這就是它沒有像是眾神之類的過濾器之原因。因此該宗教發展出來的模式當中沒有神聖存在的形象、眾神與諸過濾器，裡面只有「神的話語」，並用神聖字母表作為它的外在表達形式。由於缺少過濾器，該模式很容易遭到敗壞，並有可能引發可怕的問題，畢竟我們不是完美的存在個體。如要與如此純粹的力量交流，就必須具有絕對的內在紀律與平衡——並且沒有情緒。

不幸的是，身為靈性存在的我們因為具現為肉身，必然會有與生俱來的不平衡。因此，這股未經過濾分流且不容置疑的純粹神聖力量，將會打在我們的痛點上，使我們迅速失控。當這股力量來到我們身邊時，再輕微不過的不平衡都會被放大，因為這就是力量的作用。我們嘗試透過念誦、祈禱、自我控制和自我否定來傳導與控制那股力量，到了最後就是企圖控制自身周遭的一切人事物……

因此，亞伯拉罕的宗教（譯註：即其傳承可以上溯到亞伯拉罕的宗教，也就是猶太教、伊斯蘭教及基督信仰）不遺餘力地透過律法來教導我們如何維持平衡，只是平衡的課題到最後都須透過經驗來學習，而不是透過律法。人類通常要透過艱難與痛苦經驗才會有最好的學習。身為人類的我們就像細胞一樣，喜歡走最簡單的路徑，盡量減少能量的消耗。然而，承接龐大的力量，然後只在絕對必要時才動——這樣的組合不一定會有最好的效果。

與反輝耀共事的關鍵則是盡量運用單一或是最不複雜的神祇形式，並維持反輝耀的平衡，不讓它出現過多分支。在較為古老的早期傳統宗教當中可以看到很好的實例，像是古埃及的古王國（the Old Kingdom）時期當中，可以看到一小群與元素諸力及生死流轉有關的主要神祇。這些神祇互相平衡彼此，並將創造與毀滅的舞動維持在名為瑪亞特（Ma'at）的神聖系統之下，而這名稱也是監管整個系統的女神之名。

使用魔法的祭司逐漸發現，人可以模仿創世的作為而創出人造的反輝耀當成過濾器及容器，然後將神聖氣息呼入其中並創造出某位神祇。他們還學會了將神祇進一步切分的關鍵技藝，亦即創造出只允許某位神祇的特定面向通過的窄化過濾器，並在過程中學習如何將某位神祇的力量分割成幾部分或多位神祇。

這樣的作法導致兩個結果。其一，人性的失衡傳到那些人造的反輝耀——無論我們認為自己有多厲害，還是無法扮演「那股神聖的存在狀態」。我懷疑許多魔法師運用的反輝耀之所以呈現破壞與失衡的性質，應是源自於此。

其二，透過力量的切分，神祇會被削弱，使得祭司更能掌握諸神：他們的小型人造反輝耀裝不下切分之前的神力（想像自己拿起一個裝滿水的大水壺，將壺裡的水倒進某個小蛋杯的模樣）。人對掌控的需求已經壓過原先發展出來的智慧——亦即與諸內界「分享」力量，以中介更多的力量總量。如果你想為某個東西（例如浴缸）注滿水的話，那麼雖然大木桶在裝水之後可能很難舉起與操作，但是它可以完成這目的。你若是想用蛋杯將浴缸注滿水，雖然舉起蛋杯很容易，操作也很容易，但其功效則是天差地遠——實際上，它幾近無法勝任將浴缸注滿水的工作。

羅馬人的眾神多到幾乎任何小事都有某位神祇來管。而當神祇已被細分太過，羅馬人才發現自己無力應對威脅，於是引入女神西布莉——羅馬人用「偉大母神」（Magna Mater）稱之。身為神祇的祂是原始力量的表達形式之一——難以控制、難以取悅，而且力量強大。就羅馬人而言不幸的是，雖然女神西布莉的確把他們從水深火熱當中救了出來，但他們仍未真正了解何以走到這一步，因此到最後還是犯下非常糟糕的錯誤。

古代文明一再重複同樣的行為模式：我們先與某股原始力量連結，把它當成神祇來建立關係，然後學會去控制及切分其力量，從而導致無力及崩壞。我們也可從現今的印度看到關於這方面的一些面向，因為那裡的宗教仍有大量業經細分的神祇。

五、儀式及魔法軌道

藉著反輝耀，人類與這些力量之間的基本自然關係為生存、尊重與「傾聽」其中之一。而我們業已進化超越這層次，期望自己能與它們更加積極地互動，並承擔一些關於掌控，還有交易、操縱及探索的責任。

我們再繼續看風元素，檢視這段關係的運作方式。隨著神殿文化開始進化，祭司在與天使中介者／過濾器密切合作的過程中，發展了自己的技藝[13]。祭司學會如何將自己的反輝耀或容器塑成人類諸神以承載神聖力量，並運用天使過濾器的力量，將這股力量中介至外界的人造形象，然後與之互動。

在這階段，諸神是元素力量的窗口，並藉著天使過濾器維持平衡。通常，諸神祇會持有那股力量的正負兩個面向，而天使／惡魔存在個體則確保該力量會如預期地流向外顯的世界。若大規模的創造或毀滅流動正朝人們過來，這些神祇會警告所屬的男祭司或女祭司，亦即比起部落與自然所建立的關係，這樣的關係是更為正式及口語表達的版本。也就

⑬ 審定註：天使中介者／過濾器正如其名，這些天使橋接並降緩著純粹的神聖力量勢能，使之能夠朝向物質世界，具現為各種不同的自然元素力量。多數情況下，天使與人並無交集，只是負責運行著自身創造與破壞的職責。但魔法師若開始有意識地積極參與身旁的世界，向周遭的自然元素力量發聲溝通，其元素力量會藉著我們的發聲，產生某種我們比較容易感觸的回音。於是又形成了一層名為諸神祇的過濾（容器／殼），以降到我們能夠觸及的頻率，使我們能夠與自然一同協作，而回應我們的則是容器之中的神聖意識的某個側面、極性與頻率。

是在這階段，可以運用獻供、立約的方式來改變力量的流向或表達方式，以符合人們或整片土地的需求。

祭司與整體人類的思維也因此出現了重大的轉變，畢竟這樣的誘惑——抵銷危險與破壞，並鼓勵用創造及增長來替代——確實相當強大。有時這樣的交易還是有效，除非元素力量有重大的工作要做，在這情況下，那些過濾器還是會發出警告，但災難無法避免——力量必須橫掃大地，因為這就是它的本質、它的功能。

像這種無法完全控制神祇力量的事例，促使祭司發展出過濾及切分力量的方法，以企圖完全控制之。力量被分成兩個或多個神祇，而祭司也學會了改變外界人造物的實體及屬性，來改變神祇的力量表達方式。他們還學會將天使／惡魔約束在能夠限制其功能的特定形象，以操縱那些與神祇共事的過濾器／中介者。

我們可從一些古代神殿文化看到這種情形，具有較多「有用」屬性的多個人類神祇起而取代原始神祇，而天使／惡魔的過濾器則被約束在發揮守護者、拯救者的功能。這就是守護靈及天使／惡魔存在個體被賦予名字、屬性及功能等等的時候，而這一切都在神殿事工當中進行。

這些力量流經的過濾器／窗口受到切分與稀釋，使得它們受到更多的抑制、束縛與掌控，因此變得更加虛弱無力。我們可從歷史的後續紀錄看到，這類神祇系統最後會是徹底的退化，雖然刻意打造出那些神祇容器，但沒有伴隨任何適當的知識，使得這些空容器遭任何退化、無力的存在個體佔據。當時的人們將聲音、食物與住處給予一些寄生物，於是它們與人們建立關係。

在這樣的發展過程當中，我們所看到的，是世界的創造在經歷各種不同層次時顯現的高低頻率。「神聖意識」(the Divine Consciousness)係棲身在名為世界／瑪互特(Malkuth)的容器或殼之中。而這容器會在與某物種的互動中持續改變自己的形狀。當某一特定物種(也就是我們)與這容器直接交流及發展後續關係時，它就會被更進一步地塑形或圖樣化(也就是諸多神祇的出現)。然後該物種企圖模仿「神聖意識」，創造出屬於自己的容器來嘗試顛覆這過程——亦即我們嘗試成為上帝，相信自己可以創造神祇。我們此刻就是在這階段。

我們的先輩有在嘗試擺脫這種退化過程，而嘗試與「神聖存在」(Divine Being)建立起不依靠神祇、過濾器等等的關係是其中一種方法，也就是一神論。但不幸的是，這種作法很快地衰敗下去。也許這過程的解藥不在於方法，而在於我們自己。就卡巴拉的觀點而言，上述整個過程是第八輝耀候德(Hod)的課題，其背後就是第五輝耀葛夫拉(Geburah)指出的後果——任其玩火，待其自焚[14]。

六、路徑與寄生物

讓我們再繼續看風元素。人們在嘗試創造通往反輝耀的路徑，並藉由反輝耀來引發與輝耀的互動當中，最常見的作法是運用魔法咒語及口說儀式（spoken rituals）。這作法或好或壞，因為它在很大程度上取決於該儀式的意願在靈性層面的完整及純淨，還有你在形塑及操縱力量方面的能力。若宗教的誦念或是魔法的咒語／儀式，係專注於犧牲所有其他「神祇」來造就某個單一「神祇」——不是神性——的至高無上地位，並且強調這位神祇的力量在人間的表現，那麼這作法必然會招致不諧、失衡與破壞。我們可以看到這作法展現了基督信仰的一些要素。如果某個宗教／過濾器裝滿控制的教條——特別是那些會引發強烈情緒的教條——那麼很有可能寄生物已進駐其中，並透過祭司來操作該宗教／過濾器。

寄生物係能自行運作的存在個體，可以是元素、惡魔、神祇，甚至是思想形態（thought forms），具備一定程度且通常附帶條件的中介能力。**寄生物可以是任何類型的存在個體**，其共通點在於它們會為自己的意圖——通常是尋求能量來源——而進駐人造的容器。真正的（天然的）反輝耀（容器）不會被寄生物感染，因為它們的頻率要高上許多，所散發出來的力量，無論好壞均是「神聖意識」的力量。

然而，人造的反輝耀就跟其創造者一樣並不完美，它承載人類天生的失衡，即便歷經數千年仍倖存在世且依然如此。容器的失衡不僅吸引寄生物，還會讓它們進到裡面並永遠操作之。

因此，若要避免創造出日後會被寄生的反輝耀，方法就是確保自己係與某位真正的神祇共事——該神祇確實扎根於元素力量當中，並已經建立正面與負面的力量，而且具有能夠追溯到久遠過去的「已知」形象或身分。現今世上有許多寄生的容器，特別在魔法社群當中，它們係以「前衛」的神祇形式出現，例如蓓蓓倫（Babalon）、莉莉絲（Lilith）與巴弗滅（Baphomet）。這些「神祇」係從吸引力、小我，還有對於歷史與神學的誤讀構建而成，它們沒有內界聯繫者。這些容器並不「邪」也不「壞」，它們就只是人造物而已，僅能與那些進入其中辦事的寄生物一起中介有限的力量流動。

⑭審定註：第八輝耀候德的課題，就是在我們生命背後運作的解構之力，它是放縱、寬鬆、解除、膨脹、盈滿；與之相對應的則是第七輝耀聶札賀的磨練之力，它是約束、鍛鍊、克己、節制、局限與戒律。如果我們沒有妥善應對流過生命的解構之力，最終的結果就是自我毀滅，限制不只局限著我們，也同時保護著我們，使我們在磨練中變得更加強韌。失控的解構之力則將使生命敗壞、病變，最終使支撐生命的結構崩潰，而最終我們將面對第五輝耀葛夫拉的嚴峻，生命的道路將被提前封鎖關閉。

由於人類的關注、重複運用，還有樂意為自己打造食物新來源的寄生物願意配合，使得這些較為現代的容器發展起來。就魔法分類而言，它們已自成一格，與那些出現在古代世界、經過精雕細琢的人造反輝耀及諸神截然不同。發現他們的方法，就是在檢視某個文化時，先檢視其早期的神祇，然後再去檢視後續的神祇世代及其力量的切分——這通常是人造容器的接續處。而它們的誕生也會關聯到相關國家及其統治者的失穩時期。至於這到底是力量切分的直接結果，還是世局的不穩定導致祭司企圖獲得更多的控制，誰曉得呢？無論是哪個，我們都可從歷史確切知道，當人類企圖干預反輝耀或嘗試創造屬於自己的容器時，最後都會走向非常糟糕的結局。

講到這裡，應該比較明白，為何反輝耀在過去與現在都被認為是惡魔的事物或是「壞東西」了。這些殼本身並不壞——它們是自然的發展過程，亦即當力量開始成形，且逐漸外顯其形體時，受到干擾及敗壞的可能性會大幅增加。如此再加上人性的話，其敗壞的趨勢是擋不住的。這就是力量具現及外顯的必然過程——若力量「誕生」到這個顯世（the manifest world），那麼它必然也會「死亡」並退離顯世。

真正的反輝耀會保護神性的純粹平衡不被人類的失衡影響，**反之亦然**——它們使神性與人類在持續相互磁吸的軌道上保持分開。

七、諸神、反輝耀，還有很多的風

風只有在自然地表達自己時才是平衡的。正在發展中的原始神祇，會與所有其他反映自然界各種不同力量的神祇，保持平衡並相互映襯。然而，只要其中某位神祇表示自己凌駕所有其他神祇，並以此要求得到唯一的崇拜，且人們還遵奉這要求的話，原本的平衡就會迅速失控。那個宗教會開始認為自己「至高無上」，並表現出該神祇的負向力量。就東之風而言，這力量會具現為教條式的控制、侵略與破壞。

我們可在古代的宗教看到這種不幸發展屢次發生。這力量在一開始係與某些社會建立聯繫與交流的關係，之後這關係變成用血祭的方式立約，隨後失去平衡，接著出現教條、律法書、預言，最後就是戰爭。

原初的元素自然神祇，其所屬的祭司通常會製作一個或多個人造容器將祂取代，也許還會加以切分，隨後該宗教團體就會變得更為惡性。這樣的轉變讓我懷疑，這就是另一個偏向寄生性質的存在個體踏進該宗教框架的時候，而它會給出以下承諾——你為我做這件事，我就會為你做那件事。因此，這關係的性質從原本的理解及相互尊重，轉變為控制與祈求。

我們可以在各種不同的近東宗教當中看到上述情況反覆發生。在早期的蘇美諸神體系當中，暴風神恩利爾會降臨在大地上的自然風暴，而它會被風之女神寧利爾（Ninlil）所平衡——這位女神可能是後來的惡魔莉莉絲之根源。祂們的關係是平衡及制衡，而其結合則創造出其他神祇[2]。

後來，恩利爾被另一位「控制風的神祇」取代，也就是馬爾杜克。身為暴風神的祂是太陽之子，後來成為巴比倫的守護神，擁有諸如「眾主之主」(Lord of Lords)及「至高上主」(Supreme Lord)之類的稱號。祂是戰士、領袖，也是魔法師，而且絕對是一股不容忽視的力量。

古埃及也有類似的發展，起初有風神舒(Shu)，以及與之平衡的姊妹濕氣神泰芙努特(Tefnut)，這位女神後來逐漸退隱幕後。在埃及的新王國時期(the New Kingdom)，另一位風神阿蒙(Amun)開始嶄露頭角，祂取代舒成為掌管風與氣候的神。祂變得比其他神祇更加顯眼，在奉祀「祂」的眾王成功驅逐希克索人(Hyksos，譯註：其意為「來自外地的統治者」)之後，祂就被認為是埃及的救世主。

有塊石碑稱阿蒙為「真理之主、眾神之父、人類的上帝、所有動物的創造者、一切存在的萬物之主、生命之杖(the staff of life，譯註：意指當時該地的日常主食麵包)的創造者」。說出其名可以平息暴風：「暴風雨會為記住阿蒙之名的水手讓出路來。暴風會為呼喚祂名的人變成舒緩宜人的微風。」我們可以看到人與神之間，已從原本「神向人類社會示警、敦促其採取行動」的關係，轉變為祈求與控制的關係。

巴奧哈達德（Ba'al Hadad）／阿達德（Adad）是北閃族（North Semitic）及巴比倫諸神體系中的暴風神，也與馬爾杜克相似，並且可能是那位名為雅威（Yahweh）的閃族神祇之根源，因此現在一些學者將雅威連結至暴風神的屬性。而這種從人類藉由自然原始的諸神與神性進行交流，到人類與業經切分的眾神討價還價的轉變越來越明顯。

這些暴風神具有更為廣泛的有用屬性（公牛、太陽、戰爭、王權、徵地等等），成功取代原先較難控制的原始風／暴風諸神，然而祂們要求徹底的服從及排外。這些形形色色、業經稀釋的力量經常帶來戰爭及衝突，我們可以看到那些無論是以宗教還是魔法的方式中介力量的系統有何發展——許許多多的毀滅、戰鬥、契約以及對於力量的承諾！

八、與反輝耀共事

就本質而言，與反輝耀共事就是與那股已然成形且藉某個原始神祇流動的自然力量共事，並從對於其外殼、構成、功能及能力的理解當中親近它，而不是盲目崇拜它或企圖透過魔法來控制它。反輝耀是諸神祇背後的力量：它們是橋梁，連結那股採取第一道過濾形

2 這就是隱形輝耀達阿思（Daath）的點，係第一輝耀科帖爾（Kether）的反映。

式——也就是輝耀——的原始「神聖力量」與眾神祇的表達形式及其實體具現[15]。反輝耀是通道，它通往「神聖火花」（the Divine Sparks）[16]——而我們能藉由後者來接近神聖宇宙力量（Divine Universal Power）之門[17]。可準備一張白紙，照以下圖示書寫：

隨著心理學誕生，以及維多利亞時代道德主義、性壓抑社會解體，人們開始把魔法當成擺脫焦慮社會緊密束縛之工具，將之用於檢視、推論及實驗。當這一切又融入「深沉、神祕的東方情調」之時尚流行後，就很有可能煮出災難的魔法架構。

我並不是說對於人性陰暗面的探索沒有什麼成果——這些先驅者為我們開闢出自己如何思考以及如何親近力量的新途徑。然而在此同時，他們也在自己對於暗黑及前衛的歡喜當中創出以卡巴拉——死亡之樹（The Tree of Death）及惡魔反輝耀——為架構的運作系統。雖然這個系統讓人們感到興奮，然而它也使人們不再注意這些力量所具有的真正深度。

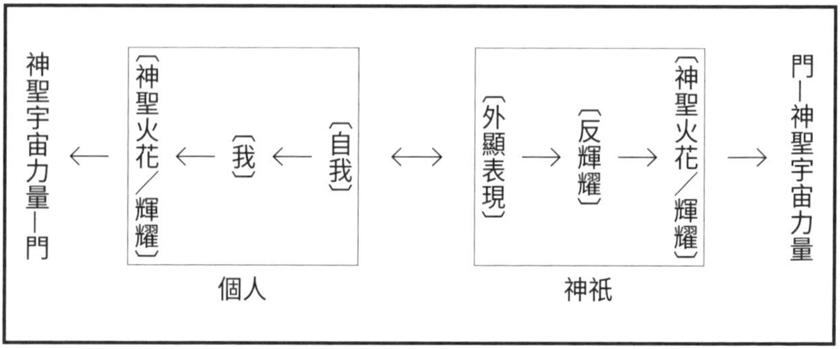

選擇這種運作系統，就像選擇吃油膩廉價的漢堡，而不是精心烹調的沙朗牛排。

在考慮與某位神祇共事時，最為重要的是確保其所有屬性都有兩面——良善的創造面向以及較為陰暗的破壞面向。這會讓我們知道，祂那條通往反輝耀及其包含的輝耀途徑是健康的。若祂能連結並表達輝耀的正向與負向力量，那麼祂就是平衡的；其反輝耀因具有

---

⑮審定註：反輝耀就是使宇宙的根源性力量以某種自然元素力量具現的第二道過濾，我們所身處的自然元素力量，便是這些根源性力量的低頻版本，從而我們得以與這些自然元素力量互動。在這過程中，又產生了第三道過濾，也就是我們更容易感觸與共事的對象，那便是原初的諸自然元素神祇。

⑯審定註：神聖火花係指神聖力量跨越深淵之後所形成的第四到第十輝耀，形成「存在」朝向顯化具現這一側的表達，於是名為「輝耀」的宇宙根源性力量便出現了。沒錯，如果沒有深淵之後的輝耀映襯，上界三輝耀將被視為完美的「一者」而不成立。我們可以將深淵之後的七輝耀視為上界三輝耀的鏡映，它是經過神性氣息的吹拂之後所舒展的生命之樹，它奠定了宇宙中相對制衡的力量極性與品質、根本規律與結構。藉著這七輝耀所形成的圖樣結構，才足以承接輝映上界的無限潛力，因此才被稱為第一道過濾，那是純粹的創造力量從虛無邁向實有的具現進程；而所有的創造圖樣都必須穿過七個輝耀的圖樣結構，也就是我們前面提到的界線，將其校準到宇宙根源性力量運作的規律與結構之中，也讓我們踏入命運圖樣的框架之中，由此我們才能夠具現。而在命運的旅程中，我們也會遇上由根源性力量所形成的關鍵命運事件，我們如何互動應對，則決定了我們是否能完成此世課題，又或者是被提前終止。

⑰審定註：神聖宇宙係指「存在」的最初狀態，極其純粹、精煉、凝縮，沒有一絲一毫的窒礙、衝突、失衡、耗損，力量的巨流在無限往復之中精妙地合一，既充盈又內斂，這是尚未跨越過深淵之前的，最接近「虛空」的上界三輝耀。

創造性及破壞性而有完整的呈現，所以也會是平衡的，而這個環節會透由一位內有兩兩相對諸力的神祇來表達。

若該神祇的黑暗及光明面向被各別切分出去並形成各自獨立的眾神，只要祂們能夠團隊合作以互相制約，祂們所傳導的那股力量仍然具有克制與平衡的品質。然而，若這個兩兩相對的表現只被容許表現其中一邊的話，就非常有可能出現失衡的力量，而其表現的反輝耀大概會是人造事物。若原始神祇在反輝耀的表現，受到魔法操縱以抑制其力量光譜的某一端，就會發生這種情況，結果就是從這種反輝耀之門散發出來的神祇呈現偏頗、失衡，因此有害，即便其散發的力量屬創於造面向也仍是如此——因為它們會中介**有害的過度生長**，但又不具備能夠予以平衡的破壞力量。

另一個需要看到的重點，就是自然原始力量是否已經被過濾細篩成受到控制以供人類消耗的用途。舉例來說，讓我們回頭看看原始之風（the Primal Wind）——這是一種反輝耀表現形式。如果我們以神祇恩利爾為例來檢視，就會發現祂主要是暴風神祇，具體而言是北風之神，有時與東風有關。人們將祂描述成男性的形象，而另一形象則是具有破壞潛力的風。祂的伴侶是被稱為微風女神（the Lady of the Breezes）的北風女神寧利爾。祂們都與農業有關，恩利爾提供務農的工具，寧利爾提供栽植的種子。

儘管原始力量在反輝耀的表達已被分為兩位神祇，然而祂們的力量仍是聚焦及互補，並相互圍繞彼此來運作。祂們雖是兩股相對力量，然其和諧的運作就像是一股結合在一起的力量。祂們反映出輝耀的神聖力量所具有的二元性，這一點很重要。原始之風的力量具現成恩利爾與寧利爾這兩位神祇，然而祂們仍屬於同一個反輝耀的表達。如果這兩位神祇再被反覆切分，那麼透過這些眾神表達的反輝耀也仍是同一個。這個反輝耀的力量反映只會被一而再，再而三地稀釋，直到其對於所含輝耀之力的表達能力過於分散而無法運用。

就人類來看，這一切作為——即以人為打造取代風／空氣之原始力量——導致了嚴重的後果。身為神祇的恩利爾及寧利爾過於強大而難以操縱，即便祂們已是分為兩股相對力量也是如此，而到最後，祭司通曉了如何用人為打造的容器來切分或取代神祇形象的方法——於是恩利爾被馬爾杜克取代，後者是暴風神及戰士，具有多樣不同且分散的屬性（如太陽、公牛、王權等等）。馬爾杜克立即要求人們只能與祂共事，只能把祂當成唯一的神祇來崇拜。你可以看到整個過程到這裡開始迅速失衡與崩壞。

一旦你找到某位可以共事的平衡神祇及侍奉祂的存在，就應該開始在靈視與儀式中運作，以穿過這位神祇，走向祂後面的反輝耀。請別忘記，門口與窗口都是雙向通行的途徑。為了能夠安全達到此目的，最好先與這位神祇深入共事，如此你才能夠真正理解祂所中介的力量機能。作法是先透過儀式與神祇共事，然後透過靈視在人類領域與其共事，最後是透過靈視在該神祇的內界神殿與其共事。

現在你可以開始明白，自己要與之共事的神祇應是一位真實的真正神祇——而非人造的容器——如此重要的緣故。為了做出能夠深入反輝耀力量的路徑，就要穿過該神祇內界神殿裡的圖樣，這一步非常重要。像這種與內界結構物的互動，將能幫助你形成一條通往力量所在的安全路徑，也會為你提供必要的存在個體來促進這類連結。反輝耀是神聖力量的真正容器，不是你隨隨便便就可以走到的地方——你不僅找不到它，倘若沒有那些過濾器，你也無法與它交流。

該神祇的內界神殿會提供過濾器、路徑及防護措施。當然啦，作為回報，對方也會期望你把反輝耀的力量中介至內界神殿並繼而導入這個現實世界。天底下沒有白吃的午餐——你要為自己吃的午餐出力工作。

九、經由內界神殿接近反輝耀

當你在某位神祇的內界神殿進行魔法工作時，可以透過幾種不同方式來接近其後的反輝耀。第一條途徑係透過那些曾經服侍該神祇的存在個體所具有的知識，再加上那些形塑該神祇並最先與之互動的存在個體所具有的知識。這種集體知識會被表現為一間圖書館，而你藉由靈視在那間圖書館進行魔法工作，同時專注在與該神祇背後的力量聯繫的意願。

你將藉著這個意願，逐步建立或清出一條穿過該圖書館的路徑。

一旦你走到這條路徑的盡頭，有可能會發現自己站在一個看似什麼都沒有，但又感覺充滿一切事物的地方，這就是反輝耀的門口。在這之後就是輝耀，亦即正在成形的神聖存在之火花，就我們人類而言難以接近。反輝耀的門口係由兩股相對的大天使部隊固定住，其任務就是阻止你跨過那門口。與其嘗試強行通過然後被拋去遠處，不如就只是帶著不會再前進的意願去到那裡，並以靜默與平安的心態待在門口。

這樣的簡樸作法能夠達到數個目的：讓你的身體能夠正常適應那裡的力量層級，也讓那門口依你可以正常適應的程度做出調整。你可以終其一生在靈視中站在門口，花在那裡的時間都是值得的。為什麼呢？因為你將繞著那個反輝耀運行，你會與對應它的眾神一同運行——你將在那幅以神聖意識為起點、以人類為終點的軌跡圖樣當中，有著屬於自己的一席之地。

平安與靜默的心態代表沒有私人意圖，沒有想要「滿足」的欲望或需要。到最後，這會讓你成為那個反輝耀力量之中介者，你容許它透過你流入內界神殿。而在離開內界神殿時，你也可以帶上那股力量，容許它透過你向外流入這個世界。在完成這項魔法行動之後，你就會成為這股能量流的開放門戶。

屆時不會有用來關閉的開關，也不會有開始的按鈕——它將如同潮水起落般持續地流過你。在繞行反輝耀的過程中，你裡面的輝耀將與反輝耀裡面的輝耀共鳴。我們均是同一股力量的各種頻率，我們均是神性處在物質當中的各種表達，事實上，我們都是裝載神聖存在火花的反輝耀。

第八章

死者、生者與活死人

我在《魔法知識第二冊》（*Magical Knowledge Book Two*）有從靈視／內界的觀點談論死亡過程，還有談到如何透過靈視與剛死之人共事。在本章當中，我將從外界觀點討論死者，包括他們如何透過存在感及出沒現形來與生者世界互動，還有我們如何與死者一起過著魔法的生活。

並不是每個逝去的人都會直接走上完全死透以轉生成另一生命的途徑。有些死者會待在生者周圍，有些死者則進入土地深處等待，還有一些死者則依據所屬文化，刻意留在土地當中擔任能與生者接觸的界面。那些選擇停留在我們這個世界的死者，可以成為與我們魔法師共事的聯繫者，或是基於我們給予的照顧與庇護而參與我們的事工服務。西方的傳統並不流行這種魔法派別，那是因為當今許多社會及宗教傾向以懷疑及恐懼的觀點來看待死者，然而這樣的退化真是可悲，並且常會加劇那股早已深植我們心靈當中對於死亡的恐懼。

然而這股恐懼裡面也存在些許智慧，畢竟執著於死者對所有相關存在而言都不健康。迫使死者留在世上進行魔法工作絕對是不健康的方式，然而就像生活中的其他事情一樣，事情的真相往往因著許多變數而變得非常複雜，因此也不會有一切狀況均適用的規則。

一、與死者共事

與那些向你呈現自身存在的死者共事，是古老魔法途徑的主要部分之一。這會是一個用來深入學習、進行必需的事工服務，以及與過去建立連結的好機會。

這個常被忽視的魔法領域可以讓我們更加深入了解生死的本質，並幫助我們懷著自己不免一死的感受進行工作，好讓我們能以更為滿足、更加平衡的方式死去。各種形式的死亡魔法工作一直都是奧祕、祕儀（the Mysteries）的主要部分之一，而它的確需要重新受到重視。

與剛死之人共事算是一種魔法事工服務的形式，你會確保每位死者都會前去自己需要前去的地方，並且不會有其他存在個體——特別是寄生物——跟著搭上死者的便車。通常剛死之人在讓人們知道其存在時，只需要認知到自己仍然存在，以及一些協助來解決未竟之事就可以了，之後當他們踏上自己的旅程時，會需要知道自己得往哪裡走才對。

至於跟那些已經逝世很久的死者或是古代祖先的死者所進行的合作，大多是為了與土地之靈建立聯繫，並在生者和死者之間架起資訊流通管道。這是個好機會，能夠學習那些失傳的魔法技藝，還有協助那些仍在土地裡面的久逝者（即沉睡者）負責的事工服務來與他們共事。這些內界聯繫者也常會向你示警即將發生的重大危險，特別是劇烈的氣候與地震，讓你能做出因應的行動。他們也可以擔任顧問與守護者，然而請將他們的建議當成一般人所給的建議來對待。某人雖然死了，並不代表他從此以後就無所不知。死者會看到你看不到的東西，然而你也會有他們無法看到的觀點。在與這類意識存在共事時，請務必用上自己的常識。

二、死者

死亡時，若我們持有明確的靈性或宗教模式，且該模式清楚指出穿越死亡的路徑，我們會傾向無疑地遵循那條路徑，直到自己不再需要該模式——時候到了，死亡的帷幕就會往兩邊拉開，讓我們能夠穿越它繼續前進。

因此，若你生前是積極的基督教浸信會信徒，那麼在死亡的最初震驚之後，你的意識將再次出現，而你的靈會「看見」自己「在」屬於基督教的場景裡面。這部分會持續到你開始放下的階段。首先你會放下外在的事物，像是親人、財物等等，然後就是褪下自己的個人身分。一旦個人身分開始瓦解，你的靈便不再需要原本的宗教結構所提供的表達方法，可以開始直接接觸那些在死亡裡面運作的力量與存在個體。

之後，你的靈魂會做選擇，看是要休息，還是與神性融合，或是進入新的生命。不過，若你已是魔法/靈性領域的熟手，那麼你會留在內界擔任內界聯繫者、指引者與教導者。這情況跟那些在某塊土地上留連的死者並不一樣。有些死者一直留在死亡的階段，這讓他們能夠留在某塊土地上並與生者維持交流。天主教徒將這狀況稱為滌罪所（purgatory）——等待上帝召見自己的地方——處在這狀態的死者仍能接觸到生者的世界。

在這狀態下，死者的靈魂可在生與死兩界之間來回流動，並且通常仍與自己的遺體相連。所以，若死者的遺體係被埋葬而不是火葬，那麼他們跟自己的遺體還會有著連結。人們可透過死亡靈視，在內界靈視當中與這階段的死者之靈交流，或者在他們選擇出沒的現實地方進行交流。這情況也是大多數鬧鬼事件的背後原因。

還有一些死者則被持續固鎖在自己的遺體與骨頭上，然而這種固鎖狀態有時是儀式或束縛法術的結果，有時則是死者所屬文化造成的結果。在儀式及靈視當中對墓塚或骨頭進行魔法工作，或是為那些在其遺體近處外顯自身存在的鬼魂進行魔法工作，就能在魔法層次感知到此狀況。

在以墓塚為對象進行魔法工作一段時間之後，我發現年代較久的墓塚有時會出現某種奇特的變化，即死者之靈開始與土地之靈的意識互動，然後融合——在這之後，它們會以蜂群般的集體存在與生者交流。兩種不同類型的意識（例如古代沉睡者及仙靈存在個體）的共生關係，使死者之靈及土地之靈能與住於周遭的人類交流，以便傳遞那些即將發生且會威脅到部落之事的之訊息。

在過去，世上許多地方都有這種與沉睡者緊密關聯的部落社群，儘管他們已消逝甚久，然而仍有與這些內界聯繫者共事的可能，我們會在本章後面討論這部分。

三、剛死之人

剛過世的人們常有想告訴親人他們仍然存在的衝動，傳達成功的程度大多取決於還活在世上的家族成員之文化、信仰與儀式行為，也取決於生者能夠捕捉到死者嘗試給出的「線索」之自然能力。

有些文化不鼓勵生者與死者交流，少數文化則會積極關閉任何可供死者建立聯繫的機會，具體表現在遮蓋或移除死者所有照片、拒絕講出死者的名字，還有持續禱告或進行宗教儀式使死者盡快離世，完全無視其意願。

剛死之人在溝通方面的另一障礙，則是人們積極地拒絕承認死後的生命，因此任何由死者設法產生的現象都會被忽略或搪塞。這作法在某程度而言是健康的，因為它鼓勵死者放下生者，並認知到自己在這一生的連結都已結束——對他們而言，還活在世上的親人已不存在。這個認知會促使死者迅速進入死亡的過程。

我在年輕的時候，覺得這對死者來說應是最好的方法，然而多年來的各種不同經驗讓我曉得，這過程並沒有那麼一成不變。我現在認為人們需要依照自己的步調來經歷死亡的不同階段——而那些停步不前的死者，通常都有這樣做的充分理由。

死者對生者的聯繫嘗試經常（不一定都是如此）發生在死後幾天之內，採用的形式依死者與生者的心智狀態及能力而多有不同。這裡有一點值得記住，那就是過去跟死亡維持良好關係的文化，通常會有一些故事來大致描述靈的溝通方法，以及該注意的線索。若個人在活著的時候學習這些故事，將最有力的溝通方法嵌進自己的意識深處——使它深深成為自己的二天性——如此這知識就能在自己死亡時派上用場。現代的思想及權威宗教，已把許多這樣的知識從個體及社群意識中抹去，就這方面而言，我們其實算是退步了。

死者需要時間弄清楚如何影響物質世界的一些事物，而有些個體需要更久的時間才能明白。有些死者就是無法理解這方面的事情，有的個體則覺得沒有必要了解，因此死者不一定都會嘗試溝通。首次嘗試通常會用到那些接上高能量的來源，且容易在能量方面啟動的事物。若是在房屋裡面，死者的嘗試通常是研究如何影響電力以及那些接上電力運作的東西。

這狀況若發生在我們家，就會是所有燈泡燒壞、電腦故障、電視的頻道及功能亂跳等等狀況。我的母親是天生的通靈者，只是從未發展這方面的能力。她在去世之後數天就來到我家，設法使房子裡的每個燈泡燒壞、電視自毀。她還參觀了我女兒及侄女的家屋，並成功使那裡的燈泡燒壞。而在最後，當我告訴她，只要想留下來，我們都歡迎她，都為她感到驕傲的時候，她終於放下終結一切燈泡的想法。她待在我身邊與我共事，直到舉行她的葬禮，之後她就往死亡的深處走去了。

幾個月之後，我的某位表親也過世了……而我們不得不再度更換所有燈泡。但他這次待的時間長了許多，家中走廊還會散出腋臭的氣味。他係因某種可怕的疾病而緩慢死去，並在過程中遭受巨大的痛苦，所以他覺得害怕、內心受傷，需要找到可以庇護自己的地方。當他不再使燈泡燒壞，開始帶著腋臭進行日常活動時，我花了些時間才弄清楚那還是他。而之所以會有這種轉變，可能是因為他放鬆下來了——所以才沒去搞壞電器——並讓自己生命中最後一年的創傷浮出水面。那是屬於病痛的苦味，連同酒氣一起從他身上散發出來，代表他還停在那情境，正在努力擺脫它。

我讓他跟我們一起出去玩，他甚至還跟著我們去一日遊。雖然這樣的過程真的有點怪，不過走廊的氣味慢慢地從病人的氣味變成他自己的自然體味。他其實是個滿有趣的人，也具有通靈能力，只是這一生完全沒有機會發展而已。我們很高興能將自己的生活空間分享給他，為他提供庇護。

氣味是剛過世的人們會運用的另一線索。嗅覺是我們體內的強烈感官感覺，深植於大腦之中，是我們死後最晚消失的感官感覺之一。這似乎也是死者最容易在生者身上引發的感官感覺，畢竟這種表示「我還在這裡」的方式既快速又簡單。外婆過世時，我待在母親的家裡，在走下樓梯的過程中，會被外婆特有的香水氣味包圍。而這一切在葬禮結束後就停止了，她已跟家人告別，所以就離開了。

這就是大多數剛去世之人的來訪目的——想讓你知道他們依然存在，以及道別。他們通常只需要你大聲表示並且在心裡想著你知道他們的存在，就可以了。有時他們的確會想多待一會兒，但有的時候，他們停留則是因為知道你是魔法師而有魔法方面的理由。

死者並非無所不知，但他們的確能夠看到我們看不到的事情，就像我們能夠看到並且做到他們看不到也做不到的事情那樣。當你以合理程度運用力量進行魔法工作時，多少還是有遇上危險的時候，而死者通常會感知這些危險，並嘗試警告你、保護你，甚至為你處理事情。我自己就發生過好幾次這種情況，亦即在詢問剛過世的朋友或家人是否希望我送他們上路之後，對方給出否定的答案。他們想與我共事，或在我進行魔法工作時守護我看不到的地方。一旦威脅解除，他們就會退去。

我經歷過上述的情況，而在死者——那位魔法師是我很親的朋友——退離之後，當時我以為他進入了更深的死亡。他當時在我的線性時間當中與我共事幾個月，然後就消失了。然而在十年之後，他突然再度出現，並在某個困境當中竭盡全力保護我。我藉由靈視與他溝通，詢問他為何沒有離世。當時收到的答覆是他會離世，只是有些工作要先完成。

經過一段令人困惑的對話之後，我才意識到他並不在時間的框架裡面——他不存在時間。他看見一些認為需要自己參與其中的情況，事情完成之後就會走入死亡，並回歸到生命之中。

在我生命中發生的這兩件事——其一發生在他死後不久，另一則是十年之後——對他來說都是在同一時間發生的。他在間隔的這幾年並沒到處閒晃，反倒是在自己認為需要的時候突然出現在生命之流裡，而那股流動係處在物質世界的諸多不同時間階段。我對於這個發現——他不知道我生命中的這兩個事件有時間上的間隔——深感興趣。它使我大幅改變自己對於死者以及時間對他們有何作用的看法，也為許多困擾已久的問題提出解答。

例如，我有一位女祭司朋友，她在死後不久就出現在我面前，幾個月之後又再次出現。當時的我透過死亡靈視跟她共事兩週，並慢慢帶領她穿越死亡到其後的境界。但在多年之後，她在我需要的時候再度出現，我當時無法理解她如何在進入如此深的死亡之後還能回來。然而真正發生的情況，則是她在死後看見那些真正需要她幫助的朋友身上有「燈」亮了起來，因此她就像任何一位女祭司那樣去關心這些燈。一旦完成工作，她就會深入死亡、進入睡眠，準備重生。

就在世的我們而言，這些「燈」亮起的時間點其實間隔了幾十年，但對死者而言，這一切都在同一時間發生。我們用於生活的時間概念其實只適用於物質，而不適用於靈或意識。

所以，倘若剛去世的死者來拜訪你，而你家的微波爐爆掉或者全部燈具都燒壞的話，只要跟他們說做得不錯，你為他們感到驕傲就好，然後歡迎他們跟你同住，直到他們已準備好離開這世界——畢竟這段時間通常不會太長。不過，這裡有一點值得記住，那就是大多數魔法家屋裡都有魔法工具及神祇，其中許多會阻擋死者。若你能在家中設置一個區域或房間不具有任何可以阻擋死者的魔法，好讓他們有個庇護之處的話，會是相當具有慈心的舉動。

對於死者的恐懼其實並無根據，它僅是好萊塢電影產業、廉價小說及腐敗的權威式宗教的產物，因此無法立足在魔法師的世界觀裡。

四、與死者一起生活

對於死者，我們現今的文化模式認為，他們是想要把我們的臉咬掉的不潔僵屍，所以應當不計一切代價避開他們。人們成長的環境充斥著對於死者的恐懼以及對於死亡過程的無知，這恐懼在人們年幼時就已植入內心，因此克服它可能會是一場可怕的爭鬥。然而實際的狀況，經常是那些四處徘徊的死者比你還要害怕與困惑。因此，身為魔法師，面對並消融那些阻止自己進行魔法工作的非理性恐懼很重要。

死者會去尋找能夠聽到、看到或感覺到自己，以及不會忽視自己的人。他們通常想要一些特定的東西，有時是想在你身邊待一陣子，若其生前身分是家人的話更會如此，或者他們想要守護你，或是暫時停留以沉浸在魔法能量裡面。他們停留在某地的理由跟活人一樣多，然而有的理由是好的，有的理由是壞的。

若你選擇讓鬼魂待在你自己的房屋裡面，那麼請在施展魔法時務必持續留意，以免自己一不小心把他們彈出屋外。別給他們供品，因為這會刺激寄生物過來蹭飯，並利用死者的靈當成索求更多「食物」的點餐界面，可能會變成死者得要設法擊退那些傢伙的情況。正常的死者不會要求物質的事物——他們想要的是歌曲，想要你記得他們並承認他們的存在。若他們開始向你要求食物、飲料、菸草之類的東西，它們要不是複合式存在個體（死者加上土地之靈），不然就是偽裝成死者、希望可以飽餐一頓的某種東西。務必了解你讓哪種存在個體住到自己家裡！

住在你家裡的死者會來來去去，有時會消失幾個月才回來。就讓他們做他們的事情，你做你的事情——你真的會開始忘記他們的存在，直到他們嘗試要你注意的時候才會重新想起來。他們可以幫助身為執業魔法師的你知曉即將發生的事情、附近是否有危險等等。這就是古代沉睡者的現代版本（參見後面的章節）。仔細觀察他們給予的提示並找出有效溝通的方法，你可以學會與他們共事。

我會混用塔羅牌、傾聽、做夢、氣味、聲音找尋提示，甚至是朝我丟來的手機——那是某位鬼魂為了表達「跟我說話呀！」的孤注一擲。然而你的魔法工作不能依賴死者，就像他們也必須學會不去依靠生者那樣。他們做好心理準備之後就會消失無蹤，當這情況發生時，你會知道自己在他們的事情上做得很好。

五、年代久遠的鬼魂

跟這樣的鬼魂打交道可能相當有趣也很複雜，取決於對方生前係活在哪個時代。若你正在積極尋求與自身周遭的死者建立魔法聯繫，並希望與他們一起進行魔法工作，那麼你需要先想清楚一些事情。其中一個重點，就是年代久遠的死者所具有的文化、魔法與宗教概念常常跟我們不一樣，有可能導致人鬼雙方產生很大的誤解，因此謹慎行事才是明智之舉，別把一切都視為理所當然。

年代久遠的死者——亦即那些已經死亡數百年或更久的人們——通常被綁在某個特定

的地方，而且他們之所以在那裡，也是有著屬於他們自己的合理理由。若你希望與他們一起進行魔法工作，那麼你需要了解他們一直在做的事情，以免在無意中以任何形式破壞或阻擋他們要做的事情。若要了解他們在做的事情，你需要了解他們那個時代的社會、宗教與文化面向。在英國，若死者是活在幾百年之前的人，那麼他們之所以繼續留在現世，很有可能是家庭或財產方面的原因——他們會持續守護某個家庭或試圖與之交流，即便那個家庭很可能早已不在。英國在過去一千年以來的文化多屬基督教信仰，這一點必須納入考量——抱持基督教信仰的鬼魂很少願意與魔法師共事。

相較之下，年代更古的鬼魂——撒克遜人、羅馬人、凱爾特人與皮克特人——更有可能依然存在，因為他們會持續守護某些事物，通常是神聖墓塚或其他特殊地方。同樣地，你得要知曉以下的情況並納入考量——他們的能力多少會受到限制，而且也只能在那個地方進行魔法工作。

六、與古老死者或沉睡者共事

在英國，一旦你溯至比凱爾特文化更為古老的部落社會，魔法層次的溝通交流會出現相當不一樣的情況。所謂的古老死者，在英國是指青銅時代、新石器時代或更早的時代的死者；然而在像美國那樣的國家，也許只需要追溯到幾百年前的死者就好——亦即這其實取決於特定的土地、土地的歷史以及曾經居住在那裡的人們。

這些古老社會的運作方式跟我們的社會不同，其死者也與那些在我們的時代去世的死者不同。古代墓塚裡有沉睡者（Sleepers）、監視者（watchers）與守護者（guardians），他們均為部落的存續與整體福祉提供重要的功能。有些部落會在周遭或要地設置特殊的墓塚，當成「沉睡者」來用。有些時候，特定死者的骨頭會被視為部落的效力成員之一，人們會攜帶那些骨頭以聽取建議及得到保護。

若這類墓塚願意與身為魔法師的我們合作，就能與其共事。不過，這些古代墓塚的接觸、交流及互動方法，與面對那些較為現代的死者並不一樣。對於古老死者，你必須自發地預設祖先的意識已與土地之靈交織在一起。雖然實情可能不一定均是如此，不過「（古老）墓塚裡面住有複合的存在個體」應是相當安全的預設，如此以相應的方式來對待，就能加速交流的過程。

當個人的意識在某片土地的深處待上一段時間後，就會開始與墓塚周圍的土地之靈聯繫、互動，並隨時間過去而融在一起——至少就我們來看是這樣。當你與某個古老墓塚對話時，若對方同意回應你，你就有可能從死者以及當地的土地之靈的意識中獲取智慧及資訊。

許多童話故事、神話與傳說都提到沉睡在某座山丘深處的公主、戰士、王后、國王，甚至整支軍隊，而他們會在所屬的國家或部落最需要他們的時候復活。世界各地都有類似的故事，只要仔細研究這些古老神話及故事，它們會透露許多關於所在土地的力量資訊。這就是這類墓塚所具有的古老智慧迴響，若對方願意與身為魔法師的我們交流，就能汲取對方的智慧。不過，還是會遇到對方直接警告你得離開的時候。有些時候，則是墓塚裡面還有遺骸，但是靈或靈魂都已不在了。

七、與墓塚或骨頭共事

目前有幾種與逝世甚久但仍留在世上的死者共事的方法。首先要考量他們仍然存在的理由。有時會遇到相當生氣、等待報復的死者——像這個就是需要注意的情況，因此謹慎行事方為上策。有時遇到的死者係因在自已的文化當中犯罪而受到儀式性的束縛，或是因著我們也許無法理解的理由而被流放，所以並不是所有的古老墓塚都適合建立聯繫——「謹慎小心」在這裡會是至理名言。

仍然駐留在特定土地的古代靈魂，常是因為想要服務生活在那片土地上的人們。有些文化稱這樣的靈魂為「沉睡者」。雖然人群與文化的確有改換與變化的情形，然而只要用於溝通的關鍵要素被啟動，墓塚很少會在乎那些改變。

而這些關鍵要素大多取決於墓塚所屬的文化框架及靈性系統。不過，他們在那片土地裡沉睡的時間越久，其地表文化界面就消融得越多，使他們的理解變得越加廣泛，因此對於生者的某些溝通要素就不會太要求，但那股深藏在意識後面、想要服務的感覺依然存在。

例如，不列顛群島的沉睡者會去關心那片土地及其人民的健康，還會防護入侵行為，並為即將到來的天氣或自然災害提出警訊。而其根源可見於英格蘭神話裡的布蘭（Bran）軼事（譯註：即「有福的布蘭」〔Bran the Blessed〕），以及後續在歐洲各地散見的戰士沉睡於丘陵與群山的故事。

在印度及巴基斯坦，則有十四世紀與十五世紀的蘇菲（Sufi）聖人，其墳墓是伊斯蘭教徒與印度教徒尋求靈性的平安、平衡感以及在混雜的民族當中尋求和諧的焦點。這些聖人仍留在墳墓裡面，為過來拜訪的人們提供引導的界面，透過朝聖者的夢境、祈禱與經驗與其連結。

而天主教也有展現這部分——人們會向聖人尋求協助特定的事情，大多關於疾病與災難。其展現比較有趣的地方，在於人們的焦點是放在聖人的骨頭，而不是墓塚本身。通常這些骨頭並不屬於特定人士——畢竟以前有許多詐騙的聖遺物交易——然而人們在數百年來的祈禱聚焦，已創造出可供存在個體順暢運用的靈性界面或門戶。

北非柏柏爾人（Berber）諸部落的女族長亭・希南（Tin Hinan）的墓塚，便是部落人們會去關注的地方，他們睡在墓塚上，透過夢境與她互動。類似的情況還有位於高海拔的蒙古阿爾泰（Altai）地區（譯註：這裡也許是指蘇聯阿爾泰共和國）通稱「冰之仕女」（the Ice Maiden）的沉睡者，人們認為她是生活在那片土地的部落守護者。現在，部落當局就其遺體歸還一事槓上俄羅斯政府，因為她的遺體先前已被考古學家移走。

對我們來說，這些古老墓塚非常重要，因為它們是那片土地及其部落的過去、現在與未來之間的直接魔法連結。就魔法而言，「以沉睡者可以接受的方式與他們繼續進行世代之間的互動」，是非常重要的事情。

經驗法則第一條，就是拋棄任何用水晶、塑膠絲帶及其他類似的無腦垃圾留在現場進行連結的新時代概念。每個地方的墓塚皆會在當地的人群產出一些故事，以引導人們正確連結它們。我在《魔法知識第二冊》有提到與沉睡者共事的靈視方法，所以這裡將專門講述外界的方法。

若你不確定如何連結墓塚，有兩種簡單且一般都能得到理解的方法，其一是贈送世界各地每個部落都會樂意接受的禮物，其二是透過血及言語建立聯繫。

蜂蜜是能夠破除溝通障礙的通用貨物，除了充滿魔法能量，遺留在環境中也不會造成任何傷害，況且它一直以來都是非常有價值的商品。若要把優質的蜂蜜作為禮物送給祖先，請將它直接放在土地上——別留在罐子裡面！你可將蜂蜜塗抹在某塊岩石上或澆淋在墓塚的頂部——這動作能為祖先的靈提供能量並滋養周遭土地及生物，讓祖先更加欣賞你。蜂蜜能破除溝通的障礙，是「禮數周到」的禮物，有助於打開溝通管道。唯一不會接受這種贈禮方式的墓塚，是那些仍處在特定宗教或文化框架內的墓塚，例如伊斯蘭教蘇菲派的墓塚，會有某位伊瑪目（imam，即伊斯蘭教的宗教領袖）告訴你該送什麼禮物以及要在哪裡祈禱，除此之外的互動一律無視。

在嘗試連結某個部落墓塚的過程當中，贈予蜂蜜之後就是獻詩或獻唱。在以前的時代，人們只有在四處遊蕩的音樂家或詩人偶爾來訪時才能見識到音樂的技藝，因此這樣的獻禮具有相當崇高的價值。唱歌或誦詩可以使墓塚的守護者更加關注你，同時也能表示自己對於被埋葬者的尊重——因為你在與他們連結的事情上願意用心。接下來就是將自己的手指刺出血來，並在墓塚上留下一滴血——這動作係在表示你自己，還有自己所屬的祖先，願意致力於榮耀及連結對方的血脈傳承。

就魔法而言，上述與沉睡者建立關係的作法是既溫和又強大的方式。在血滴下去之後，就安靜坐在墓塚上，進入止境。你的感覺如何？情緒有改變嗎？情緒會是評估自己與靈互動情況的好方法。若你感覺沉靜、快樂或舒適，那麼你已讓守護者放心，並能繼續與沉睡者建立聯繫。若你感到焦慮、害怕或不舒服，很有可能是指守護者無論如何都希望你離開那裡。若發生這種情況，就別再去打擾那墓塚。

接下來是找到沉睡者能與你互動的方式，可以是透過夢境、靈視或外界的象徵物。若互動方法是透過直接靈視的話，那麼你將會有某種強烈到幾乎抵抗不了的渴望，想要進入靈視與沉睡者對話。你可以看著自己走進墓塚，或是透過靈視站在那片土地上與他們連結。

若沉睡者係透過夢境來運作，那麼你會得到提示，要你撿起一點土壤或一塊小石頭，把它帶回家放在自己的枕頭下或留在臥房裡。或者你也可以跟我做一樣的事情，就是躺在土堆上迅速睡著。若理解方面有文化障礙，與沉睡者一起進行夢境工作可能會很困難，亦即若你不了解沉睡者所屬文化的神話模式，可能會嚴重誤解對方給予的靈視及情緒回應。我常發現自己睡在神聖墓塚上面時，會進入一種又深又奇怪的睡眠，然而除了自己抓到的圖像之外，完全沒有關於夢境的記憶。但那樣的內界聯繫會緩慢展現出來，我會在接下來的一到兩週之內，開始感受到內界聯繫的輕推示意。

沉睡者或古代墓塚裡面的存在，都是從生前就已開始在自己的框架內運作，因此他們可能會在夢境中透過生物、鳥類、圖樣或土地的呈現來對話。若發生這種情況，而且你也不懂那些向你展示的內容，就請嘗試深入研究對方所屬文化的神話與故事。

若沉睡者很強大，就有可能嘗試透過外界的提示或象徵物與你聯繫。這有可能是在重要的時候有某隻特定的鳥兒、昆蟲或動物出現。你同樣也需要用對方的部落故事作為解讀這些要素的背景資訊。

這類魔法工作多為實驗性質，畢竟我們已失去太多這方面的知識，現在只能靠反覆試驗來重新認識這個領域。此魔法工作的成功與否也取決於你自己的文化，還有思想開明但又能分辨幻想與現實的能力。沉睡者或古代祖先越是古老，他們在象徵物及靈視語言的表達就越像神話那樣。

確保自己盡可能從他們的角度看世界，這樣的態度會有很大的幫助。嘗試依著他們能夠接受的方式來行事——別把自己感覺對方應會想要的事物，或是把自己感覺需要或想要進行的事情，強迫對方接受。若用那種以小我為中心的態度——「治療我、教導我、賦予我力量」——來連結的話，某些強大的沉睡者可能搧你一個大耳光。或者對方就是直接無視你。

另一個需要考量的重點則是——這個墓塚跟你有關聯的地方為何？沉睡者通常只在其墓塚附近活動，所以夢境工作通常只能在你睡於墓塚上或其附近時才能進行。雖然也有例外，亦即某些墓塚的長期影響能夠遍及整個國家境內，但你務必在進行魔法工作時弄清楚這部分。有些墓塚本來就是供人偶爾拜訪而已，然而這類墓塚往往能夠提供幫助、建議與指導，就像蘇菲派聖人的墓塚那樣。這就是朝聖概念的由來。

若你住在希望與之共事的墓塚附近，那麼隨著時間經過，你可以跟墓塚建立更深的關係。然而這也有缺點：除非你對於自己願意且有能力供給墓塚的事物，已經訂下明確的魔法界限，不然你最後可能要面對的狀況，是沉睡者之靈試圖佔據你的整個人生、要求關注、提供服務，並規定你能用與不能用哪種魔法。因此，你需要認真思考自己願意提供什麼程度的溝通與事工服務。

八、運用骨頭

在我寫下這些文字的當時，伏都信仰及類似的法門是魔法圈的時尚寵兒。這些魔法途徑以許多不同的方式與骨頭直接共事，這樣的作法有時非常有效，然而需要多加思量自己會對那與骨頭相連的靈造成何等影響，以及在更大的局面上，這樣的影響會如何牽連到自身所在土地及附近眾靈。

就目前而言，從世界各地購買骨頭並與之共事的市場相當活絡。然而在這作法當中，你並不清楚那位與骨頭相連的死者所屬文化或靈性界面，也不曉得對方是什麼樣的人，抱持什麼樣的意圖。這作法也許會惹來一身腥臭，亦即你正使用某個魔法介面，然而並不知道那裡面的所有參數——你根本不知道自己正在跟什麼東西共事。

在我們的網路時代，文化挪用是一門大生意。人們被告知，若自己帶著好的意願，那麼一切都會是好的。但這不一定是真的——因為魔法的動力機制並不是這樣運作。骨頭可以只是骨頭而已，沒有連結任何靈，或者它們仍然與曾經以這些骨頭支撐肉體的人們有著緊密聯繫。而這一切都要等到骨頭來到你這裡才能加以判斷……然而到那時也許已經太遲！例如，現今許多魔法師覺得運用頭骨的古老習俗很吸睛，然而他們往往未能思考這種運用方式的原初發生過程。在現今的世界，你可以直接買下一副頭骨，然而這作法不僅跳過了整套魔法過濾流程，還將你連上「另類」——也就是無用（最好的情況）到有害（最糟的情況）——的力量脈絡。

有些簡單的魔法作為可以避開這些問題。避免攪進這團泥濘的首要方法，就是仔細思量這些骨頭是如何來到你這裡的。無論你走哪一條魔法途徑，如果正處在要與古老死者共事的階段，那麼骨頭就會想方設法來找你，它們要不是作為出乎意料之外的禮物送到你手上，不然就是你會找到它們。

然而，與其像拿到新玩具的孩子那樣興高采烈，不如謹慎行事，盡可能用魔法的方式了解那些骨頭。這部分可用塔羅牌之類的卜具（或任何最適合你的東西）當成對話使用的詞彙來完成。問出類似下列的問題：「這個骨頭還有連著靈嗎？」「他們是因著儀式而被束縛在那裡嗎？」「這個人是誰：是男的還是女的？是長老、魔法師、男祭司或女祭司、母親、罪犯、父親？」「他們需要從我這裡得到什麼？」最重要的問題則是：「他們願意與我共事嗎？」

若那些骨頭——特別是頭骨——係透過魔法的方式或禮物的形式來到你身邊，或是由你發現它們的話，那麼這代表你跟它們可能有任務要做。這就是內界魔法過濾器的運作方式，亦即當你將要進入個人魔法生涯的某階段——而學習某個特定魔法技能在該階段非常重要——那麼幫助你學習該技能的工具就會出現在你家門口。請記住，若發生仍這類情況，你會被推動進行某項任務以實現學習——這就是此類學習形式的運作方式。

此時只要願意見招拆招並保持開明的思想就好。這將有助於那股內界力量與你共事，並透過你流動出去。所以，那些來到你身邊的事物就是注定來陪伴你的。另一個需要留意的動力機制，則是有的時候某些骨頭只希望在某段時間之內與你相伴。因此當離別時候已到，你必須願意且能夠放手讓它們走。

若你花了幾百塊美金且用了很長的時間才找到「你的頭骨」，你會很難接受自己到最後還是得將其埋葬或傳遞下去。這也是將魔法從玩具箱心態解放出來的作法。真正的魔法師能夠接受與放下力量，因為它也是如此流進及流出他們的生命。

與骨頭及頭骨的共事方式有多種不同形式，其運作方式取決於骨頭裡面的靈或力量及其需要，以及你想要達成的事情。有時它們會成為預言毒工具或是警告的聲音，或是透過你的靈視與夢境來運作的老師。有時它們是更加外顯的工具，亦即它們只是與你一起生活，並慢慢向你提供資訊而已。它們也許會守護你的工作或生活空間，或在其中開啟門戶。跟它們相處的關鍵，就如同應對一切強大魔法事物那樣，就是保持心智開放、清晰以及警覺。確保自己已經找到骨頭在用的互動方式，無論那是夢境、靈視、輕推你的情緒、參與魔法工作或其他形式。若你能同時觀察自己的空間與心智，那麼它們的行事方法就會變得顯而易見，而且這種行事方法會比當前魔法流行趨勢所制定的任何方法都要強大許多。

上述規則的例外情況，則是你還生活在骨頭所屬的文化之中，而且你仍在骨頭之靈所認可的傳統魔法途徑裡面運作。這情況現在雖然還有，但已相當少見。在這種情況下，你跟骨頭之間共有的靈性及文化背景，將決定你與它們的最佳共事方式。然而我們大多數人已經沒有這種美妙方式可選了。

我有一個屬於某位青銅時代祖先的頭骨，她當時的生活與死亡都在現代的我所居住的土地上。我跟她有相近的基因血緣，而她以出乎意料的方式來到我身邊。她跟我共事了一段時間，並教導我許多關於周遭土地所具有的力量之知識。然後在某一天，她讓我知道她需要睡覺，於是她被放進一副棺材裡面並藏起來。尊重骨頭裡面的靈之意願相當重要。

令人難過的是，我們在現代生活的現實中，得重新學習很多東西，這部分最好透過直接經驗與多加留意來進行！通常，有靈連結的古代骨頭也會含有與其交雜的土地之靈，因此最好記住有這個可能性。在這種情況下，通常你可以直接連結骨頭之外的土地存在，而骨頭的功能幾乎就是在介紹雙方。若那些來自骨頭的示意與連結，會在遠離骨頭的土地影響到你，這個可能性就會變得很明顯，亦即跟著你到處走的存在應該不是古人的靈，比較可能是那位藉由骨頭與你聯繫的土地之靈，而你們之間的連結已經足夠讓它與你自由交流。

若是這種情況，那麼當你離家越來越遠時，就能透過覺察那股聯繫何時消失來逐步定出這位土地之靈的「領域」。我透過前述頭骨所連結到的存在個體，會在我家周遭幾英里之外消失，所以那些交纏在頭骨／死者之靈的土地之靈，係專屬我所在的村莊周圍的土地。那顆頭骨係來自村莊周圍的農田，它的連結較多是關於這片土地的特定土地之靈與力量，而它會透過外界徵象及夢境與我聯繫。

九、你自己的死亡

學習適切地死去，是奧祕、祕儀的主要基礎之一。在魔法師的訓練當中，係透過學習在靈視中與死亡共事、以靈視經歷生命中的完整死亡過程，以及學習在死亡各階段，與共事的存在個體互動以達到這一目的。

修習西方奧祕的魔法師所運用的死亡靈視本身相當古老，它使我們能夠運用那藉由結構化的靈視加以控制的自身想像力，與存在於死亡當中的力量、能量及存在個體互動，並學習人的靈在死亡時會經歷的各個階段。首先，我們在靈視中進行魔法工作以了解死亡的過程，然後為剛死之人提供事工服務，這使我們在較深層次上做好準備，以面對所有靈魂都得經歷的那個重要階段。

魔法師的死亡與非魔法師或非祕術家的死亡之間存在差異，亦即身為魔法師的你會在自身存在最深之處知道自己要做什麼。你會知道如何反應，還有如何與死亡互動，從而使自己帶著意識沉穩面對轉變。世界各地的不同文化與祕法，對於死亡的內在過程都有屬於自己的說法，這當中甚至會出現有趣的相似之處。

然而，我們所運用的靈視介面是為生者所設——它讓我們形塑邊界與圖像，使我們在最深層次的自我可以互動、溝通與學習。那些圖像本身並沒有那麼重要——它們僅是大腦在解讀那些發生於能量層面的事情時所用的詞彙。經過長久的練習，那些擔任介面功能的圖像會褪去，而我們則進入更深的能量模式，並在靈知（gnosis）中學習與這樣的能量相處。

除了一己的靈視訓練之外，你還需要了解一些屬於外界的實際作法，它們與了解死亡過程的內界智慧並立，以共同確保你在死亡的門檻時可以無拘無束、平靜鎮定，帶著業經深思熟慮的意願邁向自己的下一個存在狀態。內界靈視過程已在《魔法知識第二冊》討論過，所以這裡我們只看外界的實際作法。

死亡可以是緩慢且符合預期，但也可以是突然且意料之外。若死亡突然發生，有些準備工作就無法完成，不過還有許多其他事前準備可以做。對於死亡的準備不應推遲到老年才做。這準備會是長及一生的過程，是你的魔法生活當中不可或缺的一部分。

十、放手

人生中首先需要跨越的心坎就是願意放下，這對許多人來說，無論自己是生是死，都是卡關十分嚴重的地方，因為我們當今的文化鼓勵人們緊抓一切人事物不放。

放下的能力其實遍及我們生活中的一切，重要的是，當某一人事物——無論那是工作、關係、房子、物品還是個人——結束的時候，我們要明白一切都無法永久、壽命有限。學會接受改變與失去，並使自己振作起來繼續前進，代表個人在魔法與生命本身已有很大程度的成熟。但人們緊緊抓住那些希望離開以繼續前進的愛人，就如同自己囤積或執於不再使用的物品不放那樣，然後在面對重要之人的死亡時，即使自己的哀傷已到自毀的程度，他們還是無法接受改變。這樣的心態會創造出力量與生命層面的停滯。

有些簡單的方法可以用來教導自己如何繼續前進、放下與成長。第一個方法就是，放下那些對自己來說已無實際需要，但又能夠幫到別人的心愛事物。練習將自己真正喜歡的東西送給別人，讓它們為別人帶來快樂。練習「分享」：若你有兩件外套，但自己只需要其中一件，那麼就把另一件外套送給沒有外套的人。這不是什麼困難的學問，也不是新穎的概念——它是外界奧祕、祕儀的一部分。

如果你失去自己心愛的工作，那麼與其陷入沮喪，不如展望未來——門被關上了，就從窗戶爬出去。若你的愛人逝去，就是哀悼他們，然後繼續走你的路。他們不會以之前的形式存在，所以即便擁有美好的回憶，你仍無法用痛苦把他們拉回來。還有放下怨恨。一般來說，就是不要執著。這聽起來很新時代，但事實並非如此——那是力量出入生命的真正動態。失去工作、家庭、親人、所有的個人財產以及自己關心的一切，我經歷過這一切，而且不只一次。然而我從這些經驗當中存活下來並有所成長，因為我願意放下，繼續尋找新的天地，開闢新的道路，並在一切被奪走之後又找到有趣的新東西來塞滿家裡。

放下的能力會於內在的某個層面上發展出有趣的動力，使你能夠更加柔軟靈活地與力量共處——它使你不會陷入許多人在死後遭遇的情況，也就是停滯不前，最後僵在情緒當中動彈不得。

十一、知道死亡是什麼樣子

知曉死亡的過程也很重要，如此你在面對它們時就不會措手不及。死亡可以是平靜的過程，也可以變得相當混亂，這取決於你如何死去。無論是在床邊或是路旁，我已見識過許多人的去世，其過程會有很大的差異。若你有個大家庭，或者在醫院或緊急應變的機構服務的禍，那麼你很有可能會親眼見識這部分。你也可以自願陪伴孤獨瀕死的人們——這是魔法的事工服務，而它可以教導你許多關於人的靈及其經歷的過程。

只是務請注意，瀕死過程也許是痛苦的，可能伴隨吐血、大小便失禁、無法呼吸與痙攣；它也許是緩慢地飄進飄出，或是在睡眠或昏迷的時候上路。但無論過程如何呈現，就魔法師的觀點來看，止境與聯繫才是重點所在。

這讓我們回到身為學徒魔法師應當學習的第一個功課——止境及進入虛空的技藝。若長時間學習與實踐這門功課，它就會位於意識深層，成為跟隨意願行動的自然習慣。它還可以在面對壓力、危險及死亡的時候自動啟動。這門功課越是練習，其經驗與技能水平就會越加深入，深到就像呼吸那樣。我跟你們當中許多人一樣，身體曾有數度臨近死亡門檻，然而虛空帶來的深邃止境，讓我們能夠不帶任何情緒地看著死亡的可能性，只是將它視為一個過程。而當（前來接引的）存在現身時，我們能認出它們、理解它們，並且不會驚慌。

你的生命中不會有必定會死的時間點，反倒會散放著一些接觸點，其中之一會把你帶走，而其他的接觸點則可能帶你接近死亡，讓你預覽未來發生的情況。有些人在其一生當中會有很多這樣的機會，有些人可能只有一兩個。無論如何，你越是與死亡共事，就越能認識它並學習應對它。

有一項重要技能需要身為魔法師的你還活在世上的時候學會，如此它將對你的死亡產生重大影響，那就是控制自身欲望及需要的紀律。這技能對非魔法師來說不是那麼重要，但對魔法師來說是重要的工具。當你的靈開始經歷死亡過程時，仍會反映自己剛離開時的身體形象、感受、欲望與需要。而死亡當中會伴隨著抹消你的記憶、剔除你生命中的關聯、愛、需求及熱情，好讓你無拘無束地前進，此過程係由某種變得難以忍受的衝動所觸發。無論你處在什麼文化或保持什麼信念，都會出現同樣的衝動——生者用來辨識這股衝動的靈視介面會因文化而異，然而那股潛在的動力是一樣的。

在西方的奧祕、祕儀當中，我們將那衝動理解為一股極度的乾渴，當你穿越荒漠（the Desert）前往死亡之河（the River of Death）及後面的山脈（忘川平原〔the Plain of Lethe〕）時，這股乾渴會強烈地影響你的靈。這是運用在奧祕、祕儀裡面的古老模式——像是描述特洛伊戰爭英雄伊尼亞斯（Aeneas）往下走入地下世界——儘管非魔法師通常把它當成寓言故事來看，但事實並非如此。這是人的靈會記住的魔法敘事界面，從而知道自己該做什麼。古人將奧祕、祕儀的模式藏在當時的神話與故事裡。

當人的靈抵達河邊，非入門者會飲水解渴。而奧祕、祕儀的入門者只用水洗臉來去除以前的身分——但他們不會飲下那裡的水。這個動作使他們能保留自己的記憶，而他們的魔法訓練則確保他們不會受到那些記憶的影響。此事只有在生前培養出強大的內在紀律才能實現，亦即不給予身體想要的一切，只給予它需要的東西，並且也只在需要的時候給予。這種內在紀律會深植於你的心靈之中，因此在死亡時，你的靈就有自制（self-control）的本能。

在生前於死亡靈視中工作，還有學習控制及調伏自己的基本本能，身為入門者的你將得以學會從深刻的了解中採取行動，而不是任由衝動驅策自己。如此能讓你克制且明智地決定自已要繼續生死循環，還是走出這循環而成為內界聯繫者。或者，若你已完成自己在生命的功課，也許你會希望進入內界的更深之處，完完全全走出生命之外。這會是你往更深層次的發展所跨出的重要一步，亦即不是純由本能驅動，而是有意識地運用存在本身的力量——這是進入真正靈知的那一步。

十二、當你知道自己即將死去時，在魔法方面可以做的事情

無論死亡的行為如何發生，只要還有意識，你還是能夠做些事情——如果可以的話——讓自己與那些與你有連結的人們順利度過死亡。若你是在無意識的情況下死亡，那麼你的靈在意識深層受過的訓練將會接管這狀況，所以重點在於生前積極學習關於死亡的知識，直到這些知識成為你的自然習慣。

如果你知道自己已在等死，那麼在情緒及智性層面退離周圍的人事物就非常重要。別去擔心圍在旁邊的親人，也別擔心他們在情緒或身體層面好不好過。專注於**你**的過程，這很重要，這個世界即使沒有你也會照顧好自己的。這是一個簡單但很重要的動態變化過程，是為了你自己也為了其他人的好處而放下一切人事物的第一階段。

身為入門者，就是處在止境。忘掉自己的記憶與情緒，即使你正在承受痛苦。止境裡有一道門檻，可以讓你與痛苦保持距離，亦即痛苦仍然存在，但它會沖刷過你而不是緊抓住你。專注在止境與踏進虛空的感受，並維持那股前進的感覺，就像要前往什麼地方那樣。這將使你的靈在將死之際，立刻踏上自己的旅程。這是生與死的能量動力表現，並不是實際的「移動」——我們會把「自己的模式在振動／能量層次發生轉變」看作是某種移

動：**回頭**的移動是走入生命，**前進**的移動則是走入死亡。

將死之際還要記得的另一重要之事，就是放掉恐懼。沒有必要害怕死亡——這就是生前以魔法師的身分，於死亡中進行魔法工作如此重要的原因。你可以親眼見識它的運作方式及其模樣，首先是透過冥想中的靈視界面來看，後續則是透過自發性的經驗來看。當你在死亡的靈視界面中工作一段時間後，自發性的死亡經驗就會開始發生。你無法預測這些經驗何時發生，只知道它們會發生。

這種自發性的經驗有不同的形式，其一是生動且強烈的夢境，通常會發生在關鍵的時刻；另一則是因著疾病或意外而被帶至死亡的門口。來到你面前的死亡經驗可能兼具兩種形式，也有可能只出現其中一種。當它以夢境的形式出現時，你會知道那就是它。我不會對它多做描述，因為真正重要的是親自經驗它，並從外部的資訊來源經驗對它的確認。你會以生動且符合個人需要的方式夢見死亡的多種不同形式，並於事後清楚知道這是一個在魔法層面有所聯繫的夢。不久之後，你會看到某篇文字或某幅圖畫精準描述出你的經歷。而這裡的真正重點，在於這一切的發生都是真正屬於你自己的經驗，而不是業經我或其他人的先前敘述渲染出來的經歷。

這種生動的夢境，我有夢過兩次，它們相隔數年，向我展示了死亡的各種不同階段。我都會在夢境過後幾週之內隨機收到某本書或某幅圖畫，並意外地發現它們準確講出我所看到的夢境，而那是兩種不同的古代文化對於死亡奧祕、祕儀的描述。我向我很尊敬的一位魔法長老提到這件事，他說同樣的事情也發生在他跟他的導師身上。當你在探究奧祕、祕儀的各層面時，就會發生這種事情。

品嚐臨近死亡之門的過程也可能發生在身體層面，亦即你差點死了，但沒死成。若發生這情況，那你會瞥見死亡，因為它確實打到你了。你不會像身邊的虔信親友那樣，看見以光之隧道或耶穌的形象呈現的死亡，也不會看到內有快樂少女的景色。然而你可能會看到死亡的能量圖樣，或是為你橋接生死兩界的存在個體——在西方奧祕、祕儀當中，這位存在就是死亡天使。

上述兩種或其中一種經驗，會在很深的層次教導你，關於死亡的過程對你自己來說會是什麼模樣，如此日後當你真正站在死亡的門口時，可以帶著充分的知識與信心向前邁進。死亡是重大的轉變，沒錯，它可以是艱難的轉變，然而它也是令人驚奇的強大魔法轉變。它不是終點，因為身為存在個體的你確實仍繼續活著，而且你也會意識到自己依然活著，只是以非物質的形式存在而已。這份理解確實消除了對於未知的恐懼——這很重要，如此你才能明智地進行轉變。

另一困擾人們的恐懼，則是未完成的事業或是對於家人及孩子的保護。若你在現實世界中確實有未竟之事，那麼就得放下它們——基本上你已無法影響它們。若你有一些與生界關聯的情感需求，基本上也是同樣如此，不過你會有一些可供迴旋的餘地，亦即可以趁死後到埋葬前的空檔去道別、拜訪他人等等。若你看到自己的親密家人或朋友，處在無法靠自己應付的危險魔法事情之中，如有必要，你也可以利用這段空檔運用魔法介入其中。這部分或許跟你那段從死亡到埋葬之間的時間無關，因為死亡裡面沒有時間框架。只是若你心神集中的話，就可以用更為寬廣的角度來檢視那與自己的生前有所關聯的模式，看看為某人介入某件事是否有絕對的必要。你會在死後的那個空檔感知那件事，然而就物質世界的角度來看，那件事可能會在任何時候發生。

我在某些情況中有得到已故家人的協助。不過，通常這樣的協助會在埋葬他們之前到來，時間點則落在我迫切需要魔法引導及外來協助以因應難題的關鍵時候。

你若以比較玄祕的觀點看待死亡，就會比較明白以靈知、智慧及止境進入死亡之所以如此重要的緣故，如此你就能夠積極參與這過程，並且有意識地覺察自己正在發生的一切。

多年來，我在與死者共事期間所得到的震撼經驗，已經多到讓我開始了解這個過程，並且消除我的疑慮，儘管質疑自己一直是很重要的事情。我已領悟到這整個過程是多麼強大、複雜與美麗。而了解死亡的唯一真正方法，就是用魔法的方式從死亡當中進行研究。希望本章的片段資訊，能夠協助人們在死亡當中找到屬於自己的魔法立足之地，並且從那裡繼續推展自己的魔法工作。

第九章

將力量編織成形

當你真正開始深入挖掘魔法的力量，並結合儀式／靈視的內界與外界樣式來發起魔法行動時，就會開始發生一些有趣的事情。你將覺察到那些持續流進、流出物質世界的力量波與頻率。

在「生命之樹」，或是我所提到的「沙漠」地景之靈視樣式當中，我們從靈視的角度會看到無形的力量從「神性」(Divinity)跨過「深淵」(the Abyss)，穿越位於達阿思(Da'at)之處的複雜圖樣——梅特昶立方體(the Metatron Cube)——而流向我們。這圖樣是一套內含諸多門戶及過濾器的聚焦套組，亦即在魔法中被視為天使的存在個體。將神聖力量塑為具顯形體的過程係從達阿思開始，在經過瑪互特(Malkuth)的門口時完成。這股業已完成此過程的力量，會以最終成為物質的振動能量在這個世界表現自己，我們可以把它看作是構成物理現象的力量／頻率／振動波，但它也同時構成或至少影響著非物理現象，例如思想、情緒及魔法等等。若我們以靈視站在瑪互特的門口觀察，就能看到這股能量波。一旦我們的心智在靈視中對此現象有初步的了解，便能更容易地在自身周遭世界當中感知它的存在。

當我們進行的魔法，其頻率層次呼應到這些已表現出來的力量當中的某一「波動」（waves）時，我們會短暫連上此一波動。這將巨幅提升我們的魔法——你是否曾進行某個小型魔法工作，卻產生遠超預期的巨大效果呢？反過來說，當我們有意識地進行與特定波動共鳴的魔法工作時，該行動會加入那股能量流，為它帶來瞬間的小幅提升或稍加變更。

我發現這些波動的威力遠遠超過我們目前所能理解的程度，它們似乎是許多事物（包括意識、天氣、文明與物質）在變化時的動力來源或潮汐。其中一些表達方式若用人的語言來形容的話，就是規模相當龐大，所以儘管我們可以暫時連上它們，但可能永遠無法了解其最終外顯結果。當該波動減慢自身頻率，或將自身組織成可以辨別的外界樣式時，它會具現成某事物，像是意識的巨大變化，或是如同自然災害那樣的實質表現。

身為魔法師的我們，在進行魔法作為時可以利用這些能量流並與之互動——但我們經常沒能意識到自己在做這個動作。為了能夠有意識地連上它們來達到特定目的，我們需要了解自己要連上的波動具有什麼力量頻率，還有該頻率最終如何具現，以及它將如何影響我們的魔法工作。這部分目前已超出我的理解範圍，然而它會引發關於因果及責任的諸多問題。

所以我認為這就是「以無條件的意願採取有條件的行動」之概念派上用場的時候。例如，我們可以覺察到正在形成的特定力量波動，並且有意識地參與其中（儀式、靈視或編織），但除了成為力量傳遞鏈的環節之一，並不具有其他特定意願。而這種特定作為將人的行為性質從魔法轉成祭司，從操縱轉成服務。

這作法可以刻意用於有條件的目的——倘若那是一股與你嘗試達成的目標相容的力量，你自然可以乘著它的波動連上其力量，以驅動自己正在運作的任何魔法圖樣。就我個人而言，在真正了解自己的互動對象之前，我會謹慎行事——因為有可能只為了點亮一盞燈而不小心用上核子反應爐。

如要刻意運用這股力量來源，你的思維及魔法工作方式就需要一定程度的可塑性，在儀式與靈視中必須運用比慣常更為抽象的作法。而這種可塑性來自於能夠跳出框架思考，同時又擁有魔法方面的理解及經驗之堅實基礎。你會從自己已知有效的方法開始著手，並以此為基礎發展實驗。

若是嚴格遵從某個魔法路徑——例如金色黎明——的教條樣式，那麼像這類抽象的工作方式幾乎不可能進行。同樣地，若你只有少許的基礎訓練與經驗——混沌魔法師常是這樣——那麼你的意識會過於狂野，無法支持你做出那些與諸力量互動所必需之複雜且符合規矩的行動。研究卡巴拉祕儀（the Mysteries of Kabbalah）或許能讓你為運用這些力量圖樣做好準備，然而這樣的研究絕不能被宗教的疊層（religious overlays）、赫密士（Hermetic）的概念或霧裡看花的新時代正面思考所拖累。

在儀式與靈視中進行魔法工作，並用某種方式來承認力量的諸圖樣、其元素表現及其實質具現且不加上信仰結構的裝飾，這樣可讓你先去學會識別正在運作的力量，然後主動與那力量共事。

並不是每個魔法師都能覺察到這些力量波動。然而對於那些能夠做到這一點的魔法師來說，不僅能直接認知到目前正發生強大的事情，還能更進一步有意識且主動地參與其中，或許會是非常有趣的經驗。我發展出自己的方法來與這些力量的波動共事，也就是運用靈視及外界行動——我會嘗試連結那力量，然後在儀式中「盲目」繪畫、書寫或編織能量。我的意思是，站在靈視中觀看力量的波動，然後用手部動作將其編織進某個物質當中，像是岩石、紙、織物或其他東西。

這種對於力量／能量的主動連結也可用在團體儀式，在行走的靈視當中連結那些波動，並在儀式行動中把它們帶過來，以團隊的形式與它們共事。這方法也可以用來在周遭土地實行必需的改變，亦即你進行魔法工作時，將它編織／中介進入你腳下的土地。藉由專注的思想與行動而有意識地運用力量以實行改變，似乎確實可以連結這力量並將其對準特定的效果。

與這力量接觸的長期後果是什麼？我不知道，因為我用這種方式進行實驗的時間還沒有長到足以知曉。這就是保持縝密的日記與記錄之所以重要的地方，使自己發現的每一步驟都有記錄下來，而且任何長期效應都能追溯至最開始的魔法工作。這就是我們在魔法實修、意願與準備過程中學習該做什麼、不該做什麼以及需要調整什麼的方法。

大約在發現這種現象的同時——啊，該不會我發現了某個大家都知道，只有我不知道的事情而已？——我開始見到古代編織女神的圖片、文獻與神殿，最後總算了解祂們的力量背後有著更為深層的機制。而祂們突然開始到處現身，就好像在說：「你有抓到意思了嗎？」

然後我就想到運用多種不同的方式，以這股能當動力來源且與建造、拆解及維持事物有關的力量波動進行實驗。

一、將編織技藝用於魔法防禦

一旦你了解力量／波動／圖樣於形成時的動力機制，就會開始領悟到，所有魔法的實際建構都是將力量揉捏成諸多圖樣，然後將它們發射出去。

在魔法攻擊當中，運用哪個神祇、靈、印記或話語並不重要——要使之成形並發揮作用，它就必須擁有力量，而這力量必須具有形體。而其形體，也就是圖樣，則是由運用的魔法類型與相關的存在個體形成。然後意願將其發射，那股攻擊就會飛出去了。

若要解除已經塑形並發送出去的魔法攻擊、詛咒或束縛，你通常會依據發送者所屬的傳統來處理，或是與同類型的存在個體合力把攻擊拆散。若過來的魔法攻擊很單純，那麼依上述作法處理即可。不過若那股攻擊相當危險、頗具規模，而且係由某團體填入能量，那麼你就必須深探到表象底下，把那正在動作的結構予以拆散或改造——將它改造與重複運用會是解決這類問題的有趣方法之一，可謂一石數鳥之計。

這技術本身很簡單，然而它非常仰賴你的心智專注、個人紀律及靈視技藝。首先要確定該攻擊使用哪些元素燃料——火、水、土或風。如果是火，那麼第一步就是先點燃一道火焰，然後專注於那火焰，用你的內界靈視及肉眼同時看著它。

當你的專注力就位之後，就開始對準這股攻擊的感覺，還有受到攻擊的對象是哪個人事物。看著火焰，用自己的想像力將那攻擊看成是火焰中的立體圖樣。讓影像持續構築下去，直到你覺察到參與攻擊的諸存在個體為止。一旦內界圖樣在元素中暴露出來，就更容易認出哪些存在個體也參與攻擊。

接著要求那些存在個體「把圖樣拉緊」，就像拉扯口香糖那樣。這動作會破除該攻擊的外在顯現，但又不會失去驅動它的力量或內界聯繫者。想像那個力量圖樣從火焰中的立體圖樣變成拉開的平面影像，就像織布機上拉緊的織物或長線。從這裡便可開始研究該力量的波動圖樣並學習操縱及改變它，雖然只是做出些微的更動。

一旦該圖樣被拉緊——這步驟基本上已清除該攻擊的結構——就該輪到使用其本身原

有材料來構建主動式保護措施的時候了。與其利用該力量在自己周圍編織具有一堆固有問題的防護，不如編織一道能從**源頭**過濾魔法的防護。跟參與那圖樣的存在個體一起合作，請它們跟你聯手改造該圖樣，創造出一個過濾器，把它像一件織得很糟的毛衣那樣安置在攻擊者身上。這個過濾器的效用係過濾掉一切關於該攻擊的接受方其參考標識、內界聯繫者、連結與影像，使攻擊方無法看見接受方或在能量層面與其連結，而其結果就是該攻擊的接受方在能量層面完全消失無蹤。

下指示給運作的存在個體時，要很具體：「創造這個過濾器以濾除一切與受害者有關的任何事情，如此當這個過濾器安置在攻擊者身上時，攻擊者將無法再用魔法的方式或透過占卜、知覺來感知受害者，也無法以任何方式在能量層面連結受害者，如此使受害者在攻擊者能力所及之處完全消失無蹤。」

將上述一切都說進那道含有拉緊圖樣的火焰之後，你會觀察到那些存在個體正把那個圖樣重新組合成新的形狀。一旦新形狀準備就緒，而且你確定自己的指示正確無誤，就是運用這個過濾器的時候。作法係再次專注在火焰中的圖樣，並專注於「將其送返最先發送該魔法的人」之意願來進行。你會向那火焰、圖樣及相關的存在個體宣告，這個過濾器會將初始的攻擊者完全包住，使他們再也無法看到、感知到該攻擊的受害者，也無法再以任何方式與該攻擊的受害者連結。宣告之後，就吹滅那火焰，將那股力量送去執行工作。

這方法必須每天進行數次，直到詛咒、束縛或攻擊開始瓦解並消失以後再停止。通常整個過程只需要幾天而已，然後你要密切注意，確保一切平靜無事。若攻擊者相當聰明或對魔法有深入的了解，那麼他們最後會發現那個過濾器並設法把它取下。因此，保持警覺並學習適應及變換自己的保護措施是非常重要的事情。

這方法除了有效之外，還會教導你關於力量可以怎麼編織，還有如何看見力量的織造，也能令你做好準備，與那些源自瑪互特的能量波動進行更加深入的接觸。

二、圖樣的循環利用

一旦你掌握這一啟示有多麼龐大，亦即自身周遭一切事物均由能量予以充能及塑造，且該能量具有獨樹一格的波動圖樣，而圖樣能用魔法重組，那麼魔法之門就會真正開始朝你敞開。對於力量圖樣化的基本理解，才是真正撐起一切魔法的支柱，無論你使用哪種系統、途徑、宗教或哲學都無關緊要——魔法是由力量的圖樣而來，除此之外的部分就只是門面裝飾而已。這並不是說系統與途徑不重要，它們很重要，非常重要。魔法的途徑與系統能讓你掌握概念、學習技能並建立界線，並且它們會透過明智的過濾器（希望是這樣啦！）加速你與力量的初步互動。

隨著時間經過，你會開始明白自己的道路僅是一副透鏡或濾鏡，讓你用來看到這件事——真正的魔法就是力量與能量，以及兩者如何互動。當你達到這階段時，最好在自己的日常生活中嘗試感知這股力量及其自然波動。每事每物的內在都有一個自然圖樣，我們不僅可以感知它，還能與其互動並操縱它。我先從運用一道火焰開始實驗，亦即觀看那道火焰來幫助我看到它背後屬於某事物的能量圖樣。我會用那火焰當成透鏡，以不同的方式觀看自身周遭世界。

使用這種方法需要時間與練習——你的大腦需要學習如何解讀自己收到的數據，好使你的心智可以對觀看對象建構出相應的了解。我的第一個觀察，就是樹木、植物及岩石等自然事物都會具有和諧質地的圖樣。圖樣本身各不相同，但它們都具有「有條不紊」（neatness）的明確品質。人造物品的圖樣就很不一樣，有些是鬆散的，有些則相當複雜或過度結構化；有些顯得笨拙厚重，有些顯得隨隨便便。當時的我對這觀察相當著迷，花了一些時間才了解自己在這練習當中見識到的事物。

人造物品係由多種不同物質製成，每種物質都有自己的圖樣。對某些人造物品而言，即使不同圖樣被擠壓在一起也還是能發揮功效，但某些物品會顯得相當混亂。於是我開始嘗試更動各種人造物品的內界圖樣，然後有些事物開始讓我有熟悉的感覺——我意識到自己正在觀看一種更為精深的作法，用來為神聖物品賦活，還有運用物質來創造魔法。

當某座雕像或某幅圖像被賦活，或是將物質用來中介某位神祇時，物質本身的圖樣就會改變以適應力量的變換。我雖然在理智上知道這一點，但是從未親眼見識它的發生居然如此直接。藉由實驗與觀察，我對某物質進行魔法處理時，能辨認出其在能量方面的力量及頻率變化。而藉由認知這種變化，且認知它所變成的事物，我就能夠辨別出特定能量變化的特徵。例如，在以某位神祇的力量為某座雕像賦活時，我會經驗到雕像的物質結構所具有的能量圖樣出現特定變化。而這變化將人造雕像略顯混亂的圖樣予以和諧，將它變成閃爍力量的美麗和諧圖樣。真是超酷的！

我發現火焰是觀察此類力量最容易的元素形式，水是第二名，但容易的程度跟火沒差多少。我的確花了些時間培養感知這些波動與圖樣及與其共事的能力——僅需堅持與練習就能達成此事。你必須訓練自己的想像力以特定的方式運作，亦即想像看見火焰中的圖樣，同時睜眼看著火焰。這確實需要時間來適應，不過，一旦你的大腦抓到你想要實現的境界之概念，一切都會開始就定位。

別去擔心想像與現實之間的千古難題。透過練習，你會開始注意到兩者的差異。至於上述這些方法，我有一件事要提醒：它們對初學者不會反應，因為編織力量的方法需要完全的專注力、已經發展起來的力量中介能力，還有在魔法工作時還能維持一位內在聯繫者的能力。不過一旦訓練有成，這些編織能量的方法就會變得相當強大。

三、與編織女神共事

一旦熟悉基本的力量編織後，你應繼續深入研究編織女神，讓自己對祂們的力量有著更為深入的了解。歷史學家通常將這些女神看成是布料的編織者，並將祂們連結到古早的農業，然而這樣的看法錯得離譜，完全不是祂們的力量所具有的魔法真相。

與這些神祇共事時，你會先意識到這些女神不僅古老且強大，而且還掌管戰爭、死亡與命運。北半球有著眾多掌管命運、將萬物織進存在的女神，例如埃及神話的女神奈特（Neith）、北歐神話的女神弗麗格（Frigg）與希臘神話的命運三女神摩伊賴（Moirai）。而在關聯到編織戰爭結果時，祂們就被視為女戰神。

我們可以運用從魔法進行力量編織的過程得到的知識與經驗，來與這些神祇密切共事，以修復魔法攻擊對命運諸圖樣造成的損傷。企圖為一己之私來干擾命運路徑或戰爭結果的作法相當愚蠢，但我們可以無條件地與這些女神共事，以嘗試理解命運對某個國家、某個民族或某個血脈家族的長期影響。我們也可以擔任這些力量的助手以協助或參與祂們的行動，依循祂們的行動途徑與意圖，而非我們自己的行動與意圖。重要的是，當你與如此古老且強大的女神共事時，就要知曉何時主動參與命運編織是安全的，何時並不安全。

當某個人類建構出干擾某條命運途徑的魔法，那麼個人在這些女神的幫助下，介入並改變這種干擾是可以接受的作法。若我們向這些力量尋求幫助——例如在面對嚴重衝突的時候——並且祂們也同意幫助的話，那麼透過靈視或儀式與祂們共事來支援祂們也是可行的。但重要的是，你要依循祂們的領導、祂們的行動與祂們的意圖，而不是依著你的想法行事——**祂們知道祂們在做什麼，但你不知道自己在做什麼**。

然而，若你僅是出於好奇或抱持特定的私人意圖，設法越過這些神祇以自行編織力量的話，你很有可能遭受非常不舒服的激烈反彈，就像某個孩子走進工業化的地毯編織工廠，把手伸進機械織布機那樣糟糕。

不過，若你想在自己身上下功夫，或是想要處理某些小事——特別是由魔法引起的問題——那麼與這些女神合作並透過祂們來進行這些事情是可以的，只是你要先詢問祂們。告訴祂們你想要實現什麼事情，並詢問祂們進行你想做的事情是否明智，若一切都沒問題，那就透過祂們或是讓祂們透過你來實現想要進行的事情。

舉例來說，若你希望著手處理某個已被魔法行為傷及其圖樣的個人或事物，那麼你要從外化（externalization）開始這項行動。首先，將自己用來工作的祭壇對準那位與你共事的編織女神之頻率，詢問祂是否願意與你合作進行這項任務。有些人會用靈視與神祇溝通，有些人則透過塔羅牌占卜當成對話介面來使用，請多加試驗以找出最適合自己的方法。

四、魔法編織

你需要一根蠟燭、一張祭壇或桌子當成焦點，以及一只用來在裡面燒紙的碗。你還需要紙與筆。

外化的第一個行動，是將要處理的人或物件其內界圖樣外化繪成某個圖樣。這在很大程度上是一種創造及直覺的作為，亦即跟隨自己的直覺並學習自由地工作，無須遵循嚴格的步驟與規則。個人或地方的名稱會放在該圖樣的周圍及裡面，整幅圖樣繪圖也包括了受損的區域。別用智性來表達這些損害區域，而是讓你的想像引導你。如此，你所共事的神祇就能從行動的起頭透過你開始運作。

完成的圖樣形狀或許會與要處理的個人肖似，也可能不像，但這並不是真正的重要條件。這裡的重要條件，是你心智的意願焦點被引導到以下事實——自己所繪出的事物是此魔法工作作用對象所具有的能量網絡。寫在圖樣裡的個人全名對這步驟有所幫助，然而你對於想像力及意願的運用更為重要。讓你的手來引導你，因為造成損傷的來源可能不是你認為的那樣。在繪出圖樣時，你會感受到提示以表達特定區域的損壞狀況。就是相信這股直覺並強化之。

下一階段則是儀式，這很簡單但很重要——正式命名該圖樣。以話語承認自己所共事的女神已臨到現場，並為該圖樣命名——「我命名你為X」——然後請求女神，以及那些與祂共事並透過祂運作的存在，與你一起處理該圖樣。

上述階段完成之後，接下來就是靈視工作。站在祭壇前，閉上眼睛用想像的方式看見那幅圖畫。看見女神站在祭壇的另一側，看見那力量流過圖樣及其破損部位。運用你的想像來引發魔法工作，亦即告訴相關存在及神祇你想要達成的事情。請求女神讓那些存在透過你來工作，並在你的魔法工作上給予協助與教導。你會感覺到自己身後有些存在個體集結起來準備行事。這部分請從容進行，某些人在運用想像力引發魔法互動的過程很容易，但有些人可能會覺得很難，請給自己足夠的時間來聚集力量與意願。

一旦感覺到身後的那些存在，就開始觀看祭壇上的圖樣，你會注意到它變得更大，不再只是一幅圖畫，而是成為具有生命的圖樣，且就位在你面前的祭壇上。你會看到破損的圖樣與脆弱的部位。你看著自己撿起那些斷掉的線，並在觸碰它們的那一刻，感覺到眾多手臂正通過你的雙臂，並透過你進行工作。當你有這種感覺時，就放下自己的邏輯，讓你的雙臂自由運作。

你會看到自己將損壞的線重新編在一起並重建原初圖樣，而且會知道這項工作何時完成，因為存在透過你工作的感覺將會結束，而它們會退回去。在它們退回去之後，就睜開眼睛，將那幅圖畫放入碗中燒毀，同時讓自己看見那一整幅圖樣就像是一幅光之圖樣，仍然留在祭壇上。

請那些與你共事的存在將那幅光之圖樣橋接到這次工作要處理的人或物件上。望著那根在你面前燃燒的蠟燭，同時想像火焰中保存著完整的圖樣。從容地完成這一步，使該圖樣的影像構築在火焰裡。一旦這幅圖樣在你的心智之眼中變得強烈，就吹熄火焰並大聲說出你正把這圖樣發送給它的主人。請求相關的存在確保它被正確地傳送給對象（人或地方）並被對象吸收。如果這幅圖樣是為你自己做的，那麼當你吹熄火焰時，同時想像它流入你的內在並固著在那裡。

將蠟燭繼續留在祭壇上燃燒[18]，並向編織女神獻上麵包、酒、水與鹽，感謝祂所做的一切。若祂有要求任何其他事物，就是毫不質疑、毫不猶豫地給祂。那幅經過變更而傳送出去的內界圖樣，會被個人或物件吸收，並依照自己的時間逐漸展開。請密切留意事件、個人的康復等等，如此你就能了解它在運作時的表現方式。如果圖樣的損傷區域很大，就會需要時間來展開與療癒，然而隨著療癒過程得到催化，你將會看到更為即時的細緻變化。

五、藉由話語編織

這種魔法編織的形式在儀式化的部分非常少。它是自由流動的，而且更接近「薩滿」

（因為找不到更好的形容詞彙，所以只好用這個）。這作法主要係用在某塊受到損傷，或是魔法方面的針對或干擾之土地。

此魔法工作的工具就只有用到你的聲音，而真正重要的是反覆進行、聚焦意願，並運用自己的想像讓編織女神或命運女神透過你來行事。關鍵作法是每一天都親自到那片土地或場地停留一段時間，當天的其餘時間則對準那地方的頻率，使自己能夠進行遠距魔法工作。因此，這技術其實只有對你所居住的地方，或是你能到附近待上一段時間的地方，才會有用。

每一天當你向那地方走過去的同時，覺察那位與你共事的神祇，一邊行走，一邊看著神祇在你身邊逐漸積聚力量，而其助手也圍攏過來。在到達那土地、處所或岩石時，你只需向土地說出一句簡單的宣告。這宣告需要根據個別情況調整，但它應是類似這樣的句子：「你已重新編織完成了」或是「你是完整的」、「你很強壯而且健康」。這裡要注意，宣告應為正向肯定語句，而非負向否定語句。以下的事情至關重要——你需要對那裡的圖樣、那裡的物質以及參與其中的存在下達這樣的指示：那裡需要發生什麼事情。

⑱審定註：有鑒於此段落的描述，前述的吹熄火焰應是在想像的畫面中吹熄。

而在當天的剩餘時間當中，每隔三十分鐘就停下手邊的事情，用自己的心智之眼觀想那個地方。接著做出宣告，然後繼續你的日常事務。每一天都在你指定要奉獻給這任務的時段進行這項操作。就像不斷滴水的水龍頭那樣，將焦點與指示放在某件特定事情的發生。你的焦點引導力量，你的宣告則指示相關存在該做什麼事情，而你所共事的神祇會監督這一切。在每天結束時，感謝那位神祇的幫助，並待整個魔法工作完成之後，在運作魔法的空間旁邊留一份禮物獻給祂。

這種工作方法並不直接處理能量的波動或圖樣，亦即你並沒有直接在靈視中處理能量結構以帶來改變，反倒是將頻率對準監督能量編織的神祇，並聚焦某個意願圖、某個請求，由那位神祇與相關存在主動處理那個能量圖樣。藉由自身的刻意請求，以意願運用話語做出的魔法行動進行橋接，你成為了整個魔法工作鏈裡面的一個環節。

這方法跟所有魔法編織一樣，你通常不會看到戲劇化的立即效果——儘管這是有可能發生的情況——但你終究會看到強大的影響成果。魔法需要時間才能滲入物理空間，因為它是透過那片土地的自然能量潮汐發揮作用，不過你必會看到成果。我曾經用這方法得到相當戲劇化的立即效果，而在其他不是這麼速效的時候，也得到了強大且明確的成果，只是要等到四季都輪過一遍才具現出來。

我曾工作過的一塊特別的土地是某場大屠殺的場址，當時那地方一直有恐懼、憤怒與心智失衡翻攪其中。該區域因沒有鳥兒與動物而聞名，什麼生物都不會去那裡。首先，我開啟通往死亡的門口，接引那些仍被困在該土地上的靈。接著，我努力重新編織那塊土地的圖樣，並從該土地的物質部分卸除死亡／災難的圖樣。我在這部分係先運用話語，然後更加直接地在靈視中與共事的編織女神一起編織。最後我再打開四方位諸門，召喚方位元素重置該土地。所以你瞧，在實際的應用當中，可以視需要適切疊加運用多種方法與技巧。

工作完成之後過了幾天，鳥兒回來了，鹿也現蹤了，而那裡的樹木也在能量層面變得更加健康。目睹這樣的轉變真是令人欣喜。那地方在一年之內徹底改變，從原本當地居民避之唯恐不及的地方變成孩童嘻笑玩耍、群鳥放聲鳴叫、野花四處綻放的地方。而這一切跟「我的魔力」或其他類似的自吹自擂宣告沒有任何關係。真正使此事成功的是魔法動力——亦即正確的時機、正確的編織女神，還有正確的意願——就這樣而已，如同水煮到沸騰時自然會翻滾冒泡那樣。我們是還未成熟的參與者，僅是在正確的時間出現的催化劑。大自然，還有內隱諸界，都已做完自己的部分，它們只需要一個人類催化劑抱持重新平衡的意願參與其中。當損害係由人類造成時，療癒過程亦得由人類發起才行。

六、水

類似的魔法工作形式也可用水來做。個人可以向水說話，然後將水送返河流或溪流，讓它擴散出去並影響土地與水道。（譯註：由於這裡用「送返」一詞，因此用來說話的水應是取自對應的河流或溪流，而不是自來水或其他來源的水。）這算是一種擴散的工作方式，用來療癒大片土地。而且由於水經常進入地下，因此它能為那片土地，還有該土地的祖先意識引發深層的改變。

同樣地，這裡所用到的技藝很簡單，關鍵仍是意願、選擇正確的神祇，還有重複話語或聲音。只要記住水的力量非常強大，一旦河流接受某個圖樣，就會一遍又一遍地複製，直到那圖樣遍布該河流觸及的所有土地。所以，療癒的意願要保持簡單明瞭，這一點相當重要。最好先與河流的意識或神祇交流，詢問對方是否真的需要或渴望你的協助。一般來說，我們看到的那些具有毒素及傷害的河流，其實早已處在改變或修復的自然過程。因此在投身救世之前，請先確定一下，這世界或許不用你救喔！

七、本章總結

從外化的作為到深層無形的內界作為，編織的魔法行動具有無限的應用及可能性。越常運用魔法編織，你就越能在魔法文獻、神話故事及文化應用當中認出它。代代相傳的那些用於保護的古老歌曲就是魔法的編織形式之一：透過歌曲產生的圖樣，祖先的保護就被編織成形，並從母親傳給孩子。

婦女在編織實物時所唱的歌曲，特別是關於家庭、孩子與土地的傳統歌曲，會在她們編織的同時被編入織物當中。然後這織物將做成新家庭的結婚被褥，而歌曲就嵌在布料裡面。

在魔法的另一端，卡巴拉神祕家則是在生命之樹的靈視範圍內工作，特別是在深淵的邊緣，他們經常在屬於物質具現的天使圖樣裡，致力於編織力量與意識。這是魔法工作的關鍵要素，但遺憾的是它常被忽視。

我所給予的例子只是這類魔法工作形式的冰山一角，那是因為魔法編織的諸多形式，絕大多數都得個別發現與發展。這項技藝無法輕易透過文字傳承，因為它在很大程度上取決於個人的特性與能力、所屬的文化、個人想像力的強度，還有遍及個人所在土地的編織女神。

你必須進行試驗以找到適合你的工作方法，主要步驟就是尋找適合的神祇來共事。世上有許多編織女神，各地文化對於命運女神也有許多不同的表達形式，然而你需要找到的共事對象，是那些能藉由你所在的土地發揮強力影響的神祇。每塊土地都有屬於自己的版本——請找到你自己的版本。不要根據風潮時尚來選——別因為自己喜歡跟希臘有關的一切事物，就決定與阿莉阿德涅（Ariadne）共事！檢視自己所在的土地與血脈傳承當中的文化、宗教及神話模式，看看會找出什麼。檢視神話與傳說，也透過靈視探看自己所在的土地，看看會出現什麼。你或許經常對那些突然冒出來的存在感到驚訝，然而「那個」才是你最強的共事對象。

對於身為魔法師的我們來說，突破界限、進行實驗、保持好奇、樂意持續學習、感到驚訝、感覺謙卑，這些一直都是相當重要的事情喔！

附錄一

自然靈視

若你希望為自身周遭的土地、森林等等提供魔法方面的事工服務，可以運用這裡列舉的幾種自然靈視。你可以把它們做成錄音檔，並在靈視中進行魔法工作時播放，但使用這方法時請確保自己有留下靜默的空檔，好讓你的深層自我在遇見其他存在個體時，有直接互動的時間。

本附錄還有一篇以北愛爾蘭某個石圈為主要場景的短篇故事，裡面會有個人如何與石圈共事的線索。

一、與森林一同呼吸

這個簡單的靈視可以幫助你從內界的觀點連結大自然及樹木。我小時候就是在自家附近的林地做類似的練習，此練習更進一步的發展就是這裡所列的版本。如果可以的話，最好到戶外某棵樹下坐著進行以下的靈視。

坐在樹腳並靠在樹上。閉上眼睛，意識到那股位在你中心深處的生命之火。在專注於內在的那股火焰時，感覺自己進入止與默。維持平穩自然的呼吸，那些在腦海中的日常噪音會逐漸消失，讓你繼續留在止、默與平安的境地。每一次呼吸，都會讓你專注在自己裡面的那股火焰，還有火焰裡面的止境。沐浴在那止境之中，退離那些擾人的想法與心智的噪音，並逐漸深入止境。

當你已達到止境時，覺知自己倚靠的那棵樹。覺知它的尺寸、力量與生命力，感覺自己的內在能量開始融入那棵樹。容許自己固化的外圍軟化下來，讓自己的靈與那棵樹的靈融合在一起。用你的心智輕柔地往那棵樹的裡面感覺。在你的心智逐漸流進樹的能量時，繼續維持對於止境的對焦，並在那止境當中覺察到樹的能量、它的感覺以及它對你的反應。在融化自身界線的同時，覺察周圍任何鳥類或自然的聲響，並且容許那棵樹往你裡面感覺。感覺自己成為自然能量的一部分。覺察自己的能量如何擴散到整片林地或地景，並與周圍的一切進行無聲的能量交流。

你越深入止境，越能覺察到那棵樹的生命力，以及自身周圍一切事物的生命力。這棵樹具有跟你不一樣的韻律，而你也發現自己正逐漸對上它的脈動。你的呼吸慢了下來，意識開始偏離人類的生活韻律。你開始越來越深地對準這棵樹及其周圍的土地。當你融入那棵樹時，自己對於外在世界的一切覺察就會脫落。你對現代生活的一切覺察都已脫落，安靜坐在那裡，吸入風與空氣，呼出平安與寂靜。

你跟樹一同呼吸，既緩慢又平靜。你的身體韻律慢了下來，而你的靈之韻律變得更慢。你更深地融入那棵樹，感受它的年紀、它的歲月，以及它如何用比你慢許多的速度在時間裡面移動。你更加遠離日常的自我，遠到感覺自己好像是那棵樹的一部分。你感受到那棵樹的生命力所具有的明亮，感覺到自己扎進大地的根越來越深，而你的枝條一直往天空伸去。你感覺到穩固、寂靜，還有聯繫。你感受到周遭的森林正透過你的根與你相連。你感覺到那棵樹的感覺，你與那棵樹合而為一。

日子一天天地過去，你看著太陽升起又落下。葉芽長出來，然後展開整個葉片，沐浴在陽光下，而當你的葉子轉向陽光、啜飲清晨的美好時，你會經驗到喜悅。深深扎根於大地，使你能夠落實穩固，而周圍的森林也與你一起移動與呼吸，如同你們已合而為一那樣。你可以感受到個別的每一棵樹，但它們全是同一個存在。在你呼氣的同時，你的氣息穿過整座森林，而在你吸氣的同時，空氣的力量滋養著每一棵樹。你真的與森林合而為一。

你腳下的那片土地，其力量使你強壯，你頭上的眾星則將智慧傳遞給你。而當你的頭處在眾星之間、雙腳深入大地，所有生命都會從你這裡通過，因為你已成為諸多世界之間的橋梁。人們在那地上來來去去，但那片森林永遠待在那裡。

覺察位在自己上方的眾星與下方的地下世界，覺察到自己是能將力量從某個存在之處橋接到另一處的人類個體。覺察到自己是來效勞一切需要幫助的存在。處在止境深處的你，詢問這片森林有什麼需要。然後靜默下來，讓答案以某種非言語的感覺形式出現。當你感知到那種感覺時，把它記在心裡。

深吸一口氣，專注於那棵樹傳給你的感覺。然後帶著為這棵樹與整片森林橋接它們所需一切的意願，慢慢吐氣。感覺自己在眾星與地下世界之間伸展，讓任何必需的事物、任何可以回應森林所需的事物，從它們所在之處流到你這裡，並從你的呼氣流出去。再深吸一口氣，然後再次用呼氣將任何必需事物傳出去。在第三次深呼吸、進行橋接必需事物的呼氣時，用某個聲音或話語作為結束。不要去想那個聲音或話語是什麼，只要讓它流過你，並進入你周圍的空氣及風就好。將這股力量外顯為某個話語——太初有言。你可依自己感覺到的需要程度反覆進行上述操作，以使森林所需的催化劑能夠流過你，並去到它需要去的地方。

完成之後，繼續處在止境與寂靜，與森林合而為一。與森林一同呼吸，並處在止境。

有一陣呼喚你的聲音透過止境傳了過來，你再次意識到自己是一個人類個體。那片森林從你這裡逐漸退去，但那棵樹在你心中仍有很強的存在感。花些時間讓自己與森林慢慢分開。這裡要留意的是，當你們分開時，你與森林都已改變。記住內在那種變化與連結的感覺。無論你何時在那片林木中行走，都會感覺到它們，它們也會感覺到你。

慢慢地，周圍的日常聲響逐漸透入你的腦海中。你更加清楚覺察到周遭鳥兒與生物的聲音，更加清楚覺察自己的心律與呼吸。你覺察到自己與樹木的聯繫——還有分離——並覺察這些樹木家人正圍在自己的身邊。

在覺得可以的時候，就睜開眼睛。花點時間，轉過身來，將手平放在那棵樹上。那棵樹是你的弟兄姊妹、你的族人——你們在季節更迭之中一起生活、呼吸如一。若可以的話，經常回到這裡並坐在樹旁。與那棵樹同在，並且留下食物[3]給那些使樹保持強壯的植物與生物。若那棵樹就在你的住處附近，當它遇到危險或壓力時，樹的靈就有可能在你的睡夢中來訪，這是正常情況，無須大驚小怪。因為樹木需要協助時，其集體意識會去連結那些願意關注的人們，就像它們透過根部而連結到林中其他樹木同伴那樣。

二、帶著森林跨越時空

舒適坐下並閉起眼睛。（譯註：這應是在林地進行。）發揮自己的想像力，看到自己的內在火焰在你裡面燃燒得如此光亮。那個生命之焰在燃燒時如此溫柔，卻又相當明亮——在你逐漸深化靜默與止境時，持續維持這個影像。在放鬆的過程當中，你會覺察到某些存在個體受到火焰亮光的吸引，它們一點一點地靠過來探個究竟。

你在自己的內界靈視當中，站起來環顧四周。你用眼角餘光瞄到許多存在正一邊躲藏，一邊設法靠近過來。其中一位存在走上前來，那是屬於那片森林的存在個體，問你是否已經做好服務事工的準備。在你回答「是」的時候，它們會把手蓋在你的眼睛上，並告訴你就這樣看出去。

透過它們的手觀看時，你的靈視會變化，而你會覺察到過去從未見過的事物。周圍的建築物或地景消失無蹤，你看到自己正坐在大自然當中，周圍有著岩石、樹木、花草與流水。眾星在你頭上閃爍，大地在你腳下延展。

然而那裡的花草與樹木裡面的光相當黯淡，似乎全被某種黑暗的沉重事物罩住。那裡的動物也是如此，那是因為當這些存在奮力抵抗身體裡面及環境當中的毒素時，其內在火焰會變得微弱。

那位剛才跟你對話的存在，是一個與你共事的仙靈，它跟你說，你可以為未來做些事情。那些存在請你走過草地或是森林，讓某株植物選擇你。

你起步行走，感受到腳下的肥沃土地。你走過高高的草叢、灌木叢、樹木、植物與花朵，其中一株植物似乎特別明顯。當你靠近它時，你可以看到那株植物正在已被汙染的空氣當中努力呼吸。

你輕柔安靜地用雙手把那株植物捧起來靠近自己，小心別傷到它的根。那株植物的內在力量及內在意識所具有的巨大力量與美麗，讓你感到驚訝。而那位仙靈來到你身後，敦促你將那株植物放進自己裡面貼近心臟的位置。

3 根據我在魔法方面的發現，風的力量與「下去地下世界」及「從那裡上來」之間似乎有某種關聯。

在植物進去你裡面的同時，沉重的疲倦感冒了上來，所以你就躺在草地上睡著了。大地如此溫暖柔軟，還會輕輕移動，就好像躺在某位熟睡的母親身上。那睡意將你往下拉得越來越深，直到你感覺自己沉入大地、沉進岩石之中。

你一直往下沉去，直到變得靜止與靜默。現在你睡在地球表層深處的岩石裡，四季來去，你仍在沉睡。年歲流逝，你依然沉睡。你沉睡在岩石裡，時間變得毫無意義。你的身體變得越來越沉重，變成那岩石的一部分。而在你沉睡時，那株植物將它的枝條環繞著你，為你吟唱風兒的搖籃曲，就像哄著小孩入睡的母親。

你聽到遠處有人正在呼喚你的名字。那聲音在腦海中不停迴盪，你努力恢復自己的意識。那聲音越來越強，它催促著你，直到你開始動身。你高舉雙手，把岩石的靜止拋到腦後，奮力往上攀爬以回到地表世界。

經過一番掙扎後，你從地底的黑暗當中走了出來，發現自己來到地表。然而一切看起來很奇怪。那是因為世界在你沉睡時已隨著時間變動，而現在該是重新種植這片土地的孩子——也就是大地之母（The Mother）——的時候。

你環顧四周，尋找將這株植物種下的最佳位置。找到好地方之後，你用兩手挖出讓這株植物得以扎根的空間。當你謹慎將它放進土地時，你發現有一股奇怪的悲傷從自己裡面滿溢而出。

淚水開始從你的雙眼落下，濕潤了那株植物周圍的地面。你哭得越多，那株植物得到的水分就越多。它開始發光，其內在開始散發出強大的火焰。那火焰愈長越大，並超過植物的實體外緣，朝向四面八方延展出去。

這株植物的內界表現形象是你從未見過的美人，而當植物的內界意識伸手觸碰你時，你感動到不能自已。周圍的土地開始與植物的力量相互作用並有所改變，你驚訝地看著這片土地不斷湧現生機。

植物的觸碰使你不禁失去平衡並且往後摔倒，就像跌落高崖那樣往下墜落，而你的身體藉著持續的翻滾穿越時間，同時又在各方位之間轉來繞去。你不停往下墜落，落下的速度越來越快，你已經不知道自己到底在哪裡了。

突然你停了下來，發現自己又回到一開始的土地。在你逐漸恢復自己的空間知覺當中，可以看到那些存在就待在周遭的花草與樹木之間。

你記起自己的內在火焰，憶起那道位在虛空邊緣、屬於一切存在的火焰。在準備好之後，就睜開你的眼睛。

三、比莫爾：眾石之祕

〈比莫爾：眾石之祕〉（*Beaghmore: Secrets of the Stones*）是虛構的短篇故事，係描述個人與北愛爾蘭的某個石圈遺蹟群的互動經過，其中有置入那些用來與石圈共事的指標與關鍵。這故事也有觸及「靈視」的經驗——亦即運用心智之眼的內界視覺，以及這種知覺會有多麼安靜到不會引人注意。所以發展靈視的關鍵就是警覺留意。

這故事也大略談到土地、地下世界與眾星之間的深層關係，那是力量及交流的連續階梯，個人可以參與其中以服務自己所在的土地——亦即由人類來擔任連結諸多動力之間的橋梁或中軸。這個故事有簡略提到個人在靈視的深層與暴風共事過程，這不是為了改變氣候，而是為了與天氣系統的巨大力量交流。這個簡單的魔法作為——暴風與個人之間的交流——會成為催化劑，使暴風與個人的意識合而為一。

◆

當麗丘出於好奇而沿著那些矗立的石頭繞走到第十四圈時，吹來一陣既潮濕又冷酷的刺骨寒風。她花了三年的時間辛苦賺錢，然後搭機飛越大西洋來到北愛爾蘭，就是為了能夠站在比莫爾的古老石頭當中。她就著昏暗的光線，迎風瞇眼望向那裡的眾多小型立石、石堆與石圈。

它們的外觀並不像她想像的那樣令人印象深刻。她之前莫名受到這地方的吸引並坐在眾石之間。而現在她站了起來，全身上下已被似乎從沒離開那地方的雨水給淋透，掃興的感覺使她幾近落淚。當她從某塊石頭走到另一石頭，當她跪下來用額頭觸碰它們時，相較於她的熱情，那些毫無生氣的石頭像是死透了，一點反應都沒有。

覺得自己真蠢的她注意到某隻孤鳥的叫聲，那鳥兒正從頭頂上方飛越過去。此時已是她離開當地小鎮庫克斯敦進行探險，並站在泥炭沼地當中與古老石陣同在的第三天。那裡都是只露出頭的小石塊，其身形有很大部分藏在沼地下。她在腦海中某個角落曾經想像它們有多麼高大、雄偉與神祕，但是現在，雨水沿著她的下巴緣滴落，一併帶走她的一切希望與憧憬，絲毫不留。自己到底在期待什麼？她已經不確定了。

多年以來，她持續閱讀關於凱爾特石圈、凱爾特歷史以及愛爾蘭神話的書籍。她父親家族的血脈使她覺得一定要親自探索愛爾蘭島，行走在自己的祖先常走的道路上。然而她現在已來到這裡，唯一讓她留下深刻印象的，是那裡的雨以及久久不散的潮濕泥炭香氣。

開車回到小鎮，她向坐在當地酒館外面的老人點頭示意。無論天氣好壞，他總是在那裡，麗丘到最後認為他應該從沒回家過，酒館的健力士啤酒招牌底下，潮濕的長凳就是她的住處。那位老人在她開車經過時表露微笑，麗丘不禁感到難堪，因為她確信整個小鎮都在嘲笑她這個坐在雨中直盯石頭的美國人。

到了隔天早上，那是她在庫克斯敦的最後一天，太陽總算光顧這個世界，而且還照耀在比莫爾的石頭上，於是麗丘在吃完早餐後直接前往那裡。她把車停好，拿著一條毛毯從濕漉的草地走到石圈及石堆群的所在之處。她站在那裡讓呼吸平緩下來，雙手舉起來擋住照到眼睛的陽光，然後環顧那片沼原。她之前在霧及雨中無法看得清楚，但是現在，巨大石陣的排列在日光照耀之下變得異常清楚，似乎綿延好幾英里，然而那些石頭除了從潮濕泥炭中露出的尖頭之外，其他都藏在地下。

她坐在最大的石圈中心並開始素描石陣，此時厚重的毛毯果然是屏擋濕氣的好東西。她坐在微弱陽光下，傾聽鷸鳥（curlews）的叫聲，打算在搭乘長程國際班機回家之前，盡可能在這個魔法地方多吸收一點。

麗丘用手遮擋照到眼睛的陽光，並有系統地瞇眼觀察那些區塊的排列。她不僅想把它們畫下來，還想把它們的樣子永遠烙進自己的腦海裡面。在一片雜亂的石陣當中，有三個明顯清楚的石圈，石圈後面則立著一些塌下來的小石堆，那裡應是可以休息的好地方。比起坐在草地上，麗丘其實很想去那裡坐著。但當她接近那些倒塌的石堆時，某種直覺警告她不要過去。她心想，這會不會是一座墳墓？

在那些清晰可見的石圈之外，有許多半隱半藏在泥巴與草叢底下的石頭，它們一直延伸到泥炭沼地裡面。她很想沿著那些石頭走過去，探看這些排成一排的石頭會延伸到多遠的地方，但腦海中跳出當地酒吧老闆的聲音。

那是前一天晚上，她走進當地的酒吧點了一杯健力士啤酒來喝，當時在吧檯的老闆就問她到底為何什麼地方都不去，偏偏來庫克斯敦這裡。當她告訴老闆自己是來參觀那些石頭時，老闆先是哈哈大笑，然而在笑完之後，表情變得十分凝重：「妳不要走到超過石圈的地方，有聽懂嗎？那裡曾經發生奇怪的事情，還有人失蹤了。妳自己要多注意，要小心喔！」

麗丘微笑以對，只是恐懼悄然起而取代原有的自信念頭，於是她靜靜點頭示意。在喝完健力士啤酒之後，她發現酒吧裡的幾位老先生都是一邊看著她，一邊悲傷地搖頭。當他們起身準備回家跟妻子一起吃飯時，都會先在坐於吧檯旁的麗丘身邊停步下來，表情嚴肅地一邊搖頭，一邊拍拍她的肩膀。

然而麗丘現正坐在石頭中間，看著那植被稀疏的土地延伸到看不見的地方，沒有感到任何危險或恐懼。她有聽進去那些長者的建議，沒有到處亂走，而是停留在最吸引她的石圈裡面，另一個比較大的石圈則位於石頭行列的遠端，就在沼地的邊緣。

過沒多久，她的手就變得沉重，眼睛很難睜開。用來素描的鉛筆從她手中落下，活頁畫冊則滑落到潮濕的草地上，裡面的厚重紙張馬上吸收了濕氣。從早上睡醒到現在才過幾個小時而已，但麗丘卻已在奮力抵擋陣陣襲來的睡意，那睡意看似要奪走她與石頭最後的寶貴相處時間。她揉揉眼睛並開始歌唱，嘗試保持清醒。附近有些兔子正飛快地跑來跑去，還有某個東西，也許是低垂的陽光照在什麼東西而形成的陰影，在她的視野邊緣移動，就好像在看著她。

這場奮鬥一直持續到麗丘閉上眼睛，躺進那一片潮濕暖意當中。她的那些素描從草地升起，被一股只在石圈裡面吹動的怪風帶著圍繞石圈舞動。但麗丘沒有注意到這現象，因為她掉進了越來越深的熟睡之中。那陣風越來越強勁，就像在逗弄她那樣地拉扯她的頭髮，同時悄聲唱出一首歌，以交換麗丘所唱的歌。

那陣風的歌聲只有傳到石圈的邊緣而已，沒有傳到更遠的地方。石圈之外，一切都是靜止與平靜。這首歌將麗丘從睡眠深處拉了出來，讓她保持在覺知的邊緣，但無法睜開眼睛的程度。當她處在半睡半醒的狀態時，那陣風帶來一些遊走在石頭周圍的話語：

楔石圓，楔石圓，
帶來風雨及雷聲，
汝若逗留，暴風將舞，

而汝之心，只嫁眾石，
無論如何，無論如何……

麗丘漂浮在要睡不睡的境界。無論如何……這些話語盤旋在她的腦海裡，挖掘著過去的記憶。毫無預警之下，麗丘突然被帶回到自己在美國加州的童年記憶。當時年僅八歲的她就站在家鄉佩他盧瑪（Petaluma）附近的山頂上，雙臂朝天高舉。

麗丘還能清楚回味那段記憶，她的名字就是在形容那座聳立於家鄉附近的山丘，據說那裡的水會向上流，道路還會消失不見，讓開車的人感到困惑。當時年紀還小的她正在那座顛倒山丘的山頂上玩耍，然而有某個東西停住她與蝴蝶的捉迷藏遊戲，使她望進一片空無。有一股湧動的力量形成一陣風，只吹在麗丘站的地方，對這一切感到驚奇的小女孩朝天高舉雙臂。

在那瞬間，麗丘在腦海中看到一場伴隨洪水與土石流的可怕暴風。她眼睜睜看著外婆在托馬爾斯灣（Tomales Bay）陡峭山坡上的房屋滑落水中，而且外婆還困在裡面。麗丘驚恐地尖聲呼喚外婆，並抬頭對著暴風大叫。那個強大的暴風存在以憤怒的面容俯視麗丘，然其怒氣集中在那些褻瀆神聖力量土地的人類身上。突然間，風停了，靈視也消失無蹤，顛倒山丘的山頂上只留下一個正在顫抖哭泣的小女孩。

麗丘猛然驚醒過來，發現自己又回到石圈裡面的潮濕毛毯上。她躺了一下，試圖恢復自己的空間感覺。這場關於童年的夢境真是生動，她原本都已經忘記那件事了。風停了下來，但她的那些畫卻四處散落在石圈裡。空氣中遺留了某種奇怪的氣味，那是一種讓她有切身感受的氣味，是小時候的自己在顛倒山上的那一天聞到的氣味。

她坐起來，雙臂抱住兩膝，再把下巴擱在膝蓋上——這是她用來思考的姿勢，特別是在嚇到的時候。幼小的她在靈視中看到的暴風在兩週之後出現，而她把這段靈視跟外婆說了，這件事使她母親對她很生氣。麗丘的外婆與母親爭論好幾個小時，而麗丘則是躺在屋外的草皮上一直哭泣。她似乎總是在招惹麻煩，但她討厭那樣，況且她又不是故意的。

當暴風雨於兩週之後襲來並開始進入海灣時，外婆為了安全起見，就帶著貓一起前去位於內陸的女兒住處。而她的房子真的滑下海灣，但麗丘不被允許談論這件事。到了第二天，她的母親與外婆一起回去看那房屋的殘餘部分，而母親回到家之後，舉起食指朝麗丘的臉指來：「妳絕對不能跟任何人講這件事，聽到嗎？絕對不可以。妳什麼都沒看到，什麼都沒說。」

當時的麗丘呆愣點頭，不明白自己到底做錯什麼事。她不是救了外婆一命嗎？

麗丘的眼中浮現出些許屬於當時的痛苦。她的母親從那時候起就與她疏遠，父親總是不在家，只有外婆看似感激麗丘所看到的一切。而現在，身為成熟女人的她坐了下來，為著自己的母親還有失去的童年哭泣，一切都是因著奇怪的一天以及一陣奇怪的風而起。

然後她慢慢站起身來，開始撿起那些凌亂散落在石頭周圍的圖畫。然而每當她伸手去撿畫時，就會有一陣微風將畫帶起來移到別的地方。於是她繞著石圈追逐這些圖畫，直到那陣微風變成一陣風，將那些圖畫帶到高空，然後又把它們落在她搆不著的地方。

身後傳來一陣笑聲，麗丘轉過身來，看到一位老人跟他的大黑狗，他就靠在某一塊較高的石頭旁邊。

「看來它們喜歡妳。風……嗯……很好，代表它們已經醒了。也差不多該是這時候了。」他講話的口音很濃厚，讓麗丘在嘗試理解他剛才所說的話時顯得呆滯。

「你說它們已經醒了，那是什麼意思？」

麗丘興奮起來，但努力克制臉上表情。老人一邊用手朝那些石頭揮去，一邊說：「這些。當風只吹這裡而不往其他地方吹時，這代表它們想與石圈裡面的人共事。這很簡單，就是繞圈行走直到完全精疲力竭，然後坐在中間。剩下的它們會秀給你看。得走囉，我的晚餐要涼掉了。」

那陣風把麗丘的頭髮吹到蓋過臉上，她花了些功夫才把擋住眼睛的頭髮撥開。然而她抬頭環視四周，已經看不見那位老人。麗丘往各個方向看去，因為他不可能這麼快就消失蹤影，畢竟沼地到遠處起伏山丘之間是好幾英里的平地，沒有可以隱藏身影的地方。無論他往哪個方向走，只要還在1英里（1.6公里）的範圍之內，她都應該看得到他，然而他卻不見蹤影。她頸子後面的汗毛因驚恐而豎了起來。

她的雙手摸索著那些四處散落的圖畫，雙眼卻一直搜索那位消失蹤影的老人。麗丘既害怕又興奮，因為她在自己的凱爾特書籍裡面有讀到這種相遇經過。當然啦！她拍著額頭承認自己耍笨，那就是帶著黑狗的守護者傳說啊，他就是那些石頭的守護者。關於這幽靈的故事，她肯定已經讀過百遍以上，然而當這件事發生在她身上時，她還是沒有認出他。

她本來可以問他很多事情的，她本來可以學到很多事情的。她一邊低聲碎念，一邊撿起最後一張圖畫，然後用一塊石頭把那些圖畫一起壓住。我真是白痴，她心裡這樣想著。不過，難道他都沒有跟她說什麼嗎？她回想剛才的談話細節，直到記起他所說的話——繞圈行走直到完全精疲力竭，然後坐在中間。剩下的它們會秀給妳看。

麗丘環顧四周，確定附近沒有人，這樣就可以放心做後續的事情。在確定只有自己一個人時，她開始以順時針方向繞著那些石頭走。她選擇最大的石圈來做這件事，那石圈的周圍都是小石堆。她一遍又一遍地繞圈行走，努力專注在當前進行的事情上。

一個小時過去了，麗丘的雙腿痛了起來。她放棄專注，而是思索自己的美國生活來取樂自己。她曾經查過搬到愛爾蘭的可能性，並且很高興地發現由於祖父係在愛爾蘭的科克（Cork）出生，所以她能拿到愛爾蘭的護照。或許她會搬到庫克斯敦，並住在沼地邊緣，這樣就再也不用離開那些石頭了。而當她承認自己負擔不起搬家的費用，也無法在眼前這片荒郊野外謀生時，生活的現實隨著腳下的踩踏聲響向她回擊過來。

埋怨自己被生活困住，使得麗丘走得更快。為何她的人生總是那樣？為何那些事情從來沒有成功過？為何自己深愛的一切都會失去？她的內心渴望永恆與愛，她需要歸屬與被愛。當她繞著石圈行走並陷入沉思時，那股不快樂的感受都從每一個腳步穿透出去。

她的雙腿因不習慣這樣的運動而開始抖動，但麗丘還是一圈又一圈地繼續走下去，因為她想起自己曾在曼哈頓居住的日子，那是她在大學畢業之後定居下來的城市。那裡的一切都很快速、年輕、成功，但是不快樂。曼哈頓使她看不見自己，只讓她在狂熱的世界裡發揮功能而已。然而在這裡，在石頭與鳥群當中，麗丘無法不看見自己。

首先宣告罷工的是兩個膝蓋。雙膝透出的疼痛，使麗丘馬上停步。然後她小心地躬身走進石圈中心，然後躺在毛毯上，底下再墊著潮濕的粗糙野草。她已經精疲力盡，於是她一邊讓自己的身體癱平，一邊看著雲朵在天上飛馳過去，一心一意要把雨水下在那些毫無戒心的可憐人們身上。她的身體享受著它十分需要的休息，而她的皮膚則忙著感知微弱的陽光，以及潮濕空氣裡面的水分。她將毛毯的兩端拉起來蓋住自己，躺好等著後面要發生的事情。

但什麼事都沒發生。她耐心地等著，雖然不曉得會發生什麼事情。時間一點一滴過去，麗丘開始覺得自己很蠢，也許那老人是她想像出來的，也許是她夢到他的？麗丘的身體實在太累，讓她無法再想下去，於是在鳥兒與微風構成的小夜曲中，麗丘慢慢睡去。

就在快要睡著的時候，她的意識突然從地表高速往下墜落。這種突發的動作讓她感到害怕，掙扎嘗試醒來，然而有某個東西將她穩穩固定在無意識裡面。在她墜落的同時，有一陣旋風撕扯、扭曲及旋轉著她，直到她除了那陣風之外什麼都感覺不到也看不到。就在那時，風停住了，但她仍在繼續下墜。她往下看，看到了地球，也就是這個行星，在她底下。而她正以極快的速度向它墜落下去。

麗丘嘗試大叫，但沒有任何動靜。在她試圖擺脫迫在眉睫的撞擊時，這顆行星越來越近。當她的臉迅速挨近地面時，她驚恐地閉上眼睛，一口氣還憋在喉嚨裡。但撞擊沒有發生，一切都靜止下來，而麗丘還是緊閉眼睛躺在草地上。她慢慢睜開眼睛，坐起身來環顧四周。

潮濕的毛毯還在，但其他一切事物大不相同。那些石頭不見了，換成數團明亮的光球。麗丘靜靜坐在那裡，看著光球發出絢麗的色彩，滲入天空，並融入太陽。而在原先石頭的位置出現的光球之間，麗丘可以看到移動的人們，幾乎就像影子，出現一下子就消失，然後會由另一人影取而代之，但後者的移動彷彿完全不曉得前者的存在。

有的人影隨意移動，有的人影似乎在進行某種儀式。麗丘敬畏地看著這一切，有某種東西，或許是直覺，跟她說她正透過時間來看這一切，而人影是這幾個世紀以來拜訪這些石頭並與它們共事的人們。麗丘慢慢站了起來，嘗試去摸其中一團光球，然後她明白了，那就是石頭。當她伸手觸碰光球時，有一道人影在她附近快速移動。她的手雖然摸到冰冷的石頭，但她只看見了會動的光球。她把目光聚焦在那道正在移動的人影，而那影子變成了某個小孩的朦朧影像。那孩子可以看見麗丘，顯然相當害怕。

麗丘向那孩子舉起手來，想要告訴她不用害怕，但是她的手一離開石頭，那孩子就消失了，只剩下炫目的明亮光球。她覺得這真是太妙了，就再度觸碰石頭，穿過它的光芒去感覺它的固實，而它的力量也在同時流過她。她再度看到一些人影在她周圍移動。有個人影靠近麗丘正在觸摸的石頭，而當那人影碰到石頭時，麗丘看到那是個年輕人。她觸摸年輕人的額頭，而後者面容扭曲，驚恐地抱頭向後跳開。她也慌了，萬一傷到他了怎麼辦？

她再次觸碰石頭，這次她閉上眼睛，避掉周圍的干擾。在眼皮合上的瞬間，她腳下的地面開始旋轉起來。麗丘感到暈眩，但不肯放開石頭。旋轉的速度越來越快，直到那暈眩的感覺舒服下來。她睜開眼睛往上看，鋒面雲層正迅速掠過然後消失，晝夜迅速更替，而風來來去去。

她把整個身體都靠到石頭裡面，所以當她往上看時，底下會有支撐的石頭。她越往石頭裡面靠，視野就越清晰。當暴風鋒面經過時，麗丘覺察到它們具有意識，她能感覺到暴風在天空中疾馳時在想什麼與在找什麼。當其中一道鋒面經過時，她向它伸手，想要尋求聯繫。

她立刻與暴風一起旅行，跟著它掠過陸地與海洋。而當它嘗試用自己的力量淨化土地時，它的狂暴積聚在她裡面。雨水被釋放到大地，而麗丘也隨著雨滴落下，觸摸周圍的一切，並感知散布在每滴水珠裡面的暴風意識。大地以呼吸回應暴風，並創造出一段讓麗丘參與其中的對話。大地與暴風相互交流，麗丘也加入其中。她的身體感覺到那種相互作用，承接了那賦予生命的水，並享受大地將力量給予暴風時的釋放感受。

接著一切停止了，就像開始那樣地突然，麗丘變成背靠在那塊石頭上。她的身體因勞動而感覺沉重，使她更加倒向那塊立石，而那石頭看似正在吸收她。這種吸收的感覺變得越來越強烈，直到麗丘完全滑進石頭裡面，與它融為一體。

與聖石融為一體的她，呼吸變慢、思緒下沉，連動作也停止。她周圍的所有其他石頭都與她連在一起，在永恆守望這片土地的當中彼此交流。四季輪換、年歲輪轉，大地的無盡旅程對她來說就像呼吸一樣。

她的思緒引導那些想與聖地交流的人們，而在地底世界之力經過她流往天空，眾星之力經過她流往地底世界的同時，她的喜悅大到無法估量。這就是她出生到人間要做的事情，因為這就是她存在的目的。

呼吸突然開始，一道暗淡的光芒照進麗丘的腦中。周圍都有聲響，還有人呼喚她的名字。她感覺到有人正在移動自己的身體，還有尖銳的針頭刺在自己的手腕上。麗丘試圖睜開眼睛。有人在她面前大喊，那陣粗魯噪音真是震耳欲聾。

「小姐，聽得到我說話嗎？小姐，聽得到我說話嗎？」

麗丘試圖迴避那噪音，尋求石頭的安詳寧靜，然而她無法移動自己的頭。她很不情願地緩緩睜開眼睛，看到一張人臉正在探看她的臉龐。天空、人臉、一切事物都變得黯淡，都沒有光澤或色彩。麗丘想要就此死去。然而當她試圖將注意力集中在入侵者的身上時，那張人臉再度跟她說話。

「我們現在把妳送上救護車。一切都會好起來的。亨利先生有找到妳真是運氣夠好呢！」

麗丘不想被送進救護車，她想要繼續留在石頭那裡。而當他們把麗丘抬出石圈時，她感覺石頭也在留著她。但她被送上車子帶走，遠離她所屬的地方時，她除了哭泣之外什麼也做不了。

II

麗丘望向窗外，有位男護士在她旁邊忙進忙出。經過持續數天的連串測試，院方終於同意放她出院。那裡的醫生經常提到「癲癇」與「毒品」之類的詞彙，讓麗丘很生氣，然而若她不說出石頭祕密的話語，也無法提出其他解釋。

男護士仔細看著麗丘收拾行李。他看向門口，然後又往麗丘看去。然後他低聲跟她說話，同時一邊注意門口，一邊看著麗丘。

「小姐，我叫做弗拉。我出生在比莫爾附近。那裡是個特別的地方，不是嗎？」

他等著麗丘的回應。她坐下來，更仔細地看著他。他的眼裡有著之前沒注意到的東西，那是一小片明亮的光芒。她緩緩點頭以回應他的提問。

「妳那時有與石頭共事吧？這就是妳在那裡的原因吧？」

他一邊問她問題，一邊轉身過去，確定沒有人能從走廊看見他。麗丘又點點頭，弗拉就著房間裡面的鏡子看到她的回應。然後他繼續說：「好吧，如果妳想跟它們好好共事，有很多方法可以做到而不用自殺。跟我聯絡，我的爺爺會教妳。」

弗拉把一張寫有電話號碼的碎紙片塞進麗丘手裡，然後在她能跟他說話之前衝過走廊，不見蹤影。她撫摸手裡的紙片，回頭看著裡面裝有機票的袋子。麗丘伸手到袋子裡面，拿出裝有護照及機票的錢包，並不加思索地將機票撕碎，丟到垃圾桶裡面。

天色暗了下來，房間裡的光線也暗下來了。麗丘站起身來望向窗外。雲朵正在聚集，而當暴風逼近時，她能感覺到暴風的力量，而且那力量會呼喚她加入其中。

她把袋子扛在肩上，並拾起旅館送來的行李箱。她站在醫院門口，再度望向天空，一邊呼吸著天空的氣味，一邊邁向新的世界。從現在起已經無可退轉了。

註：比莫爾（Beaghmore）是位於北愛爾蘭蒂龍郡（County Tyrone）庫克斯敦（Cookstown）以北的青銅時期（Bronze age）大型遺跡群，係由巨石遺構（megalithic structures）、石圈及石堆（cairns）所組成。這是我在二十世紀九〇年代初期來過幾次的地方，也是真正教會我如何運用靈視、話語、睡眠及行走來與石圈及石堆共事的其中一個地方。石圈並不一定具有魔法，有些僅是社交場地。那些「令人入幻」（switched-on）的石圈通常具有不同的力量或焦點，有些是交流的地方，有些是死亡的地方，有些是療癒或生育的地方，有些是部落的意識焦點，有些則與氣候及暴風的力量有關。

如果你有去觀看石圈，請隨時隨地對它們保持尊重。它們之所以在那裡並不是為了你的旅行或個人意圖，也不是因為你的儀式與信仰。它們有屬於它們自己的存在理由。若你想帶一份禮物過去，蜂蜜是不錯的選項，但光是前去當地，進行交流與表示尊重就已足夠。別放置蠟燭、茶燭、塑膠彩帶、塑膠塑像或巧克力，因為這些東西會對絕大多數動物造成毒害，也不要放置任何新時代的垃圾東西。別對那裡的石頭上漆或雕刻，也別帶走任何東西。那裡的石頭不是為了你而在那裡，你是為了它們而去那裡。

附錄二

對於善與惡的魔法理解

走上魔法途徑的修習者，很快就會遇到善與惡、力量的二元性、左手／右手路徑等問題，而它們很有可能讓我們不得不向自己，以及其他一起走上同一條魔法途徑的人們提出許多疑問。我們正走在特別魔法的道路。我個人覺得，身為魔法師的我們必須踏出自身所屬文化及社會固有教條及信仰，而這些教條與信仰往往根深蒂固，對我們來說並不是馬上就能看見。但藉由這樣的動作，會使我們能夠確定實際發生的事態及其原因，還有如何設法穿越那些課題，以彰顯我們的本貌以及我們正努力達成的理想。

我們所認為的善與惡大多取決於我們的信仰系統（無論那是宗教、文化還是哲學等等），還有我們自己的情緒成熟程度。而我們在個人發展及日常生活的需求，也會對這方面造成很深的影響。

我們的信仰系統以及我們在其中出生及成長之更為廣大的宗教／文化模式，會大為影響我們看待世界的方式。我們在還是孩童的時候，特別是在信教的家庭中成長的人們，會毫無疑問地接受這些教條。在青少年的時候，我們反抗這些教條並開始質疑。只是，我們個人發展當中的質疑要素，常因持續無意識地遵守教條模式而受到局限，這情況所導致的結果不是脫離模式，反倒是對於教條的持續叛逆，而教條又反過來滋養及強化那叛逆。

我們可以從克勞利的著作看到這一點。話說在前面，我完全不是研究克勞利的專家，只是從局外人的觀點加以評論，然而這是魔法領域大多數人都知道的例子。克勞利生長在一個非常嚴格又不健康，且深困在性壓抑與行為壓抑的維多利亞時代基督教家庭。克勞利開始嘗試成為與自身成長環境相反的人，其思想到最後出現了巨大的改變，然而他的推理仍深陷在基督教的教條之中，只是觀點變成相反而已。

我個人認為，處在那個時代、文化和背景的人，要從該模式完全走出來幾乎是不可能的。然而無論我們是否承認克勞利的功勞，他在自己的掙扎當中，與其他同類人士打開了許多門戶，讓我們後續世代都不用費心開啟，然而許多魔法分支仍然堅持那種過時的模式。這樣的作法會有許多問題，而其中之一就是我們已變得如此習慣在某個模式當中工作與進步，以至於忘記自己現在能夠走出那模式，而不是成為其對立物，因此我們陷進白魔法師、黑魔法師、左手路徑與右手路徑的思考方式。

那我們該如何著手進行呢？我認為對魔法師來說，首先要知道自己在自身本性的個人局限，以及不會願意去做哪種事情並擔起責任。就某一方面而言，較具「靈性」傾向的魔法師可能有著自身極力捍衛的英雄道德觀念，他們常向別人宣講這些觀念，但對它們沒有直接的經驗。隨著時間經過以及個人在魔法路徑上的努力，魔法師會面對各種不同的生活場景，而這些場景不僅直接挑戰了這些道德觀念的有效性，同時也挑戰個人可否依自己的道德觀念，做出更為明智的決定，如此就能了解哪些道德觀念僅是教條式或幻想式信仰的空殼，哪些才是真正非常重要的觀念。而這樣的辨別將使魔法師更加堅定，自己在面對極端挑戰時，能夠繼續持守那些重要的道德觀念。

那些在社會當中可能被人們欽佩的道德或概念，會逐漸受到現實的考驗，其中有許多會在魔法師意識到無效時被捨棄不用。還有一些觀念雖然已由現實證明很難堅持下去，但其設下的高標準反倒使個人得以展現出最好的自己。這是一種過濾機制，我們大多數人都經歷過類似這樣或那樣的過程，因此經過幾十年的飽受摧殘但仍屹立不倒之後，我們對自己能做什麼與不能做什麼會有更為實際的想法，以及更重要的是，了解到自己為了生存會真正願意做什麼或不願意做什麼。我們在一開始的崇高理念將受到現實的極限考驗，直到我們被摧毀殆盡，或是我們學會去了解哪些道德觀念、界線及局限確實有其需要，哪些僅是在滿足一己虛榮而已。

站在安全得到保障的地方，的確很容易用自我感覺良好的方式來批判他人。然而，一旦命運將我們丟給嚴苛的生活加以踐踏，我們就會開始給予對抗自己或對抗社會的人們更多的同理與了解。我們之所以明白，是因為我們曾經走過——了解真實的生存所涉及的辛苦將成為照亮一己之路的明燈。

同樣地，就另一方面而言，走上鼓吹自私的魔法路徑，並毫不羞恥地使用力量來純粹滿足欲望及需要，為生活在窒息社會的魔法師帶來了自由。自我放縱、只顧自己，並且讓人覺得自己有力量，彷彿能夠掌握人生與命運。我們能夠感受到自己的力量與重要性，直到這感受開始變得不對勁——我們逐漸認清了自己的局限，認清欲望及需要終究無法滿足格局更大的身分認同感，也無法真正教導我們關於力量的事情。我們在這方面的癮頭開始接管我們，然後摧毀我們，將我們得到的虛假安全感予以弱化並暴露出來。走上這條路徑的魔法師若沒有發展出屬於自己的自制品質、道德觀念與了解的話，就會由外到內出現崩解。

拿我自己來說，我在二十世紀七〇年代十幾歲的時候，就帶著太過自以為是的感覺開始自己的魔法之路。在進入二十歲之後的幾年之間，我會向內界聯繫者尋求學習、智慧以及經驗（其實這不一定是個好主意）。當然我有得到自己所要求的一切，但也被丟進狼群之中。我所得到並以此為樂的好形象都被一一推翻，直到我了解自己在年輕時傲慢蔑視的那些對象所面對的難題。這是一趟極其艱難、漫長且痛苦的教訓，但這就是魔法的作用——它直接與你對質。到最後，我學會——而且仍在學習——超越自己所認為的「道德模式」，並清清楚楚地認出自己的弱點與不足之處。現在的我了解這個過程永遠不會結束，這樣很好，因為這代表我們能持續成長、進化與學習。

知曉自己的個人局限在我們內在的魔法發展過程當中非常重要，並且將大為影響我們運用魔法的方式。面對生活的規則也完全適用於魔法，無論大小都是如此。例如吃肉這件事，我們很容易買到已經剁碎可以直接烹煮的包裝肉品，但是注視動物的眼睛，看著牠死在自己手中就不是那麼輕鬆的事情。在富裕的第一世界國家，許多人會說「我不能殺害動物，但我有吃肉」，或是「我不能殺害動物，因此我吃素」。在具有金融及社會的安全網、植物性蛋白質供應無虞的第一世界國家，做出這樣的宣告並不難——儘管有些人可能會三不五時挨餓一下，但這些國家的人們不會因為飢餓而死。我們具有殺與不殺的選擇，而且經常選擇不殺——我們的道德標準是我們生活環境的產物。

然而在沒有社會安全網的國家，你很餓、你的孩子也很餓，若不殺動物就有可能餓死的話，那又是另一回事了。你的道德觀念會根據自己所在的環境而改變，所以它們根本不是真正的道德觀念，僅是社會與階級制度的表現而已。

想要活下去的意志把所有的事情都濃縮在生存這件事上面，它沒有使殺生變得更加容易，而是使殺生變成必需之事——這就是現實、自然的真正現實，只是現代社會保護我們不用經常面對這現實而已。這種奢侈使我們變得「有道德」——然而當我們知道自己的真正局限，知道自己在極端狀況下真的會做出什麼好事或壞事的時候，魔法就開始了。那一刻，而且也只有在那一刻，我們才能開始就著魔法來了解力量——我們透過知曉自己的真正局限來了解它，然後才能學習如何在魔法的迷宮中找出要走的方向。

於是我們又回到善與惡。這些文字到底是什麼意思？我們在宗教、靈性與魔法的道路把玩這些文字，但我們真的了解它們的意思嗎？什麼是惡？致殘與殺戮是邪惡嗎？破壞是邪惡嗎？這完全取決於你在行使的力量當中所處的位置。身為人類，我們會認為那些針對人們的種族滅絕行為，是無法容忍的邪惡之事。然而我們經常不加思考地對其他生物做出這樣的事情。大屠殺是邪惡嗎？若有人殺害大量海豹、幼馬或貓仔，我們會認為這是無法接受的事情。但若牛或豬被大量屠殺，就是在滿足我們的需要，因此是可以接受的事情。因此，現實中的邪惡是我們不希望發生在自己身上的事情，無論以個體或整個物種來論均是如此。對我們來說，必要的破壞與不必要的破壞很難區分。必要的破壞是自然的一部分，而不必要的破壞應是我們在確實理解何謂真正邪惡的複雜性以後，所得出之最為接近的描述。

高階或強大的魔法就像使用核能，亦即它能在一段很長的時間當中，造成相當巨大的傷害。力量本身沒有善惡之分，但無論其背後有著什麼樣的意願，力量的使用都有可能造成毀滅性的影響。力量是危險的工具，而魔法師取得的力量越多，他們在運用它所造成的傷害或好處就會越大。魔法師運用力量的方式，跟他如何看待自己與周遭世界有著直接的關聯。

由於有這樣的動力表現，因此經常發生的狀況是魔法師在承載力量方面的潛能越大，其生活經驗就越有起落，從而將他們引領到相對成熟的境地，或者把他們（的能力）關閉——有點像保險絲熔斷那樣。而那些不具中介龐大力量能力的人們較常擁有更為穩定、一致的生活經驗（當然，這也要等他們已經把自己的事情都搞定了再說）。換句話說，這種動力表現似乎跟個人／路徑對於力量的承載容量有所關聯。

這是發生在我身上的過程，我也在其他魔法師身上多次觀察到這樣的情形。這種動力表現完全沒有像是家長教導式父母神祇的感覺，反而比較像生命的織造當中的力量進出現象。這當中的訣竅，就是認出正在發生什麼事情並參與其中以獲得學習與強化，而不是在黑暗中不停揮動手臂並咒罵諸神（這我也有過）。

當這種動力表現首次真正進入我的生活時，我真的是嚇得目瞪口呆，突然之間，每一天都有一大坨蠢到沒有極限的事情要我去面對。幸運的是，在我那廣泛往來的社群裡，有一位年長的魔法師，他向我指出，我所經歷的每一件該死的事情，其實都在直接向我挑戰自己對於個人局限、道德以及對於了解的看法。

於是我的應對策略，還有我在魔法的了解與發展，都出現了重大的轉變。我開始直接參與每個挑戰，以便從情境當中汲取經驗，將它們轉化為學習的過程、強化自己的鍛練，還有謙卑承認自己犯蠢的檢討。我參與得越多，魔法聯繫之門就越加寬闊。我開始認為生活與魔法當中屬於「壞」的那一面，能夠用來平衡及磨亮「好」的那一面。我開始看到創造性的魔法力量，之所以需要破壞性的魔法力量一起存在的動力機制，因此與其嘗試去除壞的力量，不如用創造的力量予以平衡就好，反之亦然。

就像其他事情一樣，你當然可以永無止盡地閱讀或學習關於魔法的事情，然而魔法的真實深意以及對於魔法的由衷了解，只有在直接的學習經驗才能真正播種進去與萌芽成長。例如，這篇文章其實並不是為了教導而寫的，甚至不是為了喋喋不休地談論我自己的觀點／說法而寫，而是為了——就像那位長輩當時為我做的事情那樣——打開門跟你說：「嘿，放心，不要慌，這個就是正在發生的事情，所以這個就是你去應對那事情好讓自己生存下去的方式。」成千上萬的人已在我們之前走過這條道路，他們知道這條道路不僅可以讓你生存下去，還會引領你達至對於深層魔法的美妙領悟，而那領悟是你的救命繩索，能在最為黑暗的時刻為你點亮前行之路。

附錄三

了解虛空與內隱諸界

現今在研討會及網路上種種關於魔法的討論當中，靈視工作所使用的某些字彙常有意義混淆不清的情況。最常反覆出現的兩個問題，就是「什麼是虛空（the Void）？」與「什麼是內隱諸界（the Inner Worlds）？」希望這篇附錄可以釐清這類問題！

一、什麼是內隱諸界？

內隱諸界（譯註：簡稱「內界」）是指存在並獨立於人體之外的種種能量及意識狀態，它們並不是我們集體想像出來的產物。不過，我們數千年以來的集體想像力創造出了諸多界面或是圖像，並透過它們來理解各種存在於我們周遭的力量並與之互動。這些能量是宇宙的力量，是創造與破壞的模板，而人類在整個歷史當中，也建立了一些能在其內工作的能量構成物（energetic constructs）。

藉由靈視工作，我們能與各種不同的存在個體互動，像是天使、土地之靈、神祇、惡魔以及死者。我們會在各種不同內隱領域找到這些存在個體，像是死亡領域、地下世界（the Underworld）、天使領域、沙漠／生命之樹（the Desert/Tree of Life）以及內界神殿。

我們也可以更加深入內隱諸界，以經驗自然、生死及神性本身的諸多力量並與之互動。這類互動並不是現在才有，而是自古以來，各種文化的部落魔法師、古代祭司、祕法家及靈視者均以多種不同方式運用這類互動。

西方出於多種原因——包括我們的文化信仰、宗教信條及科學理性主義——逐漸棄離這種運作方法，而這樣的棄離對西方的魔法實踐造成了巨大的衝擊，直到最近才開始恢復。

請要記住，我使用的術語並非放諸四海皆準，其他仍在這些領域正常運作的傳統會使用不同的名稱，但境地是一樣的。了解境地本身及其功能才是重點所在，而非執於其名。

二、虛空

虛空本身是靈視魔法中最常被誤會的術語。有人認為它是指《聖經》所講的深淵，有人則認為它是「星光諸界」（the astral realms），還有人認為它係描述自己在前一晚乾完一整瓶威士忌之後，早上會有的腦袋。

虛空是蘊藏一切事物可能性的空無境地，就像宇宙在將生命吹入存在之前的吸氣動作。一切事物都是從虛空進入具現。當能量已聚集起來創造並且處於即將具現的門檻時，它就是那股可能性的原始力量。就卡巴拉神祕學家而言，它就是神聖話語（Divine Utterance）的力量，而這股力量會沿著生命之樹開始往下遊走，透過與諸輝耀之力互動以賦予自己形式，最後在第十輝耀瑪互特具現出來。

就靈視魔法術語而論，有兩種與虛空共事的方式。第一種用來發展與虛空共事的方法，就是將其想像成位在某個門檻之後的空無境地——我們想像出一道火焰（亦即使用火元素當成某個門口），然後穿過那道火焰，進入一個沒有時間、沒有移動且空無一物的地方。

當修習靈視魔法的學生習慣處在空無一物的境地，且其心智已具備止與默的品質時，他們將會獲得與虛空共事的能力。由於虛空充滿一切可能性，所以它能用作進入其他地方的穿越點或門檻。它也是用來放慢心智的好工具，好使自己能夠開始釐清事態。你可以把虛空當成轉運站，也可使自己的心智完全進入止與默來經驗虛空。

與虛空共事的另一方式，則是將虛空帶進你自己或是將自己的頻率對準虛空，後者會是比較好的說法。不跨過通往虛空的門口，而是僅坐下來，慢慢讓自己的心智與身體安靜下來，直到無處可去、空無一物的境地。在這樣的靜默中，你將注意力聚焦在虛空，即一切可能性與創造的來處。你會從處於止境及靜默的狀態，轉換為覺察虛空，即一切事物從其流出的那股能量，這樣的轉換將使你的意識從單純的止境移動到處於「虛空之內」，為「將尚未成形的能量橋接及中介到具現形式」之過程做好準備。

這種覺察的轉換是魔法的重要工具之一，可以讓潛藏在你內心深處的力量浮現出來，同時讓你接上創造的力量頻率，亦即那股處在一切已實質具現的事物之內的可能性之力。

一切事物都在某種能量層面上，以某種形式持續創造與破壞，而虛空的運用會使你轉換到那股屬於力量與意識的流動。

這不是容易學會的技藝，有些人需要幾個月才能學會，有些人則需要數年，但有些人可以在幾週內掌握它。這算是一種專屬個人的經驗，然而它會永無休止地持續深化、發展下去。在身為魔法師的整個職涯當中，你內在的那股虛空之力將會深化與成長，直到成為極為深刻與強大的經驗。

這實際上會依你的心智、個人生活的環境，以及心智每天接收的外來訊息而定。對於已經習慣簡樸生活的人來說，進入虛空並不太難。然而對於那些在充斥電腦、快速資訊片段、電視及手機的環境中長大的人來說，雖然會在掌握止境方面遇到困難，但學習這技藝仍屬可能之事。你越去延長自己的注意力持續時間，就會越容易掌握這門技藝。

虛空除了可以當成門口或門檻來用，若你正進行某項魔法任務，且其內容係將新的力量或能量中介到具現世界的話，那麼你也可以把虛空當成工作場所來用。若你遭受強大存在個體的魔法攻擊，虛空也是非常有用的藏身之處——當你進入虛空時，你的個人界限會鬆開來，使你能將自己的意識擴散到周遭一切事物，於是你變成像是霧的狀態，讓對方沒有可以抓住的地方。這真是太好用了！

三、使如同猴子的心智靜止下來：為何要這樣做呢？

你可以使自己的心智達到恰當的止與默，而這境界其實對所有魔法都很重要，特別是靈視魔法。一旦達到這境界，你就可以學習運用自己的心智，藉由絕對的專注來完成魔法的圖樣、內界的聯繫，並且能在不分心的情況維持力量或為其中介。就魔法而言，心智是你的主要工具，但心智若像猴子的話只會製造災難。

冥想、與虛空共事，還有學習簡單且聚焦的儀式，都是可以讓你學習駕馭自己的心智與想像力之方法，以便你能有效運用它們。魔法係關乎能量及力量的移動，並透過意識與其他存在個體互動，因此訓練有素的心智真的實屬必要。而在心智接受長期魔法訓練的過程中，你的大腦也會開始重新接線，以便學習魔法技藝的細節，並深入識別及運用魔法的圖像與詞彙，讓你能夠完成身為魔法師的工作。

這跟學習任何追求細節的技藝（像是傳統藝術、木工或博士學位層級的科學）完全相同。大腦必須自我調整，才能發展出那些只有經過長期工作及學習才能發展的特定技藝。這就是速食性的魔法指南及儀式配方書籍之所以無法使個人變成魔法師的原因。唯有持續在內界及外界魔法工作的特定領域實修與訓練，才能使個人成為魔法師。

在意識到自己的心智到底有多像猴子時，可能會讓人覺得有點震撼。你只需坐在某個不具刺激的房間——沒有噪音、沒有別人、沒有什麼值得注意的東西——進行測試就好。就是安靜坐著，覺察自己的想法，看著自己的心智如何從某件事跳到另一件事，還有身體想要動來動去的渴望。這對個人而言可能會是個相當大的啟示。閉上眼睛、安靜坐著，再次覺察那些想法以及身體想要做的動作。在現代世界中，我們很少有靜默的時候。

在覺知到自己的心智有多像猴子時，你就能慢慢開始訓練它安定下來變得安靜，並訓練自己的身體保持靜止，不會發癢、不會移動或抽搐。然而別企圖太過強迫，亦即別用決意要「征服自己」的方式來對待它。只要每天練習一到兩次的短暫靜默，然後再慢慢增加時間即可，直到你可以長時間地坐著，處在不知時間過去多久的靜默之中。

達到那樣的境界之後，就開始進行前述兩種不同的虛空靈視層次，去品嘗這兩種靜默狀態所給予的感覺有多麼不同。其一是單純的默與止，另一則是背後有著巨大力量感受的默與止。這就是虛空裡面的創造可能性。

後續階段則是在房內與街上行走時練習保持內在的靜默。這個練習會比較難，然而它是增力儀式（empowered ritual）——在心智處於內隱諸界的同時行使的儀式——的入門訓練。你學習同時處於兩個地方，亦即在你的身體進行儀式動作的同時，你的心智則處在內界神殿或特定的內隱領域。力量開始從內隱諸界流出，經由你進入正在進行的儀式，接著這股藉由儀式成形的力量會以你正在運作的任何形式為中介，藉此傳入這個物質世界。

Quareia（奎瑞亞）

全新且免費的*21*世紀魔法學派

推廣祕儀魔法及西方奧祕學問的教育

www.quareia.com

schooldirector@quareia.com

Quareia（奎瑞亞）係由約瑟芬・麥卡錫（Josephine McCarthy）與阿賀弟兄（Frater Acher）創辦的實修魔法訓練課程。這是完整且免費的課程，旨在將學生從完全的初學者培養成魔法熟手。這裡沒有設下入學門檻，無論有什麼樣的收入、種族、性別、宗教或靈性信念，都可參加課程。

奎瑞亞不屬於任何特定的學派或特定的宗教、祕傳或魔法系統，它反倒注重並運用那些從青銅時代早期到現在影響近東及西方世界魔法思維的各種不同魔法、宗教與祕傳的實修方式。

整套課程是免費的，而且已經公布在奎瑞亞的網站。

北之魔法──土地、岩石古老存在之力

出　　版／楓樹林出版事業有限公司
地　　址／新北市板橋區信義路163巷3號10樓
郵政劃撥／19907596 楓書坊文化出版社
網　　址／www.maplebook.com.tw
電　　話／02-2957-6096
傳　　真／02-2957-6435
作　　者／約瑟芬・麥卡錫
審　　定／丹德萊恩
譯　　者／邱俊銘
企劃編輯／陳依萱
校　　對／周季瑩
港澳經銷／泛華發行代理有限公司
定　　價／850元
初版日期／2025年4月

國家圖書館出版品預行編目資料

北之魔法：士地、岩石古老存在之力 / 約瑟芬・麥卡錫作；邱俊銘譯. -- 初版. -- 新北市：楓樹林出版事業有限公司, 2025.04 面； 公分

譯自：Magic of the north gate : powers of the land, the stones, and the ancients.

ISBN 978-626-7499-80-1（平裝）

1. 神祕主義 2. 神祕論

290　　114002157